MINERVA
西洋史ライブラリー
⑩④

近世スコットランドの王権

―ジェイムズ六世と「君主の鑑」―

小林麻衣子著

ミネルヴァ書房

近世スコットランドの王権——ジェイムズ六世と「君主の鑑」　目次

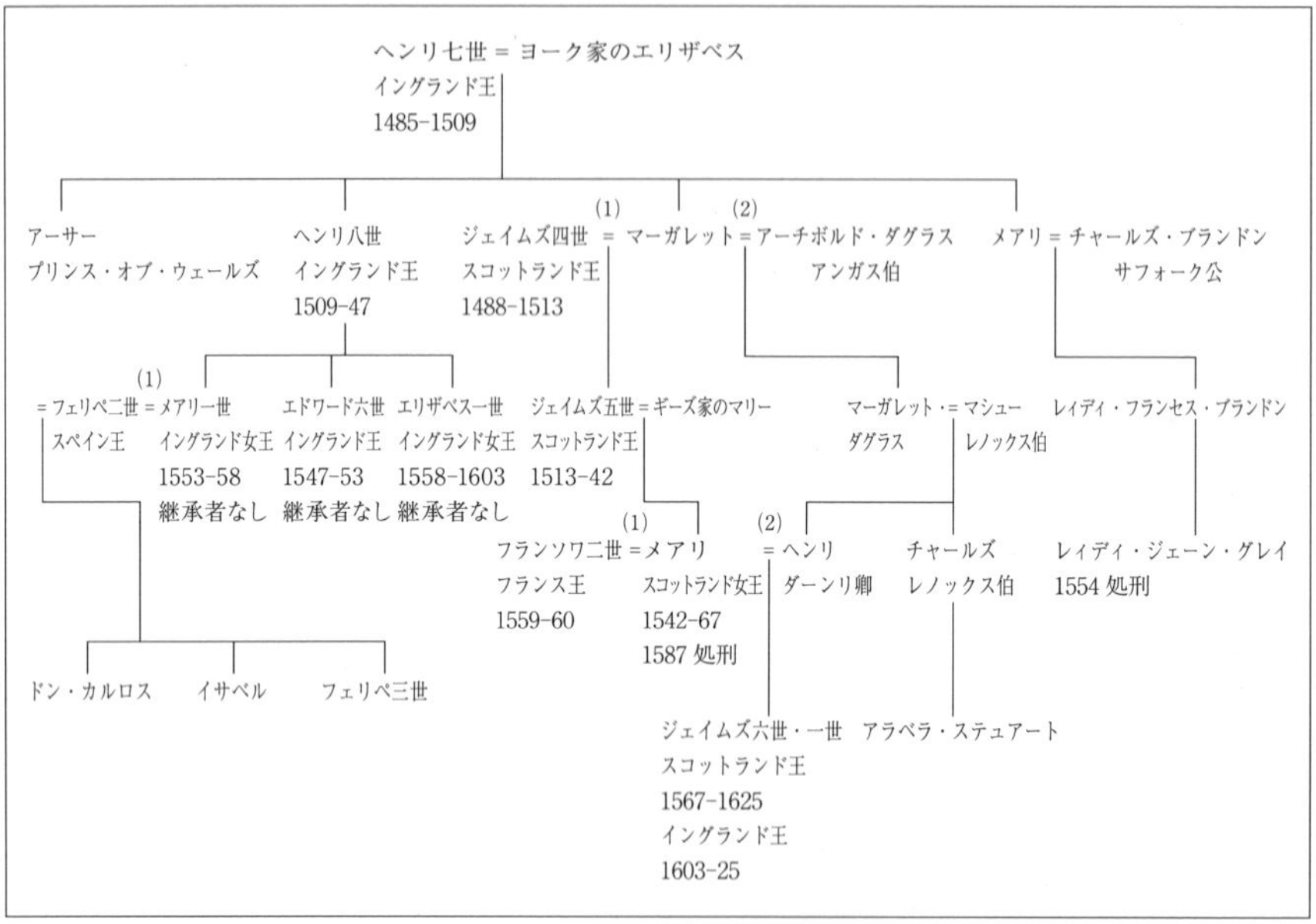

図1　スコットランド王家系図

出所：Irene Career, *James VI and I, King of Great Britain*, Cambridge, 1998, p. 28.

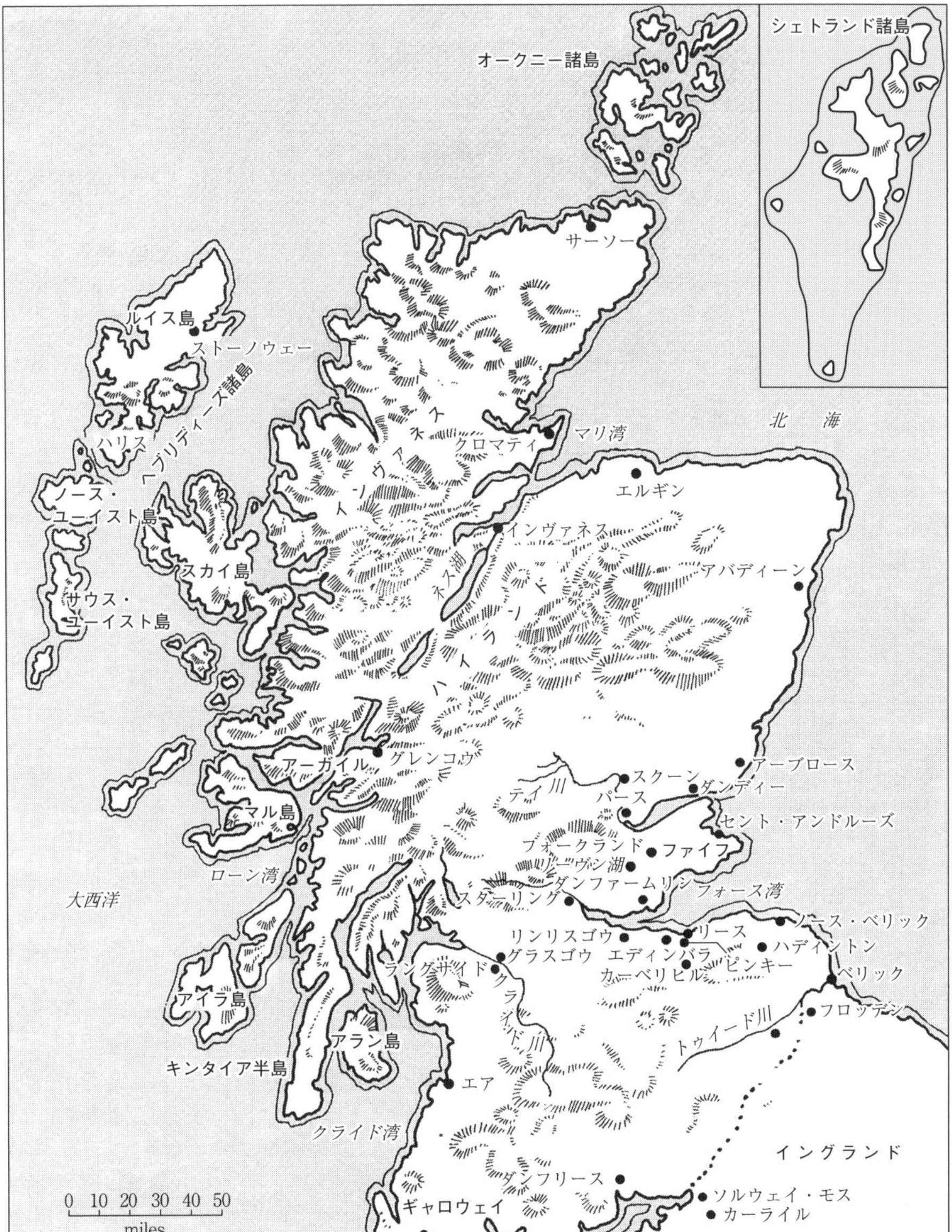

図 2　スコットランドの地図

出所： Antonia Fraser, *King James VI of Scotland and I of England*, London, 1994, p. 27（一部改変）.

凡　例

1. 本書では原則として、年号は原記のまま用いる。例えば、イギリスで一七五二年までに出版された作品については、旧暦（ユリウス暦）を用いており、新年の始まりが一月一日ではなく三月二五日として適用されている。但し、国によって新暦（グレゴリオ暦）の導入の年月日は異なる。
2. 人名・地名に関しては、原則として現地の発音に準じた。しかし、既に日本語で定着している発音表記については、それを適用した場合もある。
3. 引用文中の（　）は、原文を訳したものであるが、［　］は筆者による補足である。
4. 本書で使う略号は以下のとおりである。

（1）ジェイムズの著作

T : *The True Lawe of Free Monarchies*, 1598

B : *The Basilicon Doron*, 1599

（2）公的史料

APS : *Acts of the Parliament of Scotland, 1124-1707*

CSP, Scotland : *Calendar of the State Papers relating to Scotland Mary, Queen of Scots, 1547-1603*

RPCS : *The Register of the Privy Council of Scotland*

（3）欧文二次文献

AHR : *American Historical Review*

EHR：*English Historical Review*

HJ：*Historical Journal*

HLQ：*Huntington Library Quarterly*

HPT：*History of Political Thought*

HT：*History Today*

IR：*Innes Review*

JBS：*Journal of British Studies*

JEH：*Journal of Ecclesiastical History*

JHI：*Journal of the History of Ideas*

JTS：*Journal of Theological Studies*

PH：*Parliamentary History*

PP：*Past and Present*

PS：*Political Studies*

PSQ：*Political Science Quarterly*

RBPH：*Revue Belge de Philologie et d'Histoire*

RQ：*Renaissance Quarterly*

SCJ：*Sixteenth Century Journal*

SHR：*Scottish Historical Review*

TAPS：*Transactions of the American Philosophical Society*

序章　ジェイムズ六世の王権論

1　ジェイムズ六世と「王権神授説」

本書は、ブリテン島の北部に位置するスコットランドを一六世紀後半に統治した国王ジェイムズ六世（James VI, 1567-1625）の思想について、「理想の君主」という視点から考察することを目的とする。スコットランド王ジェイムズ六世は、一六〇三年のイングランド女王エリザベス一世の死去後、イングランド王位も継承したイングランド王ジェイムズ一世としてよく知られている。しかし、本書では、ジェイムズの思想の基盤はスコットランドの統治時代に形成され、彼の思想を考察するうえで重要であるという認識に立ち、取り扱う研究対象の期間は、ジェイムズがイングランド王として即位する一六〇三年までとする。はじめに、一六世紀後半の一国の王の思想を研究する問題意識および意義について明確にしたい。

スコットランド王ジェイムズ六世は、スコットランドのメアリ女王（Mary, Queen of Scots, 1542-1587）を母に、ダーンリ卿ヘンリ・ステュアート（Henry Stewart, Lord Darnley, 1546-1567）を父にもち、一五六六年にスコットラ

図序－1　ジェイムズ六世

出所：Antonia Fraser, *King James VI of Scotland and I of England*, London, 1994, p. 75.

ンドのエディンバラ城にて生まれた。一五六七年にダーンリ卿は爆殺され、そのわずか数カ月後にメアリは、夫の殺害に関与したボスウェル伯と再婚し、スコットランド貴族と対立したため女王の座から退位させられ、ジェイムズが一歳弱でスコットランド王位を継承した。

ジェイムズは世界史の分野、あるいは「イギリス」史の概説書では、近世国家の成立、あるいは主権国家体制の確立の項目で取り上げられ、スコットランド王というよりは、むしろイングランド女王エリザベスの死去後、「イギリス」、あるいは「イングランド」の王位を継承した国王ジェイムズ一世として登場することが多い[1]。そのうえ、彼の王権神授説の思想と議会との対立を根拠として、否定的に解釈される傾向がある。ジェイムズに対する否定的なイメージは、歴史の教科書だけに限定されていない。例えば、二〇〇四年、世界規模で幅広い読者層を有する雑誌『エコノミスト』では、ジェイムズは「最も賢明で愚かな王」と描写され、特集ページが組まれていた。この撞着語法は、一六世紀当時、フランス王アンリ四世、あるいは彼の側近シュリー公がジェイムズを評してつけたと言われている[2]。

これまでジェイムズの思想といえば、「王権神授説」に象徴される思想が注目される傾向があり、それは批判的に解釈され、一六三〇～五〇年代の「イギリス」内戦期の思想史の系譜では常に周縁的、あるいは議会側の勝利を到達点とする動きの前史的位置づけにあった[3]。そのため、この系譜の中で取り上げられる思想のテーマは、国王と対立した議会側が勝ち取った議会主権、宗教的な寛容、そして自由の概念など、後の近代国家形成に向けた枠組みの中で肯定的に評価されてきたものであった。こうした思想と対抗関係にあった絶対王政を支持する「王権神授説」は、近代国家形成の過程において克服されるべき理論として理解されてきた。すなわち、神学的宇宙論と結びついた神授的起源を有する国王の主権概念の確立を経て、世俗化された主権国家論へと至る流れから、近代国家理論の形成が説明されてきたのである。そうした過程は、近代政治学の父マキァヴェッリ、「王権神授説」から導かれた国王主権概念の確立者ボダン、世俗的主権国家、あるいは合法的支配装置としての国家を明確に概念化したホッブズ、そして財産所有の確保から契約論を説き議会制民主主義の根本的原理を主張したロックという思想史上の系譜に読み取れる。この一連の系譜において、絶対王政の体現者となる国王ジェイムズの思想には常に否定的な解釈が伴っていた。このような「王権神授説」という定訳に伴う誤解を避けるために、本書では、「王権神授説」の代わりに「王権神授論」という訳語を用いる。

まず最初に、王権神授論の定義を明確にしておく。二〇世紀の研究者J・N・フィギスによる王権神授論の定義は、君主政は神により授与された制度である、世襲権は不可侵である、国王は神にのみ責任をもつ、人民には無抵抗と受動的服従のみが神により認められている、という四点である。一方、J・W・アレンは「神から直接的に権威を授与された国王という概念」を任命論とし、王権神授論の定義に「神が国王による統治を企図したこと、神が君主政を確立したこと」を挙げる。G・バージェスは王権神授論の定義自体を再解釈し、その理論に特徴的であった国王の絶対的権力とは、国王が実定法よりも優位に位置し、それに制限されていないことを意味するとした。他方、J・H・バーンズによると、王権神授論は神から直接王権を授与された観念であり、それにはしばしば不可侵の世襲権が備わっている。本書では、これら多様な解釈に共通して見出される要素を集約し、神から直接授与された王権を「王権神授論」と定め、論を進めていくことにする。(4)

そして本書では、ジェイムズが主張した王権神授論は、彼の思想の一側面にすぎないことを論じていく。スコットランドでは宗教と政治が緊密に結びつき緊張関係を生んだ一五六〇年の宗教改革の前後から続く、政治的および宗教的混乱の中、また貴族間の権力争いやハイランド地方の氏族間の紛争が絶えない不安定な政治状況のもと、ジェイムズはスコットランドで生まれ育った。彼は、幼少の頃、当代屈指の人文主義者ジョージ・ブキャナン（George Buchanan, 1506-1582）から「人文主義」[5]に基づいた英才教育を受け、将来の統治に必要な豊富な知識や王権論を学んだ。彼の幼少期に王国は摂政制のもと統治されていたが、彼が青年に達した一五八四年からは自ら国を治めた。一〇年以上にわたり政治の現実に直面しながら、彼は豊富な知識と自らの統治体験をもとに二つの政治作品、『自由なる君主政の真の法』（*The True Lawe of Free Monarchies*, 1598）と『バシリコン・ドーロン』[6]（*The Basilicon Doron*, 1599）を執筆した。これら二つの作品に見出されるジェイムズの思想は、通常理解されているような国王の絶対的権力のみを主張した単純な「王権神授説」でもなければ、フランスやイングランドで見られた王権神授の理論でもなかった。彼の思想には、当時のヨーロッパの知的潮流に見られたように、伝統的な神学的秩序観、その代替として新たに生じた世俗的秩序観、そして人文主義の伝統に即した道徳観、マキァヴェッリ流の統治術という多様な側面が見出される。[7]すなわち、ジェイムズの思想には、王権の絶対性を説く思想と、市民的人文主義の過渡期に特徴的な脱神学的議論というルネサンス期の人文主義が生み出した二つの知の潮流の特徴が顕著に表れているのである。

そこで、本書はジェイムズの作品を彼が思想を育んだスコットランドおよびヨーロッパの文脈において考察し、ジェイムズの思想の多様な側面を明らかにし、ジェイムズの既存の歴史的・思想史的解釈を抜本的に修正することを目指す。その際キーワードとなるのが「理想の君主」である。一六世紀はこれまでの価値体系の転換を迫られ、政治的・宗教的・社会的にも不安定であった。そうした中、一つの国のみならず、長年対立していたスコットランドとイングランドの二国を同時に治めることとなった国王ジェイムズが描いた理想の君主像を明らかにしたい。スコットランドで形成されたジェイムズの思想を当時の知的潮流の枠組みの中で考察することにより、ジェイムズの思想や統治に対して抜本的な再評価を行うだけでなく、権威の正当性の理論的構造について新たな視点を見出すことが可能となる。それによって、イングランド王ジェイムズ一世の思想、さらには「イギリス」内戦期に至るまでの歴史的・思想史的な理解を再検討することを目指す。

2　ジェイムズ六世の研究史

ジェイムズの思想に関する先行研究を俯瞰すると、一九六〇年代以降に著しい進展が見られた。それ以前の伝統的なホイッグ史観では、イングランド女王エリザベスの亡き後、一六〇三年にイングランド王をも兼ねたジェイムズの思想は、「王権神授説」を特徴として、議会の存在を無視し、神に王権を授与されたことを根拠として恣意的且つ絶対的な国王権力を主張した思想であると解釈され、彼の思想はイングランド議会の伝統と拮抗する神授的王権主権論であると理解された。このような解釈においてジェイムズは、イングランド王国のコモン・ローなどの伝統を理解していない異国スコットランド出身の国王として、あるいは後に彼の息子チャールズ一世の処刑でもってある程度の終息をみた「イギリス」内戦の萌芽を作った張本人として理解され、彼の思想は否定的に評価されることが多かった(8)。

他方、こうした二極対立的理解と平行して、二〇世紀初期の政治思想史の研究ではジェイムズの王権神授論に対して早い段階でその理論の重要性を強調した研究成果が出た。そこではホイッグ史観同様に、ジェイムズは「絶対主義者」として評されるが、ジェイムズの理論が思想史上、重要な契機となったと理解された。例えば、J・N・

フィギスはジェイムズの思想に見られる王を頭とした中世的秩序観を強調する一方で、彼の王権神授論は国の平和と秩序を維持するための支配装置として非常に効果的な理論であり、それが主権の理論を強化したと理解する。フィギスは、近代国家形成に向かう思想の系譜の中でジェイムズの王権神授論を主権概念成立の歴史的過程に位置づけ、重要な思想と捉えている。(9) こうしたフィギスの鋭利な分析は今でも説得力をもち有効性があり、それ以降、多くの研究に影響を与え続けてきた。

一方、J・W・アレンはジェイムズの思想を著書の「政体《コンスティテューション》と主権の理論」の章で取り上げ、ジェイムズの理論には王権神授論なるものは見出せず、そこには臣民が支配者に示すべき義務が示されていると指摘する。(10) こうした解釈は一九五〇年代後半に発表されたW・H・グリーンリーフの研究にも見出せる。彼によると、ジェイムズは絶対的主権理論を正当化するために、テューダー朝に見られた中世的な神学的宇宙観に基づく秩序観に依拠した理論を構築した。そこから、グリーンリーフは「ジェイムズの政治思想は近年指摘されているようにそう単純でもなければ取るに足らないものでもなかった(11)」と記し、通常評価されているよりもジェイムズの思想を肯定的に評価すべきであると論じる。

このようにジェイムズの思想に対する異なった角度からの解釈が行われていた中、依然として、ホイッグ史観に基づいた王党派対議会派という単純な二極対立的理解が初期ステュアート朝の歴史研究では支配的であった。この二極対立的解釈の大幅な再検討が行われたのは、一九六〇年代以降の「修正主義」の潮流においてであった。(12)「修正主義」という同一の言葉で便宜的に括られている諸研究は、実際には、多種多様な解釈から構成されている。「修正主義者」に共通した解釈を挙げるとすれば、二極対立的ホイッグ史観やマルクス主義史観の批判、(13) そして一六世紀から一七世紀にかけてイングランド社会には異なった意見は存在していたものの、基本的には「調和や根本的な政治的・社会的観念の同意」が内在していたという解釈であろう。このような理解は、とりわけC・ラッセルやK・シャープに見られ、彼らはイングランドでは王権を含めたあらゆる権利は神に由来し、国王は法の支配のもと政治を担うものであるという「一つの政治的観念」の「調和」がイングランドに優勢的に存在していたと主張する。[14]その中でラッセルは、ジェイムズが主張した王権神授論はイングランドの伝統的な議会の権力を縮小する理論であったためイングランドの法学者・法律家などから反発が生じたと解釈して、ジェイムズの思想をイングランドの伝統と対抗した理論として批判的に評価した。[15]そして彼は、内戦を招いた一連の要因として、ジェイムズの主張や観念だけにその要因を見出さず、息子チャールズが即位する以前から長期にわたって内在していた他の諸要因にも着目する。それらは、「複合君主国家」「宗教的分割」「インフレーションや戦費の増加に伴う財政的・政治的システムの崩壊」である。[16]しかし、ここにおいても、ラッセルのような修正主義者たちの見解では依然として、ジェイムズの思想が内戦期の歴史的過程において批判の対象となっているのである。

このような内戦期に至るまでのイングランドの思想史の再解釈は、ジェイムズの思想の再評価につながった。P・クリスチャンスンやG・バージェスらは、ラッセル同様に、一六世紀後半から一七世紀のイングランドにおける「唯一の観念の内在性」理解を追認しつつ、「絶対主義」という語彙自体の再定義を行った。彼らの再定義によると、真の絶対主義者は当時イングランドには存在せず、政治的言説に相違はあるものの、当時のイングランドではコモン・ローの精神がより重要であり、それが人々の心を支配していたのである。クリスチャンスンは、一六一〇年の議会におけるジェイムズの演説に見られる言説から、ジェイムズがイングラドの伝統的なコモン・ロー精神に歩み寄り、政体に重きを置いた思考を展開するようになったと主張する。[17]バージェスは、王権神授論が「王権絶対主義論」、すなわち国王の絶対的権力を主張する理論に必ずしも連結しているわけではないと指摘し、ジェイムズの王権神授論は服従の義務を正当化し、抵抗権論を否定するのに効果があった点を強調する。彼は、ジェイムズの理論は「他から抵抗されることはないが、制限されている君主政の理論」であると主張し、そこで初期と後期のステュアート朝の相違を指摘する。[18]バージェスの再解釈では、ジェイムズのみならず、通常「絶対主義者」と認識されていたボダンやボシュエまでもが「政体支持者《コンスティテューショナリスト》」と解釈されるに至った。

バージェスやクリスチャンスンの再解釈は、ジェイムズの思想の再評価に大きく貢献した部分もあるが、彼らは結局、一六一〇年までのジェイムズを絶対的権力の擁護者と解釈していた。かくして修正主義者たちは、依然としてホイッグ史観同様に、ジェイムズの王権神授論に王権の神授的起源と国王の絶対的権力との結合を見出す傾向があった。[19]

一九八〇年代後半以降にはこうした「修正主義」の潮流に対して、「ポスト修正主義」というさらなる解釈の多様化や「修正主義」に対する批判の動向が生じた。[20]J・P・サマヴィルは、ラッセルなどの修正主義者が主張するイングランドの特殊性、すなわちコモン・ロー精神の観念の支配的位置づけを批判しつつ、当時のイングランドの思想にはコモン・ロー精神のみならず、古来の国制観やヨーロッパ大陸の思想に見られた絶対王政を支持する観念という三つの知の潮流が競合していたと主張する。[21]イングランドの思想史的「調和」という解釈を批判したサマヴィルは、一七世紀前半に競合していたこれらの政治的言説の相違が一六四〇年代の内戦の引き金となったと結論づける。さらに彼は、フィギスの解釈を推し進め、ジェイムズの理論に代表される強固な王権を支持する観念は主権概念の確立という意味で近代国家形成の過程において重要なものであったと論ずる。また、彼はジェイムズの思想の解釈に焦点を当て、ジェイムズの思想はコモン・ローの精神にはほとんど影響されず、国王への抵抗に関する理論に対して国王権力の絶対性を掲げる理論ではあるが、それは恣意的権力の行使を認めた「絶対主義の理論」とは異なると論じ、そこからジェイムズの思想を「穏健な絶対主義」であったと再評価した。[22]こうした「ポスト修正主義」の動向に伴い、ジェイムズの思想は彼の二大政治作品や議会での演説だけでなく、近年では、彼が書いた詩などの文学史料からも検討されるようになり、彼の思想のさらなる理解を深めることを可能とした。[23]

これまで概観してきた「修正主義」、あるいは「ポスト修正主義」の潮流は、ジェイムズの思想に対する再解釈を多様化させた。これら二つの潮流における共通点は、ジェイムズが思想を育んだスコットランドの文脈に重点を置かず、ジェイムズを一六〇三年以降のイングランド王ジェイムズ一世として扱い、イングランド史の枠組みで彼の思想を再検討している点である。

こうしたイングランド史観中心の「イギリス史」研究が多数を占めていた研究動向のため、スコットランドの政治思想史研究の蓄積は相対的に少なかった。[24] これまでのスコットランドの思想史の領域では、一五六〇年の宗教改革前後の宗教思想史や人文主義に重点が置かれていた。[25] その中でジェイムズの統治に関する評価は一般的に低かったが、「イギリス史」同様にスコットランド史においてもジェイムズの統治に対する再評価が行われ、[26] J・ワモルドはジェイムズを「スコットランド王として疑う余地のない成功した王[27]」であったと再評価した。一九九〇年代以降には、スコットランドの文脈でジェイムズの思想が再検討され始めた。[28] 一六世紀のスコットランドの政治思想史研究の先駆的存在であるJ・H・バーンズは、一六世紀の著述家アダム・ブラックウッド、ニニアン・ウィンゼット、ウィリアム・バークレイ、トマス・クレイグ、ジョン・スキーンを対象として彼らの思想と比較しながら、ジェイムズの二つの政治作品に書かれている内容を冒頭から順を追って入念に分析し、ジェイムズの思想は「一六世紀後半の絶対王政を支持する者の観念の独特な複合物である[29]」と指摘する。また、R・A・メイスンは、フィギスの研究を受け入れながら、ジェイムズの思想が個人教師ブキャナンとの関係において形成された点に焦点を当て、ジェイムズとブキャナンを比較する形でジェイムズの思想を考察する。[30] 一方、A・H・ウィリアムスンはジェイムズの思想にはさほど重点を置かず、スコットランドの改革教会の者による黙示録の思想とブリテン統合案との関連から、一六世紀中葉から後半にかけて、イングランドとは異なるスコットランド独特のアイデンティティやブリテン意識が生じたことを明らかにした。[31] 他方、J・グッデァは、スコットランドにおける近世国家形成の歴史に関する優れた研究成果を発表し、ブリテンおよびヨーロッパの文脈を視野に入れながらジェイムズ治世期に近世国家が成立したと論ずる。しかしながら、彼の研究はいかにして貴族や有力者たち、そして周縁地域がスコットランドの中央集権化の機構に取り込まれ、新たな行政構造が機能し、近世国家形成に至ったかについて、統治形態の構造分析といった政治史に集中しており、思想史の分析は十分行われていない。[32]

このように近年では、スコットランドの思想史研究において、ジェイムズの思想をスコットランドの文脈で捉える研究が進展してきた。しかし、既存の研究は王権論というテーマのもとジェイムズの思想の一部、すなわち王権神授論に焦点が当てられており、しかもジェイムズの思想は当時のヨーロッパやスコットランドの知の潮流に即して十分検討されていないのが実情である。

他方、欧米に見られるジェイムズの思想に関する豊富な研究動向は、日本国内ではほとんど確認できない。イングランド史観中心の「イギリス史」が優位を占めてきた日本では、ジェイムズに関する研究は、「イギリス」内戦期を射程に入れた初期ステュアート朝の研究の中で脇役的存在として取り扱われてきた。[33] そこでは欧米に見られる「修正主義」や「ポスト修正主義」の研究の蓄積が十分に反映されていない。[34] 一方、数少ない一六世紀のスコットランド史に関する研究では、ジョン・ノックスの思想や宗教改革史が着目されるが、この分野でジェイムズの思想はこれまで十分検討されてこなかった。[35]

3 近世ヨーロッパの「君主の鑑」——研究手法

こうした先行研究を踏まえ、本書は以下の三つのアプローチからジェイムズの思想を考察する。第一に、本書はジェイムズの思想を、彼の二つの政治作品『自由なる君主政の真の法』と『バシリコン・ドーロン』を中心に、スコットランドの文脈においてテクストの分析を通して理解することを目指す[36]。ジェイムズの思想の原型は、彼がスコットランドを統治していた際、政治的・宗教的・社会的・思想的背景をもとに形成されており、ジェイムズの二つの政治作品はスコットランドの文脈で書かれたものである。従って、ジェイムズの思想を理解するには、彼がイングランド王も継承する一六〇三年以前の、スコットランド王ジェイムズ六世の思想に着目する必要があるといえよう。

『自由なる君主政の真の法』[37]の初版は、一五九八年である。その後、若干の加筆や修正が施され一六〇三年、一六一六年に再版されたが、本書ではスコットランドの文脈を重視するため一五九八年の版を用いる。他方、『バシリコン・ドーロン』[38]の手稿は中期スコットランド語で書かれたが、幅広い読者層を念頭に置いたためか一五九九年に印刷される際に英語に替えられた。当初は、七部のみが印刷され、ジェイムズの側近がこの作品を受け取っていた。その後、この作品は若干の加筆と修正が施されて一六〇三年、一六一六年に再版された。前出の作品同様に、本書ではスコットランドの文脈を重視するため一五九九年の版を用いる。

また、ジェイムズの思想研究ではさほど対象となっていない彼の作品『ヨハネの黙示録に関する註解』『列王記に関する註解』『神聖な作詩法についての見習いの小品集』と『国王陛下の余暇における詩作訓練』『悪魔学』、そして書簡なども対象として考察する[39]。

本書では、当時の歴史的背景を考慮し、ジェイムズが自らの作品の中で、いかなる「理想の君主」像を描いたのかという視点からテクストの分析を行い、彼の思想を体系的に検討する。一六世紀ヨーロッパにおいて、エラスムスやファン・デ・マリアナなどの人文主義者の多くは、教育と統治の成功が緊密に連関すると理解し、キケロなどの古典作品の知恵に依拠して「理想の君主」像を追求し、君主に教育的・政治的・倫理的な進言を記したテクストを書いた。このような潮流は、一五世紀のイタリアで精力的に展開され、後にフランス、ドイツ、スペインにも広まり、「君主の鑑」という文学的ジャンルへと発展した。ジェイムズの『バシリコン・ドーロン』は、息子ヘンリのために執筆された統治術の書であり、この「君主の鑑」ジャンルに属する。他方、ジェイムズの『自由なる君主政の真の法』は、ジェイムズの個人教師ブキャナンの「君主の鑑」に属する作品『スコットランド人の王権法に関する対話』への反論が特徴として見られ、特定の君主ではなく、むしろジェイムズの臣民のために書かれた国王と臣民の義務を教示した内容であるため、この作品自体は厳密には「君主の鑑」に属するとはいえない。しかし、両方の作品に共通している点は、ジェイムズが対外的に「理想の君主」像を描いている点である。従って、「理想の君主」という視点からの考察によって、ジェイムズの思想を包括的に理解することが可能となるであろう。

第二に、ジェイムズの思想がスコットランドの知的伝統の中でどのような位置づけにあったのか、同時代のスコットランドの政治的言説を中心に比較検討する。その際、対象史料として、同時代のスコットランド人によって執筆された作品、回顧録、書簡などを用いる。ジェイムズは一五八〇年代にスコットランド語を用いた詩の文化を奨励する目的で、カスタリアン集団という詩人の集まりを自らの宮廷で形成した[40]。それは、フランスのプレイヤードの集団に匹敵するような、優れたスコットランドの詩人の集まりを目指したものだった。従って、本書は、主に文学研究の領域で考察の対象となっていた幾つかの詩もスコットランドの知的伝統を考察する際に分析の対象とする。例えば、思想史の研究ではこれまでさほど考察の対象となっていなかったアンドルー・メルヴィル（Andrew Melville, 1545-1622）やトマス・クレイグ（Thomas Craig, 1538-1608）作のジェイムズ生誕の際に書かれたラテン語の詩をはじめとして、ゴッズクロフトのディヴィッド・ヒューム（David Hume of Godscroft, c. 1560-1630）の詩、ウィリアム・アレグザンダー（William Alexander, ? 1567-1640）の作品、パトリック・アダムスン（Patrick Adamson, ? 1537-1592）の政治的言説なども考察の対象とし、ジェイムズの思想が一六世紀後半のスコットランドの知的土壌の中でどのように位置づけられるかを検討する。一六世紀後半から一七世紀にかけてイングランドの当時の思想家、あるいは該当時期の研究が強調しているイングランド固有の概念、コモン・ローの精神、そして議会内国王といった近代国家形成に向けた思想史の系譜の中で重要とみなされてきたキーワードは、スコットランドの知的潮流でも別の形で共有されうるものであることが明らかにされるであろう。

第三に、本書はジェイムズの思想をヨーロッパの思想とも連動させて考察する。ジェイムズの思想がヨーロッパ大陸の思想の複合物であることは既に指摘されているが、いかなる特徴的な要素が見られるのかは十分検討されていない。筆者は既にジェイムズの思想には宗教改革者の思想、人文主義の伝統的な道徳観、そしてマキァヴェッリ的な「政治的リアリズム」という側面が顕著に見られると指摘したが[41]、本書では、ルネサンス期の様々な知の特徴と照らし合わせながら、特にイングランド、フランス、スペインの王権論、そして「理想の君主」像と比較検討して論じていく。そこで本書は、最初にジェイムズの蔵書目録に収められているヨーロッパの古典から一六世紀に至るまでの君主の統治術などについて書かれた主要な政治作品を中心に[42]、そして当時広範囲に流布していた政治作品も考察の対象とし、その特徴を明らかにしたい。このような三つの視点からジェイムズの思想を体系的に考察することにより、これまで一枚岩的に解釈されてきたジェイムズの思想に対して、多様な思想的潮流を含んでいる思想として新たな解釈を提示することが可能となるであろう。

本書では、王権の起源と統治に必要な資質に着目しながら、ジェイムズが理想とする君主には主に以下の四つのイメージ、すなわち「神聖な王」「領主としての王」「有徳な王」「統治する王」が見出されることを論じる。本書は、序章と終章を除いて五つの章から構成されている。第1章では、ジェイムズが誕生した一六世紀のスコットランドの状況を確認し、第2章と第3章では、異なる王権の起源について着目し、そこから導かれる王権の属性について考察する。

第2章では、ジェイムズが描いた「神聖な王」について考察する。ジェイムズが主張した王権の神授的起源を、ヨーロッパの知的潮流およびスコットランドの知的伝統と比較検討することにより、ジェイムズの王権神授論の特色を示す。特にジェイムズが神の代理人から演繹した義務、すなわち神に対するキリスト教徒としての義務、人民に対する王の義務、そして人民の王に対する義務について詳細な検討を加え、ジェイムズの理論に見られる秩序観と王の政治的身体との関連について論ずる。

第2章とは対照的に、ジェイムズは世俗的な根拠である征服論からも王権の起源を主張した。第3章では、ジェイムズが主張した世俗的な起源をもつ君主像、すなわち「領主としての王」について考察する。ジェイムズが依拠した征服論の典拠、そしてそこから導かれる王権の属性について、ローマ法や権力、世襲制という視点から考察する。当時、征服によって王位を得た君主はフランスの絶対王政を支持する観念の中で「簒奪者」として理解され、このような簒奪者に対して抵抗が容認されていた。ジェイムズの理論ではいかにして王権に対する服従と国王権力が正当化されていたのか検討する。そして、第2章と第3章で、ジェイムズは神聖な王権の起源と世俗的な王権の起源という、一見、相容れない二つの起源を主張したが、これらはどのように整合性をもちうるのかを検討する。

第4章と第5章では、ジェイムズが理想とした国王の資質に関して考察する。第4章では、ジェイムズが理想とした国王の内面的資質、それを育むために必要な君主の教育、国王を支えた家臣について考察する。王国の統治者に必要な資質とは、古代ではアリストテレスやキケロなどが論じた内容でもあるが、一六世紀の人文主義者も古典古代の徳と知恵に依拠して、必要な徳の資質について君主に進言した。また、エラスムスなどの北方人文主義者は、古典古代の知恵とキリスト教の倫理観を融合し、それを備える君主を理想とした。こうしたルネサンス人文主義の潮流が、ジェイムズが理想とした君主の資質や教育観にどのような影響を与え、受容されたのか、そして王を支える家臣のあるべき姿について検討する。

第5章では、ジェイムズが現実政治の中で理想とした外面的資質について、実務の側面に着目して考察する。

ジェイムズは統治に必要な実践的教訓について詳細に記しており、そこには前章で考察した伝統的な内面的資質とは異なり、マキァヴェッリの『君主論』に見られる統治術との類似性が数多く見出される。両者の間にある統治術の類似性のみならず、『バシリコン・ドーロン』が書かれた背景にはマキァヴェッリの『君主論』との接点もあった点を指摘したい。

終章では、これまで考察してきたジェイムズの描いた四つの理想の君主像について総括する。一六世紀には、マキァヴェッリに多大な影響を受けて新たな知の潮流、「政治的思慮」を特徴とする政治的リアリズムが発展したが、ジェイムズの理想の君主像と政治的リアリズムの関連性について論じる。そして、一六〇三年以降のジェイムズの統治と思想について展望を示したい。

スコットランドおよびヨーロッパの知的潮流と比較しながら、ジェイムズの思想をスコットランドの文脈において体系的に分析することにより、ルネサンス時代を生き、知的伝統と自らの統治経験を織り交ぜた思想を形成した、造詣の深い一人の君主像が浮かび上がり、ジェイムズの思想に関する新たな解釈が明るみに出るだろう。

注

（1）本書が対象とする時代は、スコットランド、イングランドがそれぞれ独立した王国であったため、「イギリス」と一般的に使用されている呼称は適切ではないが、あえて現在のイギリスの国を強調したいときには「イギリス」と表記する。

（2）この撞着語法は McElwee 1958の本のタイトルにもなっている。

（3）一六三〇～五〇年代の動乱に対する訳語には「大反乱」「ピューリタン革命」「イギリス革命」「イギリス内乱」があり、近年では三王国戦争、四王国戦争という表記もあるが、本書では内戦とする。松浦 2002 : 80-86 ; モリル 2004a ; 岩井 2012.

（4）Figgis 1994 : 5-6 ; Allen 1960 : 268, 367 ; Burgess 1996 : 97 ; Burns 1990 : 31.

（5）Burckhardt 1960. 周知のとおり人文主義という語は非常に曖昧な概念であり、広義では人間の尊厳への関心をもつ人々を意味し、狭義では歴史・倫理学・詩学・修辞学の「人文学研究」を職業とする教師の思想的潮流を指す。この多様な概念の共通項は、古典古代に対する賞賛とありのままの人間像への関心である。Kristeller 1961 ; 石坂 1994. ここではある程度の目安としてスキナーの区分にならい、ルネサンス人文主義を主に一五世紀前半のイタリア・ルネサンス（特にフィレンツェ・ルネサンス）、一五世紀後半のイタリア・ルネサンス、北方ルネサンス（一四九〇年代～一五三〇年代）の三区分に分ける。Skinner 1978 : i.

（6）「バシリコン・ドーロン」はギリシア語で「国王の贈り物」を意味する。

（7）小林 2002b.

（8）Willson 1956 ; James I 1965 : xxxvi. Cf. バターフィールド 1967.

（9）Figgis 1994 : 237.

（10）Allen 1960 : 268-269.

（11）Greenleaf 1957 : 48 ; Greenleaf 1964 : 58-67.

（12）Elton 1974-1992. 修正主義の潮流に関しては、Kenyon 1983 ; Burgess 1990を参照。バージェスは修正主義の特徴を分析し、その特徴としてラッセル等の研究による議会に関する研究、内戦と関連した長期的な構造の特徴を重視した研究、そして古来の国制観に関する研究という三点を指摘する。修正主義に関する邦文文献としては、岩井・指 2000 ; 近藤 2004 ; モリル 2004b を参照。

（13）ホイッグ史観に対する批判としてマルクス主義的解釈が生じた。ここでいうマルクス主義史観とは、イギリス内戦は「ブルジョワ的革命」であり、それにより封建社会から近代の資本主義社会へと移行し、新たな階層が生まれたという歴史観であるが、それはホイッグ史観同様に、イギリス内戦までの過程では依然として議会対国王という二極対立的理解を示し、ジェイムズの統治に対する評価は低い。代表的な研究として Hill 1940 ; Hill 1967 ; Kaye 1984 ; Trevor-Roper 1968を参照。

（14）Russell 1973 ; Russell 1990a ; Russell 1993 ; Sharpe 1978 ; Sharpe 1992 ; Sharpe 2000a ; Sharpe 2000b ; Morrill 1993 ; Morrill 1999 ; Pocock 1987.

（15）Russell 1993 : 118.

（16）Russell 1990b : 213.

（17）Christianson 1991 : 75 ; Christianson 1996. クリスチャンスンの解釈には、ダリィとオークリの影響が見出せる。ダリィは、ジェイムズの思想が宇宙的調和の観念に基づいた中世的な政体に影響を受けた思想であると主張する。Daly 1978 ; Daly 1979. それに対し、オークリはジェイムズの秩序観は中世的ではなく、むしろオッカムやスコトゥスによって展開され、ボダンによって応用された自由裁量論であったと理解する。Oakely 1968 ; Oakley 1984 ; Oakely 1998a ; Oakely 1998b.

（18）但し、ここでいう初期・後期のステュアートの時代区分は、イングランド史に即したものであり、イングランド王ジェイムズ一世から始まる初期、王政復古後のステュアート後期という区分であり、スコットランド王ジェイムズ一世から始まる時代区分ではない。Burgess 1992a ; Burgess 1992b ; Burgess 1996 : 98.

（19）Sommerville 1999 : 10, n. 1.

（20）Rabb 1981 ; Cust & Huges 1989 : 1-43 ; Tyacke 1996 ; Sommerville 1999 : 224-265. ポスト修正主義の研究として Hughes 1991 ; Cust 1987を参照。

（21）Sommerville 1986a. この本の第二版が Sommerville 1999である。Sommerville 1991.

（22）James VI and I 1994 : xv.

（23）Goldberg 1989. ジェイムズの私生活も研究テーマとして取り上げられている。Young 2000. ジェイムズの作品を網羅した論文集として Fischlin & Fortier 2002を参照。他には、Burgess 2006 ; Houlbrooke 2006 ; Richards 2008 ; Rickard 2007 ; Herman 2010を参照。

（24）一六世紀のスコットランド史研究で扱われるテーマは、宗教的・政治的・社会的・経済的・文学的視点からの考察が主であった。Donaldson 1960 ; McRoberts 1962 ; Kirk 1989 ; Lee 1980 ; Lee 1990 ; Wormald 1985 ; Brown 1986. スコットランド史研究の発展については Lenman 1973を参照。

（25）Burns 1950 ; Burns 1955-1956 ; Burns 1958 ; Brown 1890.

(26) Donaldson 1965 ; Schwarz 1974 ; Lee 1984 ; Collier 1993.

(27) Wormald 1981 : 158 ; Lynch 1992 : 244 ; Croft 2003.

(28) 一方で、一六世紀のスコットランドの思想史は、スコットランド啓蒙の前史として取り上げられる。Broadie 1990 ; Allan 1993 ; Allan 2000. より長い時代を扱った思想史の論文集としてはDwyer 1982を参照。一六世紀から一八世紀前半までのスコットランドの政治思想史研究の書評論文についてはBurgess 1998aを参照。

(29) Burns 1996 : 254.

(30) Mason 1994 ; Mason 1998a : 187-241.

(31) Williamson 1979. 近年、ウィリアムスンはスコットランドにおけるブリテン意識について論じている。Williamson 1995 ; Williamson 1996a ; Williamson 1996b.

(32) Goodare 1999 ; Goodare 2004, Goodare 2009.

(33) 日本における研究業績では、ジェイムズに対してホイッグ史観的な評価が伴っている。浜林 1971 : 48, 66-72 ; 大野 1977 ; 田中 1982 : 15 ; 安藤 1983 : 22-28, 35-42. 他方、安藤は、フィギス等の研究成果を紹介しながら、ホイッグ史観とは異なるジェイムズの思想について先行研究を紹介し、特に補論Ⅱでジェイムズ一世の思想を概観している。安藤 1993 : 306-330. 他には、藤原 1998 : 138-139 ; 植村 1975 ; 木村 2003 ; 土井 2006 ; 南 2007 ; Inuzuka 2007を参照。土井の研究ではジェイムズをスコットランドとイングランドの文脈に分けて考察されているが、スコットランドのジェイムズの思想に神授権論と王の絶対的権力を連結させている。

(34) 近年の一六～一七世紀のイギリス史の動向について概観した邦文文献については以下を参照。小泉 1996 ; 小泉 1979. 他方、近年の研究成果を取り入れ、イングランドのエリザベス女王の統治時代からの連続性とそこに見出される問題点により生じたジェイムズの統治の特徴を指摘した、よりバランスの取れた記述も見られる。近藤 2010 : 95-97 ; 近藤 2013 ; 木村 2014.

(35) 飯島 1976 ; 富田 1991 ; 富田 1993 ; 富田 1995 ; 富田 1998. 文学の視点からジェイムズの王権論について考察した研究として横尾 2002を参照。

(36) 思想史の方法論として以下を参考にした。Tully 1988 ; Skinner 2002 ; 半澤 1988.

(37) 本作品は *Early English Books, 1475-1640, 1641-1700* (Short Title Catalogue I, II) でも入手可能であるが、McIlwain 1965、Sommerville 1994、Rhodes 2003が編集したジェイムズの著作集からも入手できる。しかし、それらはジェイムズの諸作品を纏めて一六一六年に出版した『作品集』を元に編集されているため、本書ではクレイギーが編集した一五九八年版が収められているJames VI and I 1982を用いる。本文中および脚注での引用はTと略し、数字はその頁を示す。本作品の再版についてYamada 1986を参照。

(38) 本作品はMS. Royal 18B. xv に収められている。本作品はMcIlwain 1965 ; Sommerville 1994 ; Rhodes 2003が編集したジェイムズの著作集からも入手できる。しかし、それらはジェイムズの諸作品を纏めて一六一六年に出版した『作品集』を元に編集されているため、本書ではクレイギーが編集したJames VI 1944-1950の一五九九年版を用いる。本文中および脚注での引用はBと略し、数字はその頁を示す。作品の出版状況についてはJackson 1958 ; Stewart 1984を参照。本作品の内容紹介については小林2001を参照。

(39) ジェイムズの作品が諸外国において、どのように流布されたかについてはLyall 2002を参照。ジェイムズの聖書解釈に関する作品を国王権力の強化との関連から論じた研究としてRickard 2006 ; Rickard 2007を参照。

(40) Wormald 1981 : 185 ; Jack 1972 : 54-89. 他方でカスタリアンという名の集団は宮廷には実際には存在せず、二〇世紀の研究者によって創られた神話であるとの見解もある。Bawcutt 2001.

(41) 小林 2002b では、ジェイムズの思想に見られる多面的な特徴を明らかにしたが、本書では、これらの特徴を結びつけている彼の基盤となっている思想を解明する。

(42) 'The Library of James VI 1573-1583' 1893.

第1章　一六世紀スコットランドの政治と社会

一六世紀スコットランドは、対イングランドおよび対フランスの外交政策、そして国内における貴族間の対立と宗教改革の波により、政治状況が左右された。スコットランドとイングランドは、中世以来、隣接した領土、そして国の独立をめぐって戦争を繰り返してきたが、一五〇二年に「永久の和平」を結び、イングランド王ヘンリ七世の息女マーガレットとスコットランド王ジェイムズ四世が結婚し、しばらくの間、両国間に平和がもたらされた。しかしながら、ヘンリ七世の長子アーサーの死去後、イングランド王位を継承したヘンリ八世のもと、再び両国は戦争を開始した(1)。対イングランド戦争が深刻化していく中、スコットランドと「古い同盟」国であるフランスとの関係がより緊密になっていく。同時に、ヨーロッパ大陸で生じた宗教改革の波もスコットランドに押し寄せてきた。スコットランド国内では、外交政策および教会の宗派により、貴族たちはそれぞれ政治的グループを形成し、国内政治をより複雑にさせていた。本章では、スコットランド王ジェイムズ六世が生まれた時代の一六世紀スコットランドの政治と社会状況を見てみよう。

1　スコットランドのメアリ女王

（1）メアリ女王の誕生

スコットランド王ジェイムズ六世の母であるメアリ女王は、一五四二年一二月八日、スコットランド王ジェイムズ五世とフランスの大貴族で王の主要な顧問官でもあるギーズ家の子女マリーとの間に、エディンバラ近郊のリンリスゴウ宮殿にて生まれた。ジェイムズ五世にとって、これは二度目の結婚である。メアリが誕生した時、ジェイムズ五世はイングランド王ヘンリ八世と戦火を交え、ソルウェイ・モスの戦いでイングランド軍に大敗した後であった。

ジェイムズ五世が親政を開始する前まで、スコットランドとイングランドの政治状況は比較的平穏だったが、ジェイムズがフランスの王家と婚姻関係を結んでから一変した。ジェイムズ五世は、経済的な問題も抱えていたこともあり、婚姻から生じる持参金を当てにしていたため、中世から続く「古い同盟」を優先して親フランスの政策をとり、さらに一五三七年にはフランス王フランソワ一世の王女マドレーヌと結婚した。数カ月後にマドレーヌは亡くなったが、翌年ジェイムズは、フランソワ一世の顧問官ギーズ公の子女マリーと再婚し、フランスとの同盟関係をより一層強めていった。ジェイムズの二度にもおよぶ婚姻関係によるフランスとの関係強化は、イングランド王ヘンリ八世にとって無視できない事態となった。結局、一五四二年一〇月にイングランドとスコットランド間の戦争が中部地方で始まり、ヘンリ八世の軍は、一五四二年一一月二四日、ソルウェイ・モスの戦いでスコットランド軍に圧勝したのである。

同年一二月八日、ジェイムズ五世と妻マリーとの間に娘メアリが誕生したが、不運にもジェイムズ五世は、娘の誕生を聞いた後、衰弱により約一週間後に死去した。従って、メアリは生後約一週間でスコットランドの王位継承者となった。しかしながら、メアリが、実際に即位したのは翌年の一五四三年九月になってからである。それまでの間に、スコットランドでは政権掌握をめぐる政治問題、イングランド王ヘンリ八世に対する外交政策、そして新たに勢力を伸ばしてきたプロテスタントの動きなど様々な問題が複雑に絡み合って表面化してきたのである。

一五四三年九月九日、当時スコットランドの宗教指導者でセント・アンドルーズ大司教ディヴィッド・ビートン（David Beaton, ? 1494–1546）の指揮のもと、メアリがスコットランド女王としてスターリング城にて即位した。一五四三年から四八年までの幼少期のメアリ女王は、ほとんどの時をスターリング城にて過ごし、そこでは、乳母のジャネット・シンクレア、後見役の貴族二人アースキンとリヴィングストンなどが女王の世話をしていた。

（2）婚約のため渡仏、そして未亡人

幼王メアリの摂政に就いた寡妃マリーとビートンのもと、スコットランドでは引き続き親フランスの政策が優勢となった。ジェイムズ五世の死後、スコットランドは、外交政策をめぐって二つの政治的グループに分かれていた。一方は、マリーとビートンを中心とするカトリックを支持する親フランス派であり、他方は、スコットランド貴族で王位継承者でもある第二代アラン伯ジェイムズ・ハミルトン（James Hamilton, 2nd Earl of Arran, c. 1516–1575）を中心としたプロテスタント化を支持する

図1－1　メアリ女王（15歳）

出所：John Guy, *My Heart is My Own : The Life of Mary Queen of Scots,* London, 2004, Plate 1.

親イングランド派であった。

一五四三年一月には、スコットランドで一時、親イングランド派が優勢となり、アラン伯はビートンを逮捕し、プロテスタント派が目指していた母国語による聖書の使用や教会の改革案について議会に提案した。こうした状況の中、イングランド王ヘンリ八世は、自らの三番目の妻であるジェイン・シーモアとの間に生まれた息子エドワードとスコットランド女王メアリとの婚姻関係を結ぼうとした。それに対して、当初、スコットランド側は、ヘンリの提案に賛同していた。一五四三年七月、アラン伯が、メアリ女王とイングランド王子エドワードとの婚姻に関するグリニッチ条約の交渉を担った。この交渉には、スコットランドとイングランド間の戦争を終結すること、メアリが一〇歳を終える時にエドワード王子と代理人を通して結婚し、メアリが教育のためにイングランドに居を構えること、という内容も含まれていた。特に、後者の内容が、スコットランド側の感情を刺激し、結局、一五四三年一二月、スコットランド議会が先の条約を却下した。

スコットランド枢密院が、フランスの援軍と共にイングランドと続けて交戦することを決定したのを受けて、ヘンリ八世は、息子エドワードの伯父にあたるハーフォード伯エドワード・シーモアをイングランド北部へ派遣した。ホリルード宮殿を含む町や村落を破壊するという命のもと、彼は、スコットランド内の城や修道院など町や村々を焼き払った。スコットランドにおけるイングランド軍の残虐行為は、スコットランド内でさらなる反発を生んだ。エドワード王子とメアリ女王との婚姻条約を実現するために開始された一五四三年から四六年までの一連の戦争は、後に「手荒な求婚」(2)と称された。イングランド側が戦いで勝利を収めた後も、ヘンリが当初、画策した息子エドワードとメアリ女王との結婚が実現することはなく、むしろスコットランドをフランスにさらに接近させる契機となった。

ヘンリが開始したスコットランドとの戦争は、一五四七年一月に彼が死去した後も、イングランド王位を継承し

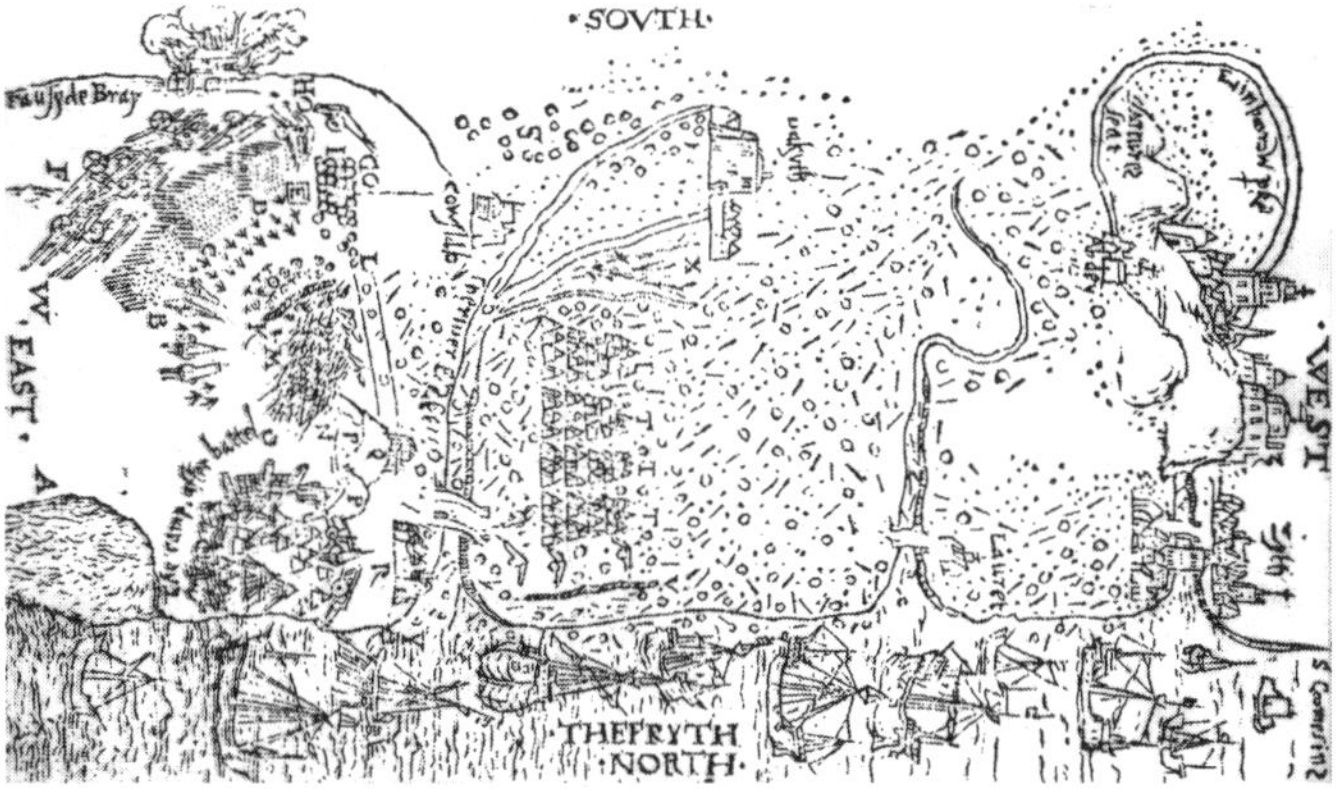

図1－2　ピンキーの戦い

出所：Marcus Merriman, *The Rough Wooings: Mary Queen of Scots, 1542-1551*, East Linton, 2000, p. 9.

た幼王エドワード六世のもとで受け継がれた。新たに即位した国王は、九歳であったため、政治の実権は伯父のハーフォード伯改めサマセット公が握っていた。サマセットは、メアリ女王とエドワードとの婚姻関係を結ばせようと、再びスコットランドに進軍した。イングランド軍は、スコットランド軍にピンキーの戦いで圧勝し、スコットランドに要塞を新たに築いた。このようなイングランドの侵攻にもかかわらず、エディンバラ城は不動であった。スコットランドでは親フランス派が勢力を保ち続け、イングランド戦におけるスコットランドの敗北によって、スコットランドはさらにフランス寄りの政策にかじをとった。マリーとアラン伯がフランス王に支援を求め、メアリ女王はフランスの王太子と結婚するという約束をした。フランス王アンリ二世は、メアリ女王が未成年の間はアラン伯にスコットランドの統治を任せるという約束をし、メアリ女王が世継ぎなく死去した場合は、アラン伯をスコットランド王に擁立するために支援する約束もした。そして、アンリ二世は、フランスのシャテルローの公爵領を一万二千リーブルの年金と共にアラン伯に与えた。

一五四八年七月にスコットランドとフランスとの間でハディントン条約が結ばれ、メアリ女王はフランソワ王太子と結婚するた

図1-3　フランソワとメアリ女王の結婚を祝うメダイヨン

出所：Marcus Merriman, *The Rough Wooings: Mary Queen of Scots, 1542–1551*, East Linton, 2000, p. 227.

め渡仏することとなり、スコットランドはイングランドの侵攻を防ぐために、フランスから軍事的支援を受けることが決まった。イングランド同様、フランス軍も洗練した要塞をスコットランド領地内に新たに建設した。結局、イングランド軍はスコットランド内の駐屯地を放棄し、一五五〇年にフランスと和平を結び、翌年にはスコットランドとも和平を結んだ。ヘンリ八世没後、数年の間に展開された対スコットランド戦争は「手荒な求婚」の第二段階とも言われている。

かくして、メアリ女王は一五四八年八月に従者を従えて渡仏した[3]。その際、他国に捕まることも想定して、メアリ女王本人と共に、同じメアリの名をもつ四名の同年代の女児も同行した。フランスに到着すると、メアリ女王はフランス宮廷流のマナーを学ぶことになった。例えば、メアリは、婚約者のフランソワ、そして格づけによりテーブルの席を指定されている他の同席者と共に同じテーブルで食事をとった。メアリがフランスで受けた教育は、当時のルネサンス時代に特徴的であった古典作品や語学、そしてキリスト教関係の作品を用いた内容であった。

一五五八年四月一九日、メアリとフランソワの二人の婚姻契約が正式に署名された。しかし、その後、二人の結婚生活は急変する。一五五九年七月フランス王アンリ二世が槍試合の怪我により急死したため、メアリの夫フランソワがフランソワ二世としてフランスの王冠を継承することとなったからでともできなくなり、急死したため、メアリ女王は一八歳で未亡人となった。

ある。しかしながら、翌年、一五六〇年一二月、今度はフランソワ二世が耳から分泌物を出して動くことも話すこ

(3) 帰国、再婚、再々婚、そして退位

夫であるフランス王フランソワ二世の急死に伴い、ジェイムズ五世の庶子でメアリ女王の異母兄弟にあたるジェイムズ・ステュアート、後のマリ伯（James Stewart, Earl of Moray, 1531-1570）がフランスに渡り、メアリ女王のスコットランドへの帰国を促した。母国スコットランドでは、メアリの母マリーは一五六〇年六月一一日に既に死去しており、その後、アラン伯兼フランスのシャテルロー公爵が、マリーの代わりに摂政となっていた。さらに、スコットランドの宗教は、一五六〇年にプロテスタント化されていた。しかしながら、メアリ女王の帰国に伴い、女王には、スコットランドではこれまで通り、カトリック信徒として私的に信仰を行ってよい点が認められた。

一五六一年八月一九日、メアリは、一三年ぶりに祖国スコットランドに戻り、東海岸のエディンバラ近郊のリースに到着した。九月二日に行われたメアリの入市式は、プロテスタント色の強い催しとなった。メアリ女王が西門から城まで向かう途中、天使を装った男の子が群衆の中から現れ、都市の鍵をもち、メアリに母国語で書かれた聖書と讃美歌を手渡した。この聖書と讃美歌はプロテスタントの象徴であった。トルブースに着くと、上階には「幸福の女神」が立ち、下階では「愛」「正義」「政治」に扮した女性たちがパジェントを演じていた。パジェントの催しは他の通過箇所でも見られ、このような歓迎の催し事を眺めながら、メアリは最終地点のホリルード宮殿にたどり着いた[4]。

新たな女王を歓迎したのも束の間、メアリは、すぐにスコットランドにおいて政治と宗教の課題に直面した。メアリ女王を支えたのは、異母兄弟マリ伯とレシントンのリチャード・メイトランド（Sir Richard Maitland of Lething-

図1－4　ダーンリ卿

出所：John Guy, *My Heart is My Own : The Life of Mary Queen of Scots*, London, 2004, Plate 2.

ton, 1496–1586）だった。一五六二年から六五年までの間、メアリは、王国内を視察にいき、自身の権力や王家の財政の回復に努めた。フランスやスペイン、国内のカトリックの貴族たちは、カトリックであるメアリの帰国がスコットランド内で対抗宗教改革を引き起こすと期待していたが、メアリはそうした動きを見せることはなく、政治と宗教において中立の立場を取ろうとしていた。

そうした中、メアリの再婚問題も浮上した。当初、イングランドのエリザベス女王は、自らの愛人と噂されていたロバート・ダドリーをメアリの結婚相手として薦め、女王の相手に相応しくなるよう彼にレスター伯の爵位まで与えた。しかし、メアリが再婚したのは、同じイングランド王ヘンリ七世の血筋をひいているダーンリ卿ヘンリ・ステュアートであった。一五六五年七月に二人は結婚した。メアリはダーンリの子どもを身ごもっていたが、一五六六年にメアリが寵愛していたイタリア人で秘書兼宮廷音楽家のディヴィッド・リッチオがメアリの目前で夫ダーンリに殺害されたのを契機に、二人の結婚は急速に破綻していった。そして、二人の息子ジェイムズが生まれた後、一五六七年二月一〇日の夜にダーンリは、カーク・オ・フィールドで屋敷と共に爆殺された。

ダーンリが爆殺された後、メアリ女王自身が夫の殺害に関与していたという噂が流れた。しかも、メアリは三カ月後にその事件の首謀者として嫌疑をかけられていたボスウェル伯ジェイムズ・ヘッバーン（James Hepburn, Earl of Bothwell, c. 1535–1578）と三度目の結婚をした。この結婚の背景には諸説があるが、メアリがボスウェルから脅迫されて結婚したという説もある。同結婚はスコットランド内の貴族から反発を受け、メアリ女王とボスウェル側、対抗貴族側は、カーベリヒルの戦いで対峙し、女王側がすぐに投降し、貴族側の和解条件を受け入れた。その後、メアリはリーヴン湖に浮かぶ城に幽閉され、一五六七年七月に女王の座から退位し、息子ジェイムズにスコットランド王位を譲渡した。メアリの統治は、帰国後六年で終わった。一方、ボスウェル伯は、ノルウェーまで逃亡したが、ノルウェー当局に捕まり、一五七八年に獄中で自害した。

幽閉中のメアリは、一五六八年五月に城から脱走し、自らを支援する貴族たちと共に、幼王ジェイムズを支持するスコットランド貴族たちとグラスゴー近郊のラングサイドで交戦した。しかし、メアリは戦いに破れた後、エリザベス女王に庇護を求めてイングランドに亡命した。その後、スコットランド政権側とエリザベス女王の使者との

図1-5　リッチオ殺害の場面

出所：Alastair Cherry, *Princes, Poets & Patrons : The Stuarts and Scotland*, Edinburgh, 1987, p. 57.

図1-6　ダーンリ爆殺の図

出所：John Guy, *My Heart is My Own : The Life of Mary Queen of Scots,* London, 2004, Plate 3.

間でメアリの罪状に関する会談が行われ、メアリは夫ダーンリ殺害に関して有罪となり、結局、イングランドで一九年の間幽閉された。幽閉中もスコットランド内でメアリの擁立を試みた貴族たちと、新たに誕生したジェイムズ王を支持する貴族たちとの間で内戦が生じたが、一五七三年を境にメアリ支持派はスコットランド内から衰退していった。他方で、イングランドでは、プロテスタントのエリザベス女王に対抗して、幽閉中のメアリを支持するカトリックのアーサー・バビントンらがメアリに接近し、メアリは彼らのエリザベス暗殺を企図した事件、いわゆる「バビントンの陰謀事件」に巻き込まれ、一五八七年ファザリンゲイ城にて斬首刑に処せられた。メアリは四五年の生涯を終えたのである。

2　プロテスタント化とジョン・ノックス

（1）教会のプロテスタント化の動き

一五一七年にドイツ中東部のヴィッテンベルクで、マルティン・ルターが教会の腐敗に対して抗議し、改革する提言を示して以降、一五二〇年代頃からスコットランドでも、特にヨーロッパ大陸との通商路である東海岸のセント・アンドルーズや西海岸のエアシャーにおいて、ルターの思想に影響を受けたプロテスタントの動きが見え始めた[5]。当時のスコットランド教会も、ヨーロッパ大陸の教会同様、適切な聖職者を欠き、教会が貧困層から搾取して蓄財を増やしたりするなどの腐敗が著しく、教会の改善は必至であった。そうした中、セント・アンドルーズとヴィッテンベルクで学問を修め、新しいルター派の大学で教鞭をとった経験をもつルター派のパトリック・ハミルトン（Patrick Hamilton, 1504-1528）が、スコットランド教会の改善を唱えたため、一五二八年に異端としてセント・アンドルーズで焚刑に処された。彼は、スコットランド最初のプロテスタント殉教者となった。

しかしながら、一五三〇年代までスコットランドの宮廷では、概ね異端が目立つことはなく、スコットランドにおける初期のプロテスタントの動きについては、改宗を推進するよりも、教会の現状に異を唱える聖職者が多数を占めていただけにすぎなかった。実際、一五三〇年代のスコットランドでは、殉教した者は一〇名で、多くは他国へ亡命した。[6]従って、国内のプロテスタント化の動きの中で、リーダーシップをとる者がいなくなっていた。

その後、一五四六年三月にプロテスタントの説教者ジョージ・ウィシャート（George Wishart, 1513–1546）が異端の罪で処刑されたことにより、スコットランド内で新旧の宗教対立が激化した。スコットランド東部地域に位置するファイフの男たちは、一五四六年五月にセント・アンドルーズ城を包囲し、セント・アンドルーズ大司教ビートンを殺害した。この一団に、後にスコットランドのプロテスタント化で重要な役割を担うこととなる宗教改革者ジョン・ノックス（John Knox, c. 1514–1572）も加担していた。彼らは、一五四七年七月までの約一年間、城を包囲したが、王家の軍隊がフランスの支援を得て城を奪い返した。ノックスはその後、フランス海軍のガレー船の船漕ぎとして約一年半の間服役することとなった。

他方で、教会の腐敗した状況に対して、セント・アンドルーズ大司教ハミルトンの指示のもと、スコットランドでは、一五四九年、一五五二年、一五五九年の三回、教会の改善を検討するために会議が開催され、説教や試問する福音主義的な方法について検討された。中でも改善の成果として、亡命していたイングランド人リチャード・マーシャルによって書かれた母国語の教理問答、通称、ハミルトン教理問答が、一五五二年に印刷された。[7]しかしながら、教会の腐敗は依然として改善されなかった。そうした状況の中で、スコットランドの風刺詩人であるディヴィッド・リンジィ（David Lindsay, ? 1486–1555）が、一五四〇年に戯曲『三身分の風刺』（*Ane Satyre of the Thrie Estaitis*）を書き、その中で、教会が貧しい人々を搾取して富を増やしていると非難している。[8]

一五四〇～五〇年代に、プロテスタントの一団によるセント・アンドルーズ城の包囲などはあったが、スコットランドではプロテスタントは相対的に少数派であった。従って、マリーの摂政時代は、一五五六年まで比較的平穏な政治的・宗教的状況が保たれていたといえよう。

しかしながらその後、ヨーロッパにおけるプロテスタントの活発な動きが、スコットランドにも押し寄せてきた。一五五七年一二月にスコットランドの五名の貴族がプロテスタントの礼拝を確立するために誓約し、通称、「会衆の第一盟約」(The First Bond of the Congregation) を結んだ。そして、「第一盟約」のプロテスタント貴族を中心に会衆軍が結成され、フランスの支援を得た王家の軍と対峙することになった。

摂政のマリーは、スコットランド内におけるプロテスタントの取り締まりを強化する一方、隣国イングランドでは、カトリックの女王メアリ・テューダーが死去し、一五五八年にプロテスタントのエリザベス女王が誕生した。イングランドの女王の交代、そしてカトリックからプロテスタントへの国家の宗教の変更により、スコットランドの状況が一変した。機をつかんだノックスが、一五五九年五月に大陸からスコットランドに帰国した。これをきっかけとして、スコットランド内でプロテスタント化の動きが一気に加速したのである。

(2) ジョン・ノックスと出版戦略

ジョン・ノックスは、一五一四年にスコットランドのハディントンで生まれ、セント・アンドルーズで教育を受けた。当初ノックスは、カトリック聖職者として叙任されたが、プロテスタントの説教者ジョージ・ウィシャートに影響を受け、やがてプロテスタントに改宗する。プロテスタント勢力が、セント・アンドルーズ大司教のビートンを暗殺し、セント・アンドルーズ城に立て籠もるが、城はカトリックのフランス勢力に敗れ、その籠城に加担していたノックスは、フランス海軍のガレー船漕ぎの苦役労働に一年七カ月間服することとなった。一五四九年に釈放されたノックスは、五四年まで隣国イングランドのプロテスタント王エドワード六世の治世期にイングランドに滞在した。その後、エドワード王が死去すると、カトリックのメアリ・テューダーがイングランド女王として即位したため、ノックスはヨーロッパ大陸に亡命した。大陸では、フランス、フランクフルト、ジュネーヴなどに滞在し、カルヴァンなどのプロテスタント改革者と交流した。そして、スコットランドのプロテスタント貴族の要請を受け、ノックスは一五五九年五月に帰国した。同年七月以降、ノックスはエディンバラにあるセント・ジャイルズ教会の牧師を務めた。

ノックスは、亡命先から、そして帰国後も、出版という新たな戦術で人々に訴えかけ、プロテスタント化を促進しようとした。[9] 中でもノックスが一五五八年に書いた三つの作品、『女たちの奇怪な統治に対する最初の警告』（*The First Blast of the Trumpet against the Monstrous Regiment of Women*）、『スコットランドの貴族や諸身分に対する訴え』（*Appellation to the Nobility and Estates of Scotland*）、『スコットランドの民衆に対する手紙』（*Letter addressed to the Commonalty of Scotland*）は、女性統治者の批判から始まって、貴族たちが宗教の改革という神の大義を遂行するよう主張し、もしそうしないのであれば、人々に訴える必要性があることを説いている。第2章で後述するが、ノックスは、神との契約が生じている王国内において、神の信仰を守らない暴君に対する抵抗を正当化したのである。

ヨーロッパ大陸から帰国したノックスが、パースのセント・ジョン教会でミサと偶像崇拝を批判する説教を行うと、プロテスタントたちは、教会内を「浄化する」目的で攻撃した。このパースの暴動が、スコットランド内のプロテスタント化を一気に促進した。そして、今や、プロテスタント貴族、レルド、[10] そしてこうした動きに影響を受けた諸都市の人々は、自らを「会衆派」（Lords of the Congregation professing Christ Jesus）と名乗り、セント・アンドルーズやダンディーなどスコットランド中央部の町を次から次へと「浄化」していった。この暴動は「聖画像破壊運動」と呼ばれ、「国家《コモンウィール》」という名のもと拡大していった。会衆指導者層は、熱心なプロテスタントという側面をもちつつも、修道院の解散から自らの利益を得られると考えていたので、この修道院破壊を歓迎した面もあった。[11] パースでの説教も、ノックスにとっては、プロテスタントを普及するための戦略の一つであった。そして、彼は教会での説教の他に、教理問答書、聖書、讃美歌集などの印刷物もプロテスタントの普及に活用したのである。

（3） 一五六〇年の宗教改革議会

隣国イングランドのエリザベス女王の支援により、一五六〇年一月には、既にイングランドの艦隊がスコットランドに到着していた。さらに、翌二月、エリザベス女王と会衆派との間でベリック条約が正式に締結されたことにより、イングランドからのスコットランド教会のプロテスタント化への支援は保障された。しかも、同年六月、摂政という立場で長年スコットランドを統治してきたマリーがこの世を去った。今やスコットランド内で、プロテスタント化を妨げる大きな障壁がなくなったのである。そして七月には、イングランドとフランスの使者との間でエディンバラ条約が結ばれ、スコットランドから全ての外国の軍隊が撤退することが取り決められた。

同年八月一日、スコットランドの暫定政府がスコットランド議会を召集し、[12] 宗教関連の制定法が定められた。この議会は、「宗教改革議会」として知られているが、そこでは以下の点が採択され、教会のプロテスタント化が実現した。すなわち、ミサの禁止やローマ教皇の権威の否定、そして改革された信条告白「スコットランド信仰告白」（Scots Confession）が公式のものとして採択されたのである。この議会の進行には不明な点もあるが、「マタイによる福音書」第二四章一四節の抜粋が用いられ、六名の主教、二一名のコメンデイタ[13]（commendator）、一四名の伯爵、一九名の領主、一〇一名のレルド、そして二三の都市の代表者（commissioner）が出席していた。[14] 中には、必要以上の数の代表者を送り込んでいる都市もあった。にもかかわらず、宗教改革議会が宗教改革の核心について是認したり、プロテスタントの改革政策を承認することはなく、むしろスコットランド政権内部での足並みの悪さが目立った。結局、この会議では、スコットランドにおいて、カトリックの基本要素を排除し、ミサの廃止や教皇の権威を否定するだけにとどまり、新たな教会の構造を設立するには至らなかった。プロテスタント教会は、これまでのカトリックの教区教会の制度やその建物を引き継いだ。実際、スコットランドの人口の多くは、まだカトリックであった。政治的に見ると、当時、フランス寄りであった政府やフランスのプロテスタントへの脅威に対する反動に対して、スコットランド内でカトリックへの批判が強まった側面もある。しかも、フランスにいたスコットランドのメアリ女王と夫フランソワ二世が、宗教改革議会で採択された法を承認することはなかった。

宗教改革議会が開催された翌年一五六一年の一月、ノックスは、『規律の書』（*The First Book of Discipline*）として知られている文書を提出した。この宗教的文書は、新たな教会に関する政策の提言であり、これには教義や聖礼典、偶像崇拝の廃止の他に、牧師の選出や給与、教会訓練などの案も含まれていた(15)。しかしながら、この文書は、諸個人からは賛同を得ても、議会で承認されることはなかった。

図1-7　ジョン・ノックスとメアリ女王

出所：John Guy, *My Heart is My Own: The Life of Mary Queen of Scots*, London, 2004, Plate 2.

これまで見てきたように、スコットランドのプロテスタント化は全て順調に進んでいたわけではなかった。会衆派の目的は、異国の支援なく達成することはできなかったし、スコットランドの地方からの暴動がなければ、社会での容認は得られなかった。しかしながら、一五六〇年の四月には、五名だった「第一盟約」の貴族が、後に七名に増え、さらに他の四二名も加わり、プロテスタントの動きは、地主階層の間でも幅広い支持を得るようになっていた。スコットランドの宗教改革は、人々の下からでもなく、王家の上からでもなく、貴族や地主階層主導によって行われ、常に貴族がその動きの中枢にいた。

ここで、スコットランドでは、宗教改革が一五六〇年と一五六七年に二回あったと指摘されている点を確認しておく。[16] 最初の宗教改革は、先述したように、ノックスなどの会衆指導者たちが行ったものである。二回目の一五六七年の宗教改革とは、メアリ女王の退位であった。メアリ女王が退位し、幼王ジェイムズが即位した一五六七年以降、教会はカルヴァンが提唱した改革の影響を強めていった。というのは、新たなプロテスタント政権が、教会内で新たな改革を促進したからである。

そして、一五七〇年代以降、ノックスの後継者としてスコットランド教会の改革を担ったのは、アンドルー・メルヴィルであった。一五七八年に『規律　第二の書』（*The Second Book of Discipline*）が作成され、同年七月、同書は国内における教会の最高意思決定機関である教会総会で採択された。これは、ルター、カルヴァン、ベーズなどの宗教改革者の理念に基づき、教会とその組織構造について明確に規定した文書であった。こうした長老主義的教会統治体制は、一五九二年に「ゴールデン・アクト」[17]と称される議会法によっても承認され、カトリックの制度を想起させる主教職はスコットランド教会から一時ではあるが、消滅した。

3　ジェイムズ六世の誕生

(1)　ジェイムズ六世の即位

こうした一六世紀スコットランドの政治的・宗教的・社会的状況の中、一五六六年にジェイムズは、メアリ女王とダーンリとの間に生まれた。生後約二カ月で、実親の元から離されたジェイムズは、王家の後見職に就いていたアースキン家マー伯の手に委ねられ、スターリング城で比較的身の危険を感じずに育てられた。先述したように、ジェイムズの父ダーンリは既に爆殺され、そのわずか数カ月後に母メアリは、夫の殺害に関与したボスウェル伯と再婚したため、スコットランド貴族から猛反発を受け、同年七月、女王の座から退位を迫られ、リーヴン湖に浮かぶリーヴン城に幽閉された。

そして、メアリが退位した五日後、プロテスタントのマリ伯の指揮のもと、ジェイムズは一歳弱でスコットランド王ジェイムズ六世としてスターリングの教区教会にて即位した。スコットランドのプロテスタント化で最も重要な役割を担ったノックスが即位式の説教を担当し、モートン伯（James Douglas, 4th Earl of Morton, c. 1516–1581）が幼王に代わり戴冠式の宣誓を行った。このジェイムズの戴冠式は、二つの点で特徴的であった。一点目は、この戴冠式はスコットランド史上最も出席者の少ない儀式であったことである。スコットランドの多くの貴族は戴冠式を欠席し、五名の伯爵のみ出席していた。もう一点は、初めてのプロテスタント政権での戴冠式であり、プロテスタントの説教を用いるなど、これまでの儀式とは異なっていたことである。[18]

幼王の戴冠式が終わると、摂政職に誰が就くかが緊急の課題となった。マリ伯と幽閉中のメアリ前女王との間で、マリ伯が摂政職に就くことが同意され、一五六七年に彼が摂政に就いた。

先述したように、メアリは幽閉されていた城から脱走して、息子ジェイムズ支持派と対峙したが、ラングサイドの戦いで大敗した後、イングランドのエリザベス女王に庇護を求めてイングランドへ逃亡した。しかしながら、メアリはそこで再び幽閉され、一五八七年にエリザベス女王暗殺を目的とした陰謀事件に関与した罪で処刑された。メアリはそれまで彼国で幽閉状態にあったため、ジェイムズは母に会うことは一度もなかった。

（2）幼少期の英才教育

幼少期のジェイムズは、スターリング城にてマー伯の庇護のもと、年の近い遊び仲間と過ごし、[19]四歳の頃から二人の優秀な教師から英才教育を受けて育った。[20]ジェイムズの教育を担当したのは、当時、著名な人文主義者であったジョージ・ブキャナンと、[21]ジュネーブのアカデミーで学んで帰国したピーター・ヤング（Peter Young, 1544-1628）の二人であった。

図1－8　ジェイムズ六世の幼少期

出所：Antonia Fraser, *King James VI of Scotland and I of England*, London, 1994, p. 14.

ブキャナンは、ジェイムズの父ダーンリの家系レノックス家と縁のある土地で生まれ、セント・アンドルーズ大学にてスコラ哲学に傾倒した人文主義者のジョン・メイジャ（John Major〔Mair〕, 1467-1550）のもとで学んだ。ブキャナンは、ジェイムズ五世の庶子で、メアリ女王の異母兄弟ジェイムズ・ステュアートの個人教師を務めたこともあった。ブキャナンはヨーロッパ大陸に渡り、さらなる学問的研鑽を積み、パリ、ボルドー、コインブラで教鞭をとった。彼は、思想史の系譜においては抵抗権論者として有名であるが、フランスやポルトガルに滞在していた一五六〇年以前には多くの文学的作品を書き、むしろネオ・ラテン語の詩人としてヨーロッパで名声を博していた。[22]ブキャナンがいつ頃スコットランドに帰国したか定かではないが、ジェイムズの教師に任命された時、彼は六四歳でセント・アンドルーズ大学のセント・レナード・カレッジの学長であった。宮廷家ホーヒルのジェイムズ・メルヴィル（James Melville of Halhil, 1535-1617）は自らの『回顧録』で、ブキャナンを「厳粛な哲学者」と呼び、「諸外国で有名となり、ラテン語の詩に関する学問と知識において傑出した素質」をもち、「あらゆる機会に簡潔に道徳観について詳細に語り、同席していて楽しい相手」、また「詩人として良い宗教を信じている」人物としてブキャナンを称賛している。他方で、ホーヒルのメルヴィルは「年老いてからすぐに罵り……本性的に大衆的で、彼を立腹させた者には誰に対しても執念深い」と、老年ブキャナンの欠点も指摘するのであった。[23]

一方、ヤングはスコットランド人として初めてジュネーブのカレッジに入学し、カルヴァン派のベーズのもとで学び、ツヴィングリ派の弟子となった。ジェイムズの教師に任命された時、二〇代であったヤングは、ジェイムズに対して同情心を示す傾向もあって、ブキャナンとは異なり、国王の寵愛を得ていった。そういうヤングを先のホーヒルのメルヴィルは『回顧録』の中で「より優しく、どんな時でも国王に反論するのを嫌った。自らの幸福を考え、陛下の贔屓を維持しながら、そして油断なく自ら行動した」人物と、猜疑的な眼差しで描写している。[24] このヤングに対する評価がどの程度偏見のないものであったのかは別として、実際、ヤングはジェイムズに気に入られ、後にジェイムズの結婚をとりまとめるためにデンマークに使者として派遣された。[25]

図1-9　ジョージ・ブキャナン

出所：George Neilson ed., *George Buchanan: Glasgow Quatercentenary Studies 1906*, Glasgow, 1907, 表紙裏。

ジェイムズは、この二人の優秀な教師から当時最高水準の教育を受けた。ジェイムズの教育内容は、ルネサンス人文主義者が用いた「ストゥディア・フーマーニターティス」を手本とし、ラテン語の古典作品やフランス語などの幾つかの語学、天文学、数学、歴史、修辞学などあらゆる分野にわたっていた。[26] ブキャナンは主にラテン語などの語学、修辞学、作文などの古典作品の教育を担当し、ヤングはおそらく歴史、神話、地理、医学などを担当したと考えられる。[27] また、ジェイムズはヤングから「特にカルヴィニズム的神学の徹底的な基礎」を学び、「高度な神学論争に関する理屈っぽい解決策を好む傾向」を育んでいった。[28] ジェイムズの教育に特徴的な点は、通常よりも、集中的に母国語での作文の教育を受け、自国史についてもよく学んだことである。さらに、ジェイムズは宗教や徳について学んだ後、ブキャナンから統治の形態について知識を深めていった。[29] 青年に達したジェイムズがブキャナンの政治理論を全て肯定的に受容したわけではなかったが、ジェイムズの思想形成により大きな影響を及ぼしたのは、ヤングよりも老齢のブキャナンであったといえよう。[30]

こうした教育内容を反映してか、ジェイムズの蔵書目録には当時の人文主義者が教育に薦めた書物、例えば、プラトン、キケロ、クセノポン、アリストテレスなどの著名な古典作品が豊富に収められている。[31] その目録には、アスカム、カスティリオーネ、グィッチャルディーニ、エリオットなどの統治や教育に関する同時代の作品のみならず、カルヴァンなどのスイスで活躍した宗教改革者、フランスのビュデやオトマンなどの神学的作品も収められ、他には地理、宇宙学、自然史、数学、論理学、方言などに関する書も含まれ、蔵書の総数は六〇〇以上もあった。こうした目録から判断する限り、ジェイムズは、当時、君主の教育で通常用いられていた文献を使用して学んでいた。[32] また、ブキャナンの詩「スコットランド王ジェイムズ六世の生誕の祝賀」から理想とされた君主の教育内容が読み取れる。それは、ギリシャ・ローマの古典学問を重視した人文主義に基づく教育カリキュラムそのものであった。[33]

彼［ジェイムズ］は内面を育成するために詩才を学ぶ。
そこに不在の親愛なる人たちと喜びや悲しみを共有しながら、
次に彼はアルファベットを学び、文字の書き方を学ぶ。

彼はまた確実・不確実な論法を見極めるために真の基準を学ぶ。
彼は、鈍い魂の中にある激情を呼び起こす、
怒りを和らげる効果のある修辞法を学ぶ。
衝動によって本性が四肢の方向を定めようが定めまいが、
彼は神々しい四肢を管理する力を学ぶ。
そして、彼はギリシア哲学により自らを知る。
……
そして最後に機が熟したら、
神聖なものと世俗的なものの相違を理解するのに適している、
彼は神々しいミューズの助けにより自らを形成するであろう。
そこから彼は自己抑制を学び、
そして神聖な源、つまりギリシア・ローマの文学から、
彼は平和や戦争中に王国を統治する真の技芸を学ぶであろう。
これらすべてを勤勉に学び習得すると、
彼は巧みに王国を統治することができるであろう（l. 96–115）。

幼少期にジェイムズは、こうしたブキャナンが念頭に置いていた人文主義的な教育カリキュラムを受けていた。そして、ジェイムズがその知識を十分習得していたことが当時の回顧録などの史料からも読み取れる。長老派のメルヴィルの甥であるジェイムズ・メルヴィル（James Melvill, 1556–1614）は、スターリング城を訪問した時の一五

七四年について以下のように回想している。

その日、ヨーロッパの中で最も愛らしく、機知、判断、記憶、語学の点において予想外の比類なき才能をもっている国王を拝見した。私が驚嘆したことには、彼［ジェイムズ］がマー伯爵夫人の手をとり階段を上ったり降りたりしながら、知識や無知に関して話しているのを聞いたことである。(34)

ジェイムズの学びの習得度について称賛したのは、スコットランド人だけではなかった。エリザベスの使者ヘンリ・キルグルーも女王の側近ウォルシンガムに宛てて、八歳のジェイムズの教育状況について以下のように報告する。

彼［ジェイムズ］は、身体および精神と共に成長し……彼はフランス語を流暢に話し……聖書の章をラテン語からフランス語へと訳し、フランス語から英語へと訳し、［それらが］大変上手なのでほとんどその翻訳に手をつけ加えなくて良いほどであった。(35)

このように、ジェイムズは二人の教師から英才教育を受け、高水準の学習能力を示していた。当時ジェイムズは「キリスト教圏の中で最も賢明で愚かな王」と称されたように、その博学ぶりはヨーロッパ内において知れわたっていた。しかしながら、ジェイムズは、短気でジェイムズの母メアリ前女王に対する嫌悪感を露にする厳格な老年のブキャナンを恐れ、二人は度々衝突した。(36)他方で、ジェイムズはブキャナンを恐れるばかりではなく、師の造詣の深さに対して敬意を表していた。一六〇三年にジェイムズは、ヴェネチア大使にブキャナンからヴェネチアの素晴らしい政体について教育を受けていたと話し、またスターリングにて開催されたエディンバラ大学の学者たちとの討論の場においては、ブキャナンから古典言語を習得したことを誇りに思っていると演説した[37]。実際、ブキャナンの学識の深さについてはジェイムズのみならず、フランスの思想家モンテーニュまでもが『随筆集』にて「あの偉大なスコットランドの詩人」と記していたほどである[38]。

以上のように、ジェイムズの幼少の教育環境は、優秀な教師二人に恵まれ、当時においてはこれ以上ない最高水準のものであったといえよう。古典学問の勉強は、やがて、宮廷において詩作などの活動を促進するのに役立った。また、机上の学問だけでなく、ジェイムズは乗馬や狩猟も好むようになった。こうした人文主義に基づいた教育環境を経て、後にジェイムズは『バシリコン・ドーロン』の中で自らの教育論を提示した。この点については、第4章にて後述する。

（3）摂政時代と内戦

ジェイムズが英才教育を受けて成長している間、スコットランド内の政治は、複雑に動いていた。幼王に代わって、貴族が摂政となりスコットランドは統治されていたが、この摂政職に就く者が短期間で交代したため、政治的に不安定な状況が続いた。

ジェイムズの戴冠式後、一五六七年にマリ伯が摂政職に就くと、メアリ前女王支持派と幼王ジェイムズ支持派との間の争いが顕著となった。メアリは幽閉された城から脱出し、メアリ支持派と共に幼王派と戦うが、破れてイングランドへ逃亡した。女王不在の結末は、女王支持派にとっては大打撃であったが、メアリ支持派は、一五七三年まで衰えることはなかった。他方、マリ伯は、彼の対抗勢力でメアリ支持派であるボスウェルホウのハミルトンにより、一五七〇年に銃撃され、殺害された。かくして最初の摂政はわずか三年で終わった。マリ伯の暗殺後、一時、スコットランドは混乱状態に陥った。

次の摂政は、イングランドのエリザベス女王によって選定されたレノックス伯が継承した。彼は、ジェイムズの父方の実の祖父であったが、一年も経たないうちに対抗勢力のカーコーディの襲撃により殺害された。その後、マー伯が摂政職に就いたが、病死により一年でその職を終えた。

図1－10　ジェイムズ六世とメアリ女王

出所：Jenny Wormald, *Mary, Queen of Scots : Politics, Passion and a Kingdom Lost*, London, 2001, p.141.

そして、その後の四番目に摂政に就いたのは、モートン伯であった。モートンが摂政に就く前の一五七〇年からエディンバラ城で大規模な軍事衝突があり、イングランドで幽閉中の母メアリを支持する一派と新たな王ジェイムズを擁立する一派との間で内戦が生じていた。一五七三年五月にエディンバラ城が陥落し、ようやく内戦は終結し、ジェイムズ王の統治が名実共に実現した。モートンは、一五七二年から七八年までという長い間、摂政職を担い、鋭い観察力をもち強いリーダーシップを発揮し、王権を強化して一時的にではあるが秩序と平和をもたらすことに成功し、スコットランドの政権は比較的安定していった。[39] 彼は一五七八年には一度、摂政職から解雇され政治の舞台から退いたが、マー伯ジョン・アースキンのクーデターと絡んでその三カ月後には返り咲き、摂政職に就かないものの実権を握ったのである。しかしながら、一五八一年、モートンは、フランスからやってきたエズメ・ステュアート（Esmé Stuart, c. 1542–1583）の画策により処刑された。

一五七九年九月、フランスからジェイムズの親戚にあたるエズメ・ステュアートがスコットランドに到着すると、彼はたちまち青年ジェイムズを魅了した。ジェイムズは彼を一五八〇年にはレノックス伯爵、そして一五八一年にはレノックス公爵という称号を与え、寵愛した。

同様に、王の寵愛を得ようと、当時、エズメ・ステュアートの他にも大陸における軍事経験をもつアラン伯(James Stewart, Earl of Arran, c. 1545-1596)、ハントリ伯、ボスウェル伯などが宮廷に出入りし、もはや宮廷は王の寵愛を得る貴族間の競争の場と化していたが、エズメ・ステュアートほど王の寵愛を得る者は誰もいなかった。エズメ・ステュアートは、フランスで育ったため、プロテスタント化されたスコットランドの貴族の間では、彼がカトリックではないかと嫌疑をかけられていた。この嫌疑に対して、ジェイムズとエズメ・ステュアートは、カトリックを「宗教や教義において全て反しており忌み嫌う」として自らはカトリックではないと「否定の告白」をわざわざ公に宣言した[40]。

図1-11　1573年の内戦

出所：Gordon Donaldson, *All the Queen's Men : Power and Politics in Mary Stewart's Scotland*, London, 1983, p. 58.

こうしたエズメ・ステュアートに対する寵臣政治が引き金となり、今度はスコットランド貴族の間で王への反発が生じ、一五八二年八月に急進派プロテスタントの初代ガウリ伯ウィリアム・リヴェン(William Ruthven, 1st Earl of Gowrie, c. 1541-1584)が主導となり、ジェイムズを約一年間監禁するという事件が起きた。ジェイムズが狩猟から帰宅するところをリヴェンの一味が襲撃し、国王を城に監禁したのである。この事件は、「リヴェンの襲撃」として知られている[41]。同事件については、カトリックと嫌疑をかけられそれを払拭できていなかったエズメに対する反発、またジェイムズの寵臣政治への反発もあり、教会総会も容認したのである。

ジェイムズが監禁されている間、アラン伯がスコットランドの政治で権力を増し、彼の支援を得て、ジェイムズは、監禁から一〇カ月経った一五八三年六月に解放された。そして、一五八四年五月の議会で、プロテスタント、特に長老派を取り締まるために、通称「ブラック・アクツ」と呼ばれている法を制定した。この法は、「国王陛下にある王国内の霊的および世俗的な全ての事柄に関する王権と権威」を正当化する内容で、[42] これにより、教会の最高意思決定を行う会議である教会総会の開催には国王の認可が必要となり、さらに長老派が完全廃止を目指していた主教の権威が復活したのである。

他方で、国務長官であるジョン・メイトランド（John Maitland of Thirlestane, 1543-1595）の策により、アラン伯は一五八五年に対抗勢力によって、スターリング城から排除された。それ以降、メイトランドがジェイムズの最も重要な家臣となった。かくして、ジェイムズは、長い見習い期間を経て、政治の課題に対処する準備を整え、親政を開始したのである。次章から、政治の実体験を得たジェイムズが描いた理想の君主像について考察していく。

注

（1）ヘンリ八世期におけるスコットランド王家との関係については以下を参照。小林 2012a.
（2）ウォルタ・スコットが著作の中で「手荒な求婚」という語を用いた。詳細についてはMerriman 2000 : 7-10を参照。
（3）メアリ女王のフランスでの滞在については以下を参照。Warnicke 2006 : 32-58.
（4）MacDonald 1991.
（5）スコットランド宗教改革に関する研究については序章注（35）を参照。
（6）Lynch 1992 : 187.
（7）*Ibid.* : 194.
（8）Edington 1995 ; Lynch 2003.
（9）Mitchison 1998 : 72-73.
（10）レルド（laird）はイングランドのジェントリ層に相当し、爵位をもたない男爵より下層の受封者を指し、ある程度の財産や政治的意識をもつ有力者である。Goodare 1996 : 19. レルドはローカル社会における中枢的役割を担い、伯爵の顧問と自称していた。Wormald 1981 : 33 ; Meikle 1992.
（11）キレーン 2002 : 101.
（12）一五五九年一〇月にマリーが摂政職から退いた後、スコットランドでは暫定政府が設立されていた。

(13) 富田 1995 : 36-37. コメンデイタとは、「空席となった聖職禄を保有してる者」のことを指す。国王や貴族の家系が影響力を行使し、自らの親族がコメンデイタに選定されるようにして、聖職禄を狙っていた。従って、一俗人であることが多かった。それにより、教会財産の私物化が進行していた。

(14) Lynch 1992 : 197.

(15) 富田 1995.

(16) Lynch 1992 : 196-202 ; Mitchison 1998 : 92-96.

(17) 長老派の主張であった長老主義的教会統治体制がこの制定法によって認められたため、一見、長老派にとっては良い制定法であるという意味でこの制定法は「ゴールデン・アクト」と称されているが、この制定法に付加されている他の内容については第5章を参照。

(18) Dawson 2007 : 267.

(19) John, the young Earl of Mar : John Murray, a nephew of Lady Mar : Sir William Murray of Abercairnie : Sir Walter Stewart, a distant kinsman ; and Lord Invertyle. M'Crie 1819 : i, 105-106.

(20) Clarke 1978 ; Willson 1956 ; Lee 1990 : 35 ; McFarlane 1981 : 448-449.

(21) ブキャナンはジェイムズが四歳のときに主任教師として任命され、名目上は、死去する一五八二年までその職についていたが、ジェイムズは、一五七八年の春以降、ブキャナンの教えを受けていなかった。Donaldson 1965 : 172.

(22) ブキャナンの作品には「バプティスト」「ジェフサ」などがある。Bushnell 1994.

(23) Melville of Halhill 1827 : 262.

(24) *Ibid.* : 262.

(25) 一五八六年にヤングは、枢密院の顧問官にも任命される。*RPCS* : iv, 113.

(26) Irving 1817 : 160-161.

(27) McElwee 1958 : 39.

(28) Willson 1956 : 24.

(29) Buchanan 1827 : i, xxxi-xxxii ; M'Crie 1819 : i, 103.

(30) Brown 1890 : 249-268.

(31) 'The Library of James VI 1573-1583' 1893.

(32) Clarke 1978 : 16.

(33) 小林 2008 : 59-60.

(34) Melville 1829 : 38. 他の史料として Irving 1817 : 161を参照。

(35) 'Henry Killigrew to Walsingham, Elizabeth, 1574, June 30', *CSP, Scotland* : v, 13. イングランドの他の使者はジェイムズを「言語、科学、国政によく精通していて、おそらくこの王国の誰よりもそうであるといった方が良く」、「老練な若い男」と呼んでいた。Willson 1956 : 53.

(36) Bingham 1968 ; *James I by His Contemporaries* 1969.

(37) Buchanan 1827 : i, xxxv.

(38) Montaigne 1958 : 82 (2002 : II, 393)

(39) Hewitt 1982 : 35.

(40) '1581 Negative Confession', *Scottish Hisotrical Documents* : 151.

(41) Donaldson 1965 : 177-179.

(42) '1584 'Black Acts', *Scottish Historical Dcuments* : 153-156 ; *APS* : iii, 292-303.

第2章　ジェイムズ六世の王権神授論
——神聖な王——

スコットランド王ジェイムズ六世は、序章で指摘したように、イングランド女王エリザベス一世の亡き後、一六〇三年にイングランド王位も継承したイングランド王ジェイムズ一世として研究の対象となることが多く、しかもジェイムズは常に王権神授論の提唱者として西欧思想史の系譜の中で位置づけられている。本章では、ジェイムズが描いた四つの理想の君主像の一つである「神聖な王」について考察する。そして、彼がスコットランドで展開した王権神授論には、従来解釈されているような王権の神授的起源と絶対的権力との必然的な一対は見出せないことについて論じる。王権が神から授与されたという王権の神授性の起源は、一一世紀の叙任権論争にある。ジェイムズが統治していた一六世紀後半においても王権の神授性は、ヨーロッパで受容されていた。最初に、ジェイムズが何を典拠に神聖な王権の起源を主張したのかヨーロッパおよびスコットランドの知的潮流と照らし合わせながら考察し、その神授的起源から導かれる王権の属性について、そしてその属性に表れている秩序観について論じる。

1　神の代理人

（1）王権の神授的起源

ジェイムズは、ヨーロッパの伝統的な知的潮流同様に、[1]王権の起源を神に求め、「神の代理人」という理想の君主像を掲げる。こうした彼の理想像は、二つの代表的な著作『自由なる君主政の真の法』と『バシリコン・ドーロン』の中に随所に表れている。

『自由なる君主政の真の法』の中でジェイムズは、王とは「世俗界における神の代理人」であると幾度も主張する。というのは「［人民の］魂と身体の幸福を獲得するよう、あえて［君主］自らの魂の危険を冒してでも、人民を統治する神の代理人として、神が王を定めた」からであると、王権の神聖な由来をその根拠に挙げる。さらに、ジェイムズは王権の神授的起源の主張のみならず、『旧約聖書』の「詩篇」第八二篇六節に依拠して「王は予言的なダヴィデ王により神と呼ばれている。なぜなら王は世俗界における神の御座に座り、神に対してその統治の責任を負っているからである」（T61）と、王自身を神と同一視する。自らの主張を正当化するために、同書でジェイムズが詳細に示した論拠は、『旧約聖書』「サムエル記」上、第八章九～二〇節であった。ジェイムズの聖書解釈によると、「あなたたち［人民］が、神の絆を揺るがし、軽率にも王を要求するという過ちを犯すので、王を与えて欲しいというあなたたち［人民］の熱心な要求を、神が受け容れた」結果、神が王を選定したこととなる。換言すると、自分たちを統治する王が欲しいというイスラエルの民の熱心な要求に対して、神が彼らのためにサウル王を選定し、彼らに与えたのである。従って、「王の選定は完全に直接的に神の御手にある」（T64）のであった。このように、ジェイムズは王権の起源を神にのみ求め、そこから王が世俗界における「神の代理人」であると繰り返し説いた。

同様に、ジェイムズの息子ヘンリ王子のために書いた『バシリコン・ドーロン』の中でもジェイムズは、『自由なる君主政の真の法』と同じ論調で「神はあなた［君主］を王位に就く者として、そして人々を統治するために小さな神とした」（B24）と王権の神授的起源を主張し、さらに王を神と同一視する。[2]

これらの散文が出版される以前に、ジェイムズは既に王権の神授性を明示していた。[3] 一五八七年一月にジェイムズがイングランド女王エリザベスに宛てた書簡の中で「神が同等の最高の支配者として任命し、神が神々と呼ぶがゆえに地上において誰の判断も受けない彼ら［主権君主たち］に処罰が下されることについて、一体いかなる神の法が認めるのだろうか[4]」と王権の神授的起源を示し、国王の処刑の判断は神のみにあると主張していた。この書簡は、ジェイムズの母であるスコットランドのメアリ前女王が、一五六七年にスコットランド貴族により女王の座を退位させられた後イングランドに亡命し、そこで幽閉生活を送っていたが、エリザベス女王暗殺の陰謀に巻き込まれてエリザベスにより処刑の判決を受けたことに対する、息子ジェイムズの抗議の書簡として知られている。この書簡の執筆背景、またこれがどの程度抗議文として機能したかは解釈の相違はあるが、同年二月にメアリはエリザベスの承認のもとイングランドのファザリンゲイ城で処刑された。ジェイムズにとって、王権の神授的起源をもつ国王は、神の代理人として神との直接的接点を有する世俗界における唯一の存在となる。神の代理人である国王が統治する君主政は、ジェイムズにとって聖書に示されているように「神威の真の形態」（T60）であった。[5]

この神授的起源から神の代理人という君主像を描く王権論、すなわち世俗君主の神聖化は、周知のとおり、ジェイムズ固有の主張ではなく、ローマ教皇グレゴリウス七世の治世（1073-1085）の叙任権をめぐる闘争にまで遡る。[6] シモニア[7]による道徳的腐敗が蔓延した教会を改善するために、教皇グレゴリウスは、皇帝や世俗諸君主の叙任権、すなわち司祭選出における俗人叙任の権限を禁止する。これに対して、神聖ローマ皇帝ハインリヒ四世や他の君主たちは、自らの叙任権を正当化するために聖書や法解釈に依拠して王権の神授的起源を説き、[8] 自ら「地上における神の代理人」と称して自身を神聖化して自らの叙任権を正当化し、教皇権威に対抗したのである。ここに王権の神聖な起源と神の代理人像の起源が見出されるのであった。

　こうした中世に端を発する王権の神授的起源、そしてそこから導かれた神の代理人像は、ジェイムズのみならず、一六世紀ヨーロッパの政治作品や説教集の中においても頻繁に言及されている。ここでは代表的な作品のみを挙げ、後述することとなるが、王権の属性については様々な見解が生じるものの、この王権の神授的起源が当時ヨーロッパにおいて共通の思想的基盤となっていたことを示したい。

　スコットランドの隣国イングランドは、国王ヘンリ八世の離婚問題をめぐってローマ教会と袂を分かち、ヘンリは一五三四年の「国王至上法」によりイングランド国教会における「首長」となる。それによりヘンリはかつての「皇帝教皇主義」を想起させる、霊的且つ世俗的両領域の最高権威者となった。国王を支持する聖職者や法学者たちは、ローマ教皇ではなく世俗君主に対する人民の服従を正当化するために、王権の神授的起源と神の代理人としての国王の存在を示す言説を積極的に用い、王権の神聖さを以前には見られないほど強調した。[9]

　こうした思考の型は、ジェイムズと同時期にイングランドを統治したヘンリの娘であるエリザベス女王にも受け継がれ、[10] エリザベス自身も一五八五～八六年頃ジェイムズに宛てて書いた書簡の中で、具体的な聖書の引用箇所が見られないものの、王権の神授的起源を以下のように強調する。

> 神が国王を作ったので、彼ら［聖職者たち］にその権威を作らせないようにさせ、また小川や小さな河にその源を認識させ、その土手よりも先に流れ出ないようにさせなさい。あなた［ジェイムズ］が王権の統治を維持できるよう、神の御加護がありますように。[11]

この手紙が書かれたのは、「リヴェンの襲撃」から約一年経った後、ジェイムズが監禁から解放されて親政に乗り出した頃である。そしてこの監禁に加担した長老派を取り締まる「ブラック・アクツ」と称される制定法が、スコットランドで施行された後でもある。この書簡の中でエリザベスは王権を揺るがす行為を容認した聖職者に対して、神授的起源をもつ王権に敬意を示させるために断固たる態度をとるようジェイムズに助言するのであった。

この王権の神授的起源に関して、エリザベスのみならず、同時期のイングランド人たちの多くも同様に主張した。[12]一五七〇年の北部地方の反乱後に出た『不服従と故意の反乱に対する説教』では、「ローマ信徒への手紙」第一三章や「ペトロの手紙一」第二章などの聖書の箇所を挙げ、「全ての王、女王、そして他の統治者たちは特別に神の定めにより任命されている」[13]と王権の神授的起源が明示されている。エリザベスの側近ロバート・セシル（Robert Cecil, 1563-1612）もジェイムズ宛ての書簡で、ジェイムズを「神の似姿」と記している。[14]

著述家チャールズ・マーベリ（Charles Merbury）も『君主政に関する小論文』の中で、君主とは「第一に、神の恩寵によって」王位に就くと主張し、「我々の君主とは、地上における神の代理人であり、いわば、全能なる権力の権化である」[15]と、神の代理人としての君主像を描く。しかし、ここではジェイムズのように、具体的な聖書の典拠箇所は示されていない。

とりわけ、低地地方出身で一五六八年にイングランドに帰化した聖職者サラヴィア（Hadrianus Saravia）の『統治の権威およびキリスト教徒の服従について』は、「エリザベス期のイングランドにおいて書かれた、最も完璧な王権神授論を擁護した」[16]作品とされる。彼は、その作品の中で「創世記」に依拠して、至高権力は人間と同時期に生まれ、人類最初の先祖が最初の王であると、権威の神聖さと王権の神授的起源を唱導する。[17]

王権の神授的起源は、政治に直接関与する者たちだけが主張したものではなかった。当時の文学作品、例えばシェイクスピアの『リチャード二世』あるいは『為政者の鑑』の中でも、国王は「神の代理人」として当然のように描写されていた[18]。

イングランドでは、中世の法律家フォーテスキューなどの言説に見られるように、伝統的に王権の権力は制限されていたと理解されるが、王権の属性に関する議論は後述することにして、王権の神授的起源、あるいは神の代理人としての君主像は、概して共有されていた思考の型であった[19]。

フランスでもイングランド同様に、王権の神授的起源から神の代理人像を説く言説が数多く生まれた。伝統的にフランスでは、ガリカニズムの影響でローマ教会から独立したフランス教会の権威と自由を主張する傾向があり[20]、一六世紀にはこの伝統と神授権論が密接に結びつき、フランスの王権がより一層、神聖化された[21]。一六世紀後半からカトリックとプロテスタントとの間に対立が生じ宗教改革運動が展開されていく中、一五八〇年代にはカトリックのリーグ派勢力に対抗して、プロテスタントのナヴァール王アンリ（一五八九年にフランス王アンリ四世）のフランス王位継承の正当化のために、この王権神授論がより一層重要となった。王党派で裁判官ピエール・ドゥ・ベロアが、二つの著名な政治作品『カトリックの弁明』と『王権について』を書き、特に前者ではアンリのフランス王位継承を擁護した。ベロアは王権神授論と便宜的に呼ばれる理論を、フランスにおいて理論として説明した最初の人物であったと称されている[22]。

一五七三年のサン・バルテルミ虐殺以降、カトリックのリーグ派に対抗して、プロテスタントのユグノー派に接近し政治的な安定を目指したポリティーク派の理論家として、また主権論を定式化したことで知られているジャン・ボダンは、『国家論』の中で、ジェイムズ同様に、サムエルに言及して「世俗界において、神の次に偉大な存在は主権君主以外にはいない、また神は主権君主を神の代理人として他の人々に命令を下すため確立した」[23]と、王権の神授的起源と「神の代理人としての王」というイメージを明示する[24]。但し、ボダンは、ジェイムズとは異なり、家族形態の拡大から国家が形成されると捉えており、その国家の枠組みでは、君主のみならず父までもが神の代理人として理解されるのであった。[25]

ここで注目すべき点は、ポリティーク派とは異なる政治的観念を形成し、王権に対する抵抗権を正当化したユグノー派のモナルコマキも、[26]王権の神授的起源を擁護していたことである。例えば、ユグノー派のモナルコマキの典型的な抵抗権の理論が表れているステファヌス・ユニウス・ブルトゥス（匿名）の『僭主に対するウィンディキアエ』では、神授的起源の論拠として王党派あるいは絶対王政論者が好んで頻繁に用いた聖書の箇所「サムエル記」第八章のサウルの箇所が引用され、「サウルが聖油を注がれ、「神によって」選ばれた」と王権の神授的起源が主張されている。これは、王権の起源の一次的要素、すなわち神・国王・人民との間の「第一契約」に相当する。しかし、その作者は、選ばれたサウル王が「人民によって立てられた[27]」と解釈し、国王確立には人民の同意が必要であるとして、王権の起源の二次的要素、すなわち国王と人民との間の「第二契約」を人民に求める。ここに国王と人民との相互契約が成立し、国王が邪悪になった場合、人民は国王に抵抗することが可能であると抵抗権を正当化する根拠を見出すのであった。かくして、この作者は、王権の起源を「選ばれし者」と「立てられし者」という二種類に峻別し、権力の神授的起源を説く神学に基づく論証を基盤にして、人民による国王創造を正当化した。王権に対する抵抗権の擁護者にとっては、国王として君臨するにはこれら二つの契約の要素が必要不可欠であったのである。

また、一五五〇～六〇年代に抵抗権論を主張した他の論者、例えば、イングランドの元ウィンチェスター主教ジョン・ポネットや聖職者クリストファー・グッドマンも、モナルコマキ同様に、サウルに依拠して王権の神授的起源を説き、そこからいかにして人民が国王に抵抗することが可能であるかを示し、抵抗権論を擁護した。[28]このように抵抗権を正当化した作品の中においても国王の神授的起源については共有されていたのである。

一方、抵抗権論を主題とせず、国家における政治のあり方を説いた大陸の思想家リプシウスも『政治学六巻』の中で、王権の起源について明確に言及しないものの、世界の賢者が言っているように「国王とはいわば人間の中で神のような存在である」と記し、また「神から与えられた国王」という文言を引用し、自らの見解も彼らと変わりはないことを示すのであった(29)。

他方、優位を占めていた王権の神授性の主張の他に、当時の知的営みには王権の神授的起源とは異なる理論も存在したことを指摘しておく。例えば、エリザベス期のイングランド国教会の聖職者リチャード・フッカーは、当時のピューリタンを批判するために書いた『教会政治の法律について』の第八巻において(30)、二種類の王権の起源とその制限について論じる。第一に、国王と人民との協定により、国王は最初、人民から王権を得た。こうした国王は、神の法のみならず、実定法によっても制限されるということは、契約条項により明白である。第二に、正当な戦争により、人民を征服した国王は、神による「啓示」のおかげで勝利したため、人民ではなく神からその権力を授かったとフッカーは主張する(31)。その場合、王権は神の法にのみ制限される。もちろん彼も作品全体の中で権利の究極的起源を神に求めてはいるものの、王権の神授的起源を熱心に唱導することはなかった。しかし絶対王政論者同様に、フッカーは国王に対する抵抗を一切否定する。いずれにせよ、彼の作品の第八巻は政府により出版禁止になり、エリザベス期に出版されることはなかった。従って、当時のイングランドでは、こうしたフッカーの世俗社会の起源や本質に関する見解は、彼が属したイングランド国教会の体制を擁護した者たちの間でも共有され難く、むしろ、王権の神授的起源を主張した先のサラヴィアの見解の方が政権に支持されて影響力をもっていたといえよう(32)。

また、外交官でもあり著述家でもあったトマス・スミスの『イングランドのコモンウェルスについて』の中でも王権の神授的起源は積極的に主張されていないことを指摘しておく。スミスは、神が唯一の知恵を一人に授与し、民衆のために統治するようにしたと捉え、アダムなど家族形態の拡大から国王の統治が生じたと主張する一方で、彼は王が「人民の意志により、世襲あるいは選定により王位につく」と主張しており、そこには明確な神授的起源は見られない。彼は、人民の本性に従って適した王国が確立され[33]、専ら人民の安寧と平和を維持するための組織として王国が存在すると説いた。

(2)　スコットランドの知的伝統――人民により選ばれた王

これまで考察したように、ジェイムズが主張した王権の神授的起源と神の代理人という思考の型は、例外はあるものの、概してキリスト教が人々の精神を支配している一六世紀のヨーロッパでは、使徒パウロの言説に見られるように「あらゆる統治権力は神に由来するというのは古典的なキリスト教的議論」であり、幅広く受容されていたといえよう[34]。

しかしながらここで特記すべき点は、こうしたヨーロッパの伝統的な王権の神授的起源は、ジェイムズが育った一六世紀後半のスコットランドの知的潮流ではほとんど共有されておらず、中世後期のスコラ哲学に傾倒した思想家メイジャの作品に代表されるように、むしろ王権の起源を人民に求める理論が圧倒的な影響力をもっていた点である。メイジャは、統治者が神によって権威を授与されたことを認めつつも、政治的権力の起源が自然法や神の法ではなく、根本的に人民、特に共同体に帰属し、共同体が王権を制限するという理論を強調する。従って、国王とは「人々の共通の奉仕者」なのである[35]。

こうした知的潮流は、それ以前の中世スコットランドにも見出される。一三世紀末のスコットランドでは国王アレグザンダー三世の死去後、後継者である孫娘のマーガレットも夭逝したため直系の王位継承が不在となった。その間、「王国の共同体」と呼ばれる数名からなる貴族の守護者たちが国の統治を行っていた。その後、複数いた王位継承候補者の中から、ジョン・ベイリオルがスコットランド王となった。しかしベイリオルが、イングランドに対するスコットランド国の従属を認める宣誓を行ったため、スコットランドの貴族たちはベイリオルに抗議した。

そして彼らは、後の一三二〇年に教皇ヨハネ二二世に宛てて、国王と共同体との契約的観念を示した書簡、別名「アーブロス宣言」を書いた[36]。貴族たちは、スコットランドの自由と独立を維持しなかった王ベイリオルを支持せず、替わりにロバート・ブルースを新たな国王として擁立した。この書簡には、ブルースがスコットランドの人民の自由を守らない場合、他の王を擁立するという内容も記載されており、ここに人民と統治者との間のある種、契約的要素が見出される。この「アーブロス宣言」は、イングランドのマグナカルタのように法的史料ではないが、マグナカルタが有する王国の独立を主張した点については共通していたといえる[37]。

こうした背景をもつスコットランドには大陸ヨーロッパと比較して、早い段階から国王と共同体との契約的観念が根づいていたといえよう。しかも、第1章で先述したように、ジェイムズは幼少の頃、人民に起源をもつ世俗的王権論を展開したメイジャの教え子ブキャナンから、そうした契約的要素をもつ王権論について英才教育を通じて直接学んでいた。しかしながら学んだ理論とは異なり、成人したジェイムズはヨーロッパで広範囲に共有されていた王権の神授的起源という理論を支持したのであった。

ヨーロッパで名声を得ていた人文主義者ブキャナンは、著作『スコットランド人の王権法に関する対話[38]』の中で、王権の起源を神ではなく人民に求めた。この作品は元来、ジェイムズの母、スコットランド女王メアリの一五六七年の退位を正当化する目的で書かれたものである。貴族主導によるメアリ女王の退位は、当時、メアリと緊密な関係を有していたカトリック国フランスはもちろんのこと、プロテスタントである隣国イングランドにおいても宗教的・政治的脅威として映り、深刻に受け止められた。とりわけ、イングランドのエリザベス女王は、スコットランド側にその退位の正当性を示すよう強く要求した。そしてエリザベスにその正当性を示すためにブキャナンは、当時のスコットランドの権力者である摂政モートン伯に依頼されて、ある資料を作成する。そしてその資料が先の作品の前身となった[39]。ブキャナンはおそらく一五七六年頃にこの作品の執筆を開始し[40]、一五七九年には完成させ、スコットランド王位を継承した幼王ジェイムズ六世に謹呈した。ブキャナンの作品は出版されると二年以内で六回も版を重ねるほど、注目された。

ブキャナンは、この著作の中で始原状態を想定し、簡潔ではあるが自然法に基づく社会形成を説く。そこでは、アリストテレスの「政治的動物」のように、社会性を本性とする理性的な人間を前提とし、人々は自然に社会を形成する。人間が形成した社会では、「人間同士の間に不和が生じるために国王の創造が必要となり」[41]、人民は国王を確立する。完全な徳をもつ者が「自然に国王となる」が、そのようなことは不可能であるため、人民が社会の中から「本性が最も卓越した人物」[42]、すなわち「衡平さと思慮深さ」[43]の点で最も優れた人物を国王に選ぶのである。このように、ブキャナンの理論では、王権の確立は専ら人民にあり、むしろ古典古代に依拠して有徳で厳粛な国王を理想とする。彼はこの作品の中で、人民の抵抗権論を主に三つの論拠、すなわち自然法、スコットランドの歴史観、そして聖書を用いて展開していくが、同じ抵抗権論者として知られているモナルコマキやポネットなどは、既に考察したように王権の神授的起源を容認しつつ人民の抵抗権を主張するのに対し、ブキャナンは神授的起源に言及せず世俗的王権の確立を論じたのである。

とはいうものの、聖書に依拠して抵抗権論を正当化する際、ブキャナンも実際には、国王に対する反抵抗権論者が用いた「サムエル記」に言及し、サウルの王権の起源には触れずに、サムエルの神的起源を認めている。但し、ここでのブキャナンの論点は、王権の神授的起源の強調ではなく、むしろサムエルの息子たちが廃位されたことについてであり、そこからブキャナンは人民の抵抗権を導き出そうとしたのである。しかし、聖書に依拠して人民の抵抗権を補強することに限界を感じたブキャナンは、結局、「ユダヤの王が臣民に罰せられていないとしても、我々の今の目的には必要ではない……なぜなら彼らは人民によって選ばれたのではなく神によって選定されたからである」[44]と開き直り、自らの議論の対象は聖書の中に登場する神的起源の王ではなく、あくまでも人民によって確立されたスコットランド王であることをより一層強調した。かくして、彼の作品には従来の聖書解釈に基づく王権の神的起源が垣間見られるものの、ブキャナンはこの議論の終わりで自らの人民に由来する王権論という元の出発点に立ち返るのであった。

さて、ここでブキャナンが神授的起源をもたない王権論を全面的に主張してはいるものの、神の代理人という君主像を全く描いていないわけではなかったことを指摘しておく。同作品の中で、抵抗権を聖書に依拠して正当化しようとする際、ブキャナンはこれまでの論調とは異なり、一度のみ為政者を「地上における神の代理人[45]」と記している。また、ブキャナンは、ジェイムズが誕生したときに彼に捧げた詩「スコットランド王ジェイムズ六世の生誕の祝賀」の中で、王権の起源については触れていないものの、先の作品同様に古代に見られる有徳な王を理想とするが、そこでは良き統治を行った君主には「神の真の生ける姿が輝き表れる[46]」と、一度のみ神の代理人を理想の君主像に照らし合わせる。従って、ブキャナンは積極的にではないが、やはり当時の伝統的な思考の型同様に、神の代理人という理想の君主像を容認していたといえよう。しかし、彼にとっては、神の代理人像は、王権の神授的起源とは連結していなかったのである。つまり、王権が神から授与されたがゆえに、国王を神の代理人として捉えるのではなく、有徳な王の姿そのものが、万物の長である神の姿のように神々しく映るという意味で、王を神の代理人のようであるとたとえていたといえる。

こうした傾向は、北方人文主義者にも見られ[47]、その一人であるエラスムスにとっても、ブキャナン同様に神の代理人という理想の君主像が、必ずしも王権の神授的起源の主張と連結していたわけではなかった。『キリスト教徒君主の教育』の中で、エラスムスは「神は天空に太陽という自らの美しい似姿を創ったように、人々の間に王という実体的な神の似姿を確立した[48]」と記述し、従来通りに王権の神授的起源から国王を神の代理人と捉える箇所が見られる。また、エラスムスは、ジェイムズが王権神授の起源を正当化する際に引用した『旧約聖書』「申命記」の箇所、すなわち神によって王が選ばれたという箇所を引用する。[49] 他方で、エラスムスは「太古では、王は並外れた質の良さゆえに人民の同意によって任命されており、王が人間を超越し神に近接しているかのように勇敢な質をもっていた[50]」と人民に由来する王権の起源についても明示する。エラスムスによると、「もし君主が、真の君主［明君］であるならば、君主はある種、神の表象[51]」となる。換言すると、君主は他の人々よりも有徳であるため、徐々に神に類似していき、それはまるで神の代理人のような存在になるのであった。従って、エラスムスは王権神授的起源から神の代理人像を導いている一方で、君主を神と同一視せず理想の君主像というたとえとして神の代理人像に言及していたといえる。

当時のスコットランドでは、ブキャナンの王権論は、特に改革教会の長老派内で圧倒的な影響力をもち、後に国王ジェイムズ以外、国内からはそれに対する反論は生じなかった。ブキャナンの王権論に対する国外からの反論として、スコットランド出身でフランス在住の裁判官アダム・ブラックウッドが『ジョージ・ブキャナンの対話に関する反論、王権に対する弁護』を、また同じくスコットランド出身でフランス在住の法律家ウィリアム・バークレイが『国王および王権の権力について』を執筆し、ジェイムズ同様に王権の神授的起源を強調した。[52] こうした彼らの対照的な王権論を含んだ作品に対してフランスのモンテーニュは、『随筆集』第三巻第七章の中で「一方の民衆の立場をとる本は、国王を車引きにも劣る身分のものとし、王党派のものは国王をその権力と崇高さにおいて神より数尋も上に位置づけていた[53]」と指摘をしている。

スコットランド人による他の諸作品を検討してみると、例えばノックスの著作[54]、一五六六年にロス主教になったジョン・レズリ（John Leslie, ?1527–1596）の『最も素晴らしいスコットランド女王メアリの権利、称号、そして利害に関する論文』、長老派ゴッズクロフトのディヴィッド・ヒュームの『ブリテン統合』、長老派メルヴィルの詩などでも、ヨーロッパの知的潮流のように王権の神授的起源が強調されることはほとんどなかった。

政治的論文の生産だけでなく、当時のスコットランドでは詩の文化が隆盛し、そこには三種類の詩の文化が存在した[55]。すなわち「地主ジェントリに典型的なカントリーハウスタイプの田舎風文化」、「ラテン語によって書かれている学術的文学的文化」、そして「風刺的、宗教的、政治作品を含む自国語文化」である。これらの区分に属するジェイムズ生誕の際に捧げられた代表的な詩の作品、あるいはジェイムズの将来の統治の成功を期待する作品を考察しても[56]、神授的起源に限らず王権の起源、あるいは神の代理人としての君主像についてほとんど言及されていない。

（3）スコットランドの王権神授論

これまで考察してきたスコットランドの知的伝統とは異なり、一五五六年に出版された詩人ウィリアム・ローダー（William Lauder, 1520–1573）の『国王の任務および職位に関する包括的な簡明な論文』の冒頭では、当時、頻繁に用いられていた「ローマ信徒への手紙」第一三章が引用されて国王の神授的起源が明示されている。ローダーは聖書に依拠して、国王とは神によって神の代理人として創造されたと主張する。また、同箇所で彼は国王をキリストにたとえ、国王は普遍的に人々を救済するためにあらゆることにおいて責任をもつ役割があることを説く[57]。しかし、冒頭以降のこの作品の内容は、神授的権利の主張ではなく、国王が自らの義務を果たさないと退位させられるという抵抗権を正当化するものであった。

幾つかの重要な政治的論文を残した法律家でジェイムズの側近のトマス・クレイグの作品にも、王権の神授的起源の擁護が見出される。クレイグは『スコットランドの主権に関する主張』の中で「国王は神の代理人として世俗界で表象するために神によって任命されているのだから、王自身以外に優越する者は誰もいない。そして、反論者が否定することができないように、コンスタンティンとマルカムの王権以来、スコットランド王国は自由で独立していた[58]」と、王権の起源から国王を神の代理人として捉える。但し、これ以外、王権の起源に関する説明はこの作品には見出されず、その典拠は明らかとなっていない。

他方、他の著作『ブリテン王国の統合に関する論文』の中で、クレイグは、君主政が「全能な神によって企図された[59]」制度であると主張する一方で、「統治形態を好むままに選ぶことのできる人民に、政治権力が常に究極的には在るが……世界の何世紀にもわたる歴史の中で、君主政はほとんど全ての人民に最も完璧な統治形態であると認められている[60]」とも主張しており、ブキャナンのように人民による王政の確立の主張が見られ、必ずしも君主政を神聖なものとは捉えていない。

こうしたクレイグの曖昧な王権起源に関する主張とは対照的に、他の著作『イングランド王国の継承権に関して[61]』では、王権の神聖な起源がより明確な形で擁護されている。クレイグはその作品の中で、君主政が神に授与された神聖な起源を有する政体であること、そしてその政体が神の法や王国の法に適し、全ての国で永続的な慣習となっていることを主張する[62]。彼は別の箇所でも、「箴言」「サムエル記」「列王記」などの具体的な聖書の典拠を列挙して「君主政は、神の機関であり、神が民を統治するために国王を任命した[63]」と、伝統的な神聖な起源を主張した。そして自らの主張の正当性を補強するために、クレイグは対抗論者の主張である選定制についても言及し、選定制から生じる混乱について指摘するのであった[64]。このようにクレイグの三つの作品の内容に相違が生じたのは、彼がそれぞれの作品を執筆した背景が異なることに由来する。

以上の考察から、ヨーロッパの知的伝統やジェイムズの作品とは異なり、当時のスコットランドの作品では王権の神授的起源が積極的に支持されることはほとんどなかったことがわかる。もちろんスコットランドにおいても、他のヨーロッパ諸国と同様に、キリスト教が人々の精神生活に圧倒的な影響力をもち、全ての権力は神から派生するというパウロの教えが当然のこととして受容されていたと考えられるが、スコットランドでは、国王は「神の代理人」という存在よりも、むしろ世俗君主あるいは王国の統治者として描かれる傾向があった。

こうした傾向の原因として、スコットランドの政治的伝統として国王と共同体との間の契約的要素が強かったことは既に指摘したが、それに加えて、特に北西部のハイランド地方では、古代スコットランド以来の伝統であるケルト社会の影響が強く、氏族の中での団結が強固で独自の慣習を有し、その中で氏族長が依然として強い影響力をもっていた。[65]このような社会では、人々は、国王よりも族長に対する忠誠心の方が強かった。そこではおそらく王権の源として神の存在を見出していなかったといえる。それでは、こうしたスコットランドの知的潮流とは異なり、ジェイムズはなぜ明確に王権の神授的起源を展開する必要があったのかを次に考察する。

2　王権神授論の必要性

J・N・フィギスによると、ジェイムズが神聖な君主像を掲げた背景は以下の三点である。[66]ジェイムズの師ブキャナンの王権論に反駁するため、メルヴィルなどの長老派の主張を退けるため、そしてイングランドの次期王位継承権を正当化するためである。こうしたフィギスの分析はスコットランド史家R・A・メイスンにも継承され、メイスンは、特に長老派との衝突と、ジェイムズが師ブキャナンに対して幼少の時に経験した個人的葛藤に焦点を当てる。メイスンによると、王権論は「王権と教会との間での闘争において規定され、国王と彼の教師［ブキャナン］との間の関係において個人化された」のである。[67]本書でもフィギスが指摘した三つの背景をもとにジェイムズが王権の神的起源を掲げた背景について考察するが、本書では一番目の背景に、ブキャナンの理論のみならず、スコットランドの知的伝統としての抵抗権論、そして当時ヨーロッパで影響力をもち始めた抵抗権論全般に対する反駁も含まれていたことを強調したい。

（1）ブキャナンに対する批判

ブキャナンが『スコットランド人の王権法に関する対話』の中で構築した王権論は、先述したように、人民の選定による制限された王権の起源であった。この理論は、人民によって選定され、法と人民により制限されている君主が邪悪になった場合、人民が君主を退位させることが可能であるという人民の抵抗権を積極的に擁護するものである。その作品の中でブキャナンは、スコットランドで国王に対する抵抗が行われた事例として、先述したジョン・ベイリオル、そしてジェイムズ一世やジェイムズ三世などを挙げる。この作品は「その世紀の政治的作品の中で最も影響力をもち[68]」、彼は「カルヴァン派改革論者の中で最も急進的な人物[69]」と称されている。しかし、ブキャナンは、理論上、一人ひとりが抵抗権を行使するのは合法的であるとしたが、事実上、抵抗権の行使をカウンシルに帰属させたため、彼の抵抗権論はそれほど急進的ではない[70]。

また、彼のこうした抵抗権擁護の姿勢は、この作品よりも前にジェイムズ生誕の際に書かれた詩「スコットランド王ジェイムズ六世の生誕の祝賀」の中でも見出せる[71]。ブキャナンによると、国王が悪徳に陥った場合、古代のネロなどの例のように、国王は神から処罰を受ける、あるいは神から罰せられないことはないのである。この詩では、王権の起源については言及されておらず、先の作品と比較すると実証的且つ重層的な抵抗権論が構築されてはいないが、彼の抵抗権擁護の主張は明確である。そして、こうした自らの抵抗権論をスコットランドの史実として例証するかのように、ブキャナンは後に『スコットランド史』を執筆し、その中で古代から継承されてきたスコットランドの知的遺産として抵抗権を擁護するのであった。

他方、ジェイムズは、王権の神授的起源を掲げ、ブキャナンの理論の骨子を学ばず、「青年に達してから一貫して、ブキャナンの社会観の想定を退けた[72]」のであった。ジェイムズが自らの王権論を提示した『自由なる君主政の真の法』は、ブキャナンの作品で論じられている制限的王権論に反駁するために書かれたものであるといわれている。[73] 実際、このジェイムズの作品とブキャナンの作品は、議論の内容そのものは相反するが、議論の構成方法が酷似している。両者は、聖書、自然法、そして歴史観という同じ三つの主要な根拠を用いて異なった解釈を提示し、さらに自らの理論に異論を唱えるものたちに反駁しているのであった。ジェイムズは後に、ブキャナンの著作『スコットランド人の王権法に関する会話』と『スコットランド史』を一五八四年五月二二日の議会において出版禁止にするほど非難していた。ジェイムズには、ブキャナンの理論よりも自らの王権を安定に維持する理論が必要であった。それは神聖な起源を有する王権論であった。

（2） 抵抗権に対する批判

スコットランドにおいて抵抗権論を掲げていたのはブキャナンだけではなかった。彼以前にも、先述したローダーの作品、メイジャの『大ブリテン史』[74]、ノックスの作品などの中でも抵抗権が正当化されており、そうしたスコットランドの知的潮流に対してもジェイムズは反駁しようとしたと考えられる。例えば、ローダーの『国王の任務および職位に関する包括的な簡明な論文』によると、国王とは世俗的統治者であり、国王が自らの職務を遂行しない場合、つまり議会の制定を無視し、共同体を虐げ、人々を貧困に導いた場合は、「生命の書」第四章に示されているように、王位継承権を失い、また居住をも失うのである。国王は、「神の法を愛し、恐れること」、そして「第一に、あなた［国王］の説教者の言うことに良く耳を傾け、神の御言葉を忠実に示さ」なければならない。[75] このように、ローダーは、ブキャナンの理論のように、誰により、あるいはどの権威により国王がその職から退けられるのかは明確にしていないものの、国王の義務を明確に述べ、義務不履行の場合、国王がその職位から廃位されると明言するのである。

ノックスも一五五八年に出版された三大政治作品、『女たちの奇怪な統治に対する最初の警告』『スコットランドの貴族や諸身分に対する訴え』『スコットランドの民衆に対する手紙』の中で、それぞれ抵抗権保有者が異なるものの、神と人々との契約が生じている王国内において、暴君に対する抵抗を正当化した[76]。特に、彼の二つ目の作品にはカルヴァンの後継者であるテオドール・ド・ベーズの影響が強く見られ、彼は為政者「本人」と為政者の「職」という、人格と職位の二分法を用いて為政者に対する抵抗権を正当化した。このようにスコットランドではその権利を行使できる者は若干異なるが、抵抗権論が既に知的伝統として根づいていたといえよう。

一六世紀後半のヨーロッパでも抵抗権論が積極的に擁護されていた。先述したように、イングランドではポネットやグッドマンの作品の中で抵抗権が擁護され、フランスでは『僭主に対するウィンディキアエ』のように、ユグノー派のモナルコマキのみならず、カトリックのリーグ派までもが論敵ユグノー派の理論を借用して抵抗権を正当化したのである。さらに、イエズス会士のロバート・パーソンズ、スペインの聖職者ファン・デ・マリアナやスアレス、ベラルミーノなども同様に、ブキャナンほど急進的ではないが、抵抗権を正当化する理論を組み立てた。例えば、パーソンズは偽名R・ドルマンを用いて『イングランド王位の次期継承に関する会談[77]』の中で、ブキャナンのように人民選定による君主政を主張し、さらに、君主が身体的障害をもっている、あるいは誤った統治を行った場合、君主に対する抵抗権を全ての法、すなわち神の法、人間の法、自然法、王国の法、実定法に依拠して正当化できると主張した。ジェイムズにとっては、イエズス会士とは単にピューリタン的教皇派にすぎなかった。これまで考察してきたように、同じ抵抗権論者として括られてはいるが、詳細に彼らの理論を検討するとその内容は多様性に富んでいるものの、ジェイムズは、こうした宗派の異なる側から主張された抵抗権論に対しても、反論するために神聖な王権論を強調したといえよう。

（3）長老派に対する批判

神聖な君主像を掲げた背景の二点目として、スコットランド教会内の長老派の主張を見てみよう。第1章で先述したように、ノックスの指導のもと、一五六〇年の宗教改革議会において「スコットランド信仰告白」が承認され、ローマ教皇の司法権の否認、異端禁止法などカトリック諸法の廃止、そしてミサの禁止が定められ、スコットランドがプロテスタント化された。そうした新たな体制で幼少年期を送ったジェイムズは、プロテスタントの教えに傾倒し、カルヴァン主義的な絶対的存在としての神への崇拝を重視した。しかし、ジェイムズは成長するにつれて、ノックスの死後、スコットランドの長老派教会のさらなる改革のためにリーダーシップを発揮したメルヴィルと教会構造の理論をめぐって度々衝突するようになり、長老派に対する嫌悪感をあからさまに示していった。メルヴィルは、一五七四年にジュネーヴから帰国し、一五七八年に教会総会の議長となり、同年『規律　第二の書』を出版した。彼は「一五七〇年代の教会改革において支配的な役割というより、むしろ卓越した役割[78]」を担ったのである。彼の影響は教会内でメルヴィル派を形成するほどまでに強力なものとなった[79]。こうした背景が、ジェイムズの反長老派に対する態度を一層硬化したといえよう。

ジェイムズは、『バシリコン・ドーロン』の中で、「スコットランドの宗教改革は……人々による騒動および暴動によって」（B74）行われたとしてその現状を批判し、長老派を「スコットランドの教会および国家《コモンウィール》に巣くっているまさに厄介者」（B78）と呼び非難した[80]。さらに、ジェイムズは一六〇三年版の『バシリコン・ドーロン』では、彼らを教会内での平等性を掲げている「熱狂的精神をもつ」（B79）者たちと、加筆して強く非難しており、ジェイムズの彼らに対する怒りの強さが増したことが示唆される。

メルヴィル率いる改革教会は、ノックスのように抵抗権の正当性を説くよりも、教会の霊的権威を世俗的権威から独立させる、いわゆる「二つの王国論」を主張し、そして従来の主教制を廃止して教会構造内における聖職者間の平等性を特徴とする長老制を教会内に樹立しようとした。これら二つの主張が、批判の対象としてジェイムズの思想に影響を及ぼしていったのである[81]。

ジェイムズは、一五八二年に「リヴェンの襲撃」事件に巻き込まれ、監禁されていたが、解放されたジェイムズは、早速、国王の世俗的且つ霊的権力を主張する「ブラック・アクツ」と称される法を一五八四年に制定し、自らはメルヴィルらが起草した『規律　第二の書』で説かれている「二つの王国」[82]とは異なり、霊・俗の二つの領域を支配する国王権力を明示する。一五九六年以降、国王と教会の関係は徐々に悪化し、遂にジェイムズとメルヴィルは「二つの王国論」をめぐってフォークランド宮殿で正面衝突した。その際、メルヴィルは国王の袖をつかみ、「神の愚かな配下め」と非難し、「スコットランドには二つの国王と王国がある。一つは、イエス・キリストを国王とし、彼の教会を王国とする。そこではジェイムズ六世は、キリストの臣民となり、国王でも領主でも首長でもなく単なる「キリスト教徒の」一員である[83]」と主張した。このような理念を掲げるメルヴィルは、霊的領域への国王の介入を断固として拒否する長老派の指導者となる一方[84]、教会に対するジェイムズの警戒心を強めることとなった。メルヴィルは常にジェイムズに脅威を与え、後の一六〇六年にジェイムズによりロンドンまで召喚され、そのままロンドン塔へ送られ、国外追放に処されることとなる。ジェイムズが、こうしたメルヴィルが掲げる「二つの王国論」を論破しようとしたことは、著作『バシリコン・ドーロン』の中で、国王の職務とは「教会および世俗の領域において混じり合っており、国王は単なる俗人ではない」(B172) と記述されていることから明確である。

ジェイムズと教会側で意見を異にしたのは「二つの王国論」だけではなく、両者は主教職の廃止をめぐっても度々衝突していった。むしろ、こちらの主張の方が彼らにとってより重要であった。長老派は、カトリック的な制度である主教職がピラミッド型の位階制を象徴しているため、この制度を廃止して、聖職者間の同等性を組織の基本とする長老制の樹立を目指した。一方、ジェイムズは、長老派の主張を「民衆指導者」になろうとしている「大衆的な統治形態」（B74）であると批判した。さらに、ジェイムズは、ピューリタンの聖職者たちの一人が「彼ら［ピューリタン］の間の平等性を主張し、そして我々は単なる卑しく虐げられた人間にすぎない、そして裁定を下し、国王に対して法を制定するが、誰からも裁かれたり、管理されることはないと大声で主張している」（B142）と、彼らの見解を非常識として非難する。

ジェイムズにとって、教会内での同等性は、「混乱の元凶であり統合の敵」であった。仮に、聖職者間の平等性が「教会内体制において一度確立されるとなると、政治的・行政的な体制においても同様なことになりかねない」（B76, 78）とジェイムズは危惧し、教会内における同等性が世俗領域にも及んで自らの権威が脅かされると危機感を抱いていたのである。従って、ジェイムズにとってその階層を維持する機能をもつ主教職が重要であり、彼は幾度も、長老派が廃止しようと尽力していた主教職や監督制の導入を試みた。[85] また、ジェイムズが、イングランド王ヘンリ八世のように教会の首長となろうとしたことが、『バシリコン・ドーロン』の中で確認できる。[86] このように、ジェイムズは長老派からの脅威に対抗し、教会内での王権による統治を主張するためにも、王権を神聖化する必要があると感じていたといえよう。

ここで、ジェイムズの主張はスコットランドの知的伝統では広く共有されていなかったが、スコットランド教会の中にはジェイムズの方針に賛同する穏健派がいたことを指摘しておく。ジェイムズの長老派に対する批判は、セント・アンドルーズ大主教のパトリック・アダムスンにも共有された。アダムスンは『パトリック・アダムスンの撤回』の中で「長老制とは愚かな創案であると私は信じ、そう教えている。全ての者にとってそれはキリストの定めたものと尊重されているが、私は神の慈悲を切望する[87]」と主張した。先述したように、アダムスンは、ジェイムズの「ブラック・アクツ」政策を支持する声明『最近の議会制定法に対する国王陛下の意図や意味の声明』も発表していた。その「第二の項目は、国王陛下の霊的および世俗的な全ての諸身分に対する権威が確認される[88]」ものであり、「命令や権力を手中に収める民衆の専制に匹敵する専制はない[89]」のである。アダムスンは強硬派に属する長老派とは異なり監督制を好み、王権に忠実な姿勢を示していた[90]。

（4）　イングランドの次期王位継承をめぐる問題

ジェイムズが王権の神授的起源を掲げた背景の三点目として、イングランドの次期王位継承の問題がある。第3章第4節で詳細に取り上げるが、エリザベスの父ヘンリ八世は、イングランドの王位継承が、スコットランドに嫁いだ自身の姉マーガレットの子孫ではなく、妹のメアリの子孫、すなわちサフォーク家の家系にあると明示し、一五四六年にその旨を遺書に記した[91]。実際、ジェイムズのイングランド王位継承は、イングランド議会の二つの制定法で却下されていた[92]。従って、当時ジェイムズの王位継承には確固たる正式な根拠がなく、この継承について疑念をもっていた者もいた[93]。

しかも、エリザベスの晩年には、外部からジェイムズの次期継承を脅かす動きが見られた。イエズス会士のパーソンズはドルマンという偽名で、『イングランド王位の次期継承に関する会談』を書き、その中でジェイムズの王位継承は根拠がなく、次期イングランド王位は、エリザベスの異母姉妹であるイングランドのメアリ女王と婚姻関係を結んでいたフェリペ二世が、その後再婚してもうけた王女イサベルにあると主張した。ドルマンは第一巻第一章の冒頭で「血筋の近親による統治継承は、自然法および神の法ではなく、各王国において、人民および実定法によってのみ認められており、その結果、正当な根拠に基づいて同様なものにより変更されうる[94]」と、公然と世襲君主制を批判する。かくして彼は血筋による世襲君主制に反対し、皮肉にもブキャナンのように、人民が国王を選定する権利があると説き、さらには抵抗権論までも擁護するのであった。しかも、彼はここでローマ教皇が世俗君主の国政に介入する権限をもつと主張した。ここでより重要なのは、彼もジェイムズやブキャナン、あるいはユグノー派の理論構造を用いて、自然法、歴史、聖書に依拠して、自らの主張を正当化していた点である。この作品が出版された後、ドルマンの見解に対する反論がイングランド側からも生じるものの、ジェイムズ自身も、自らのイングランドの王位継承の権利を補強する必要があった。こうした背景のもと、実際、ジェイムズはイングランドのロバート・セシルに一六〇二年に宛てた書簡の中で、自らのイングランド次期継承権が論敵カトリックの手に落ちてしまうことを危惧していた[95]。ジェイムズは自らの継承権を確固たるものとするため、王権の神聖さ、そして次章で考察するが、家系の血筋の正統性という二つの論拠を提示した。

これまで考察したように、ジェイムズは、師ブキャナンの聖書に対する懐疑的な態度とは異なり[96]、先述した三点の背景において、当時、神の言葉が記され最高の権威を有するとみなされていた聖書を用いて、王権の神授性を幾度も説いた。こうしたジェイムズの神の代理人という君主像は、スコットランドの知的潮流の影響というよりは、ヨーロッパにおける従来の伝統的な解釈であった。この伝統的な思考の型である王権の神授性と神の代理人像を用いて、ジェイムズが演繹した王権の属性は何であったのか、次節で考察してみよう。

3　王の義務

王権の神授的起源と神の代理人としての国王という思考の型が、当時のヨーロッパにおいて伝統的な共通認識ではあったが、そこから導かれる王権の属性については多様な見解が存在した。主要な見解を端的に挙げると、王権の絶対的権威や国王に対する服従、あるいはそれとは対照的に王権の制限、国王と人民との間の契約的観念がある。

ジェイムズが神の代理人という理想の君主像から導いた王権の属性は、神に対するキリスト教徒としての義務、人民に対する王の義務、そして王に対する人民の義務という三点であった。本節では、これら三つに見出されるジェイムズの義務の理論について考察する。

（1）　キリスト教徒としての義務

ジェイムズは、三巻から構成される『バシリコン・ドーロン』の冒頭で、神が国王を「人間として創造し……神の御座に座り他の人々を統治するよう小さな神とした」（B24）という理由から、神に対する国王の二重の義務、すなわち「キリスト教徒」および「国王」（B26）としての義務を挙げる。そして『バシリコン・ドーロン』の第一巻では、[97]前者の「キリスト教徒」としての神に対する義務について示されている。

国王のキリスト教徒としての義務とは「神を知り愛すること」（B24）である。それは「神の御言葉を勤勉に読み、そしてその正しき理解のために熱心にお祈りすること」を意味する。そのために国王は勤勉に「聖書を探求し」なければならない。というのは、パウロの言説にあるように「神の御霊によって与えられた聖書全体が、正義に関して教示し、改善し、正し、指示するのに有益である」からである。当時、聖書はキリスト教徒としての義務の観念を養うためには最適な書物であった。但し、聖書の「文言を自らの欲望のために」解釈するのではなく、むしろその反対に「そこ［聖書］に記されている諸規則に正確に従い、愛情を形成し」（B28）なければならないと、ジェイムズは留意点についても忠告する。従って、単に聖書を読み知識を獲得するだけでは、良きキリスト教徒とはいえず、宗教改革者ルターが信仰の内面化、すなわち「信仰義認論」を主張したように、あるいは長老派が説いたように、その教えを自らの内面に包摂しなければならないのである。ジェイムズによると、宗教とは「神の啓示された意思に従い崇拝すること」である。それは信仰により強められ、良心により保護される」（B14）。つまりそれは、聖書・信仰・良心の相関関係のことを意味した。また、こうしたジェイムズの聖書に対する態度は、北方人文主義者エラスムスが『キリスト教徒君主の教育』の中で「キリストを心の奥底で受け容れ、キリスト教の精神でもって行動して表現する人」[98]が「真のキリスト教徒」であると記したように、エラスムスの考えとも共通するものであった。

『バシリコン・ドーロン』第一巻のこれ以降、ジェイムズの聖書に関する蘊蓄《うんちく》が冗長に示されていく。聖書には「命令」と「禁止」、すなわち行うべき事柄と慎むべき事柄が記されている。同様に、二種類の神への奉仕、すなわち「内面的」および「外面的」奉仕も必要となる。[99]前者は、「神に対する信仰のためのお祈りによる」奉仕、すなわち「神に対する宗教の行為」に関する事柄である。後者は、「世界に流れ出ている営為による」奉仕、すなわち「近隣の者に対する衡平な行い」（B30）についてである。後者は国王の職務に関する事柄を意味し、特に統治術に関する内容であるため、第5章で取り上げることにして、ここでは前者の神に対する「内面的」奉仕について焦点を当ててみよう。

まず最初に、ジェイムズは聖書の内容に関して詳細に説明する。聖書は「旧約聖書および新約聖書」からなり、『旧約聖書』は「律法」に関して、つまり「私たちの罪や正義について」書かれてある。それに対して、『新約聖書』は「罪を許すキリストに恩寵が含まれている」点について記されている。律法に関する概説は十戒に刻まれ、それはモーセの書に大部分記されており、預言者によって解釈され、そして歴史もそれを示しているとされる。そしてそこには「報酬」と「刑罰」（B32）について記述されているのであった。

他方、「恩寵についての基盤」とは「キリストの誕生、生命、死、復活と昇天に関する四篇の歴史」（B32）について書かれてあり、大部分は預言者たちの手紙に含まれている内容であった。[100]ジェイムズは、モーセの書や預言者たちの書物など具体的に聖書の箇所を挙げて読むように薦めるが、[101]「自らはカトリックではない」という理由から「アポクリファの書」[102]（B34）を除外する。一五八一年にはジェイムズは、フランスに長期滞在の経験のある寵臣エズメ・ステュアートと共にカトリックではないかとスコットランド貴族や聖職者たちから嫌疑をかけられ、自らプロテスタントであるという声明「否定の告白」を出し、ここでも再度自らカトリックではないことを宣言した。こうした行為は、ローマ教皇の権力の介入を否定し、国の宗教と自らのそれが同じであることを示し、スコットランド教会を自らの支配下に置こうとしていたジェイムズにとって重要な政治的および宗教的意味をもっていた。また、カトリック的な要素を否定する態度は、祈りに用いる聖書の書物だけに見られることではなかった。ジェイムズの著作『悪魔学』では、サクラメントの中でもカトリックの洗礼や、[103]化体説などの儀式も批判の対象となる。[104]この点だけを見てみると、こうしたジェイムズの宗教的な傾向は、度々、自身が衝突したスコットランド教会の方針である『規律　第二の書』の教義にも共有されていたものでもあったといえる。[105]

次に、ジェイムズは宗教を促進するものとして「信仰」を取り上げる。それは「神の約束についての信条であり、理解であり」（B36）祈りによって育まれる。彼は祈りの形式としてダヴィデの「詩篇」を薦め、[106]その際「無知な大衆のように書物のみから祈りを捧げる」のではなく、ピューリタンのように「意のままに神を統治することができると考えるのではなく」、あらゆる敬意を払って「霊的事柄だけではなく世俗的な事柄」（B38）に関しても神に祈りを捧げるよう助言する。ここでジェイムズはスコットランド教会の長老派による祈りの様式を批判し、[107]霊・俗における自らの権力の領域を主張していた。既に指摘したように、長老派はジェイムズにとって常に批判の対象となっていた。

最後に、ジェイムズはキリスト教において重要な「良心」について言及し、それは「神が人間に植えつけた知識の光」（B40）であるという。この良心が「二つの弊害」、すなわち「反宗教性の元凶」である「腐敗」と、「異端の源」である「迷信」に冒されないようにしなければならない（B42）。このようにジェイムズは、これらの聖書の知識を獲得するよう君主に勧め、神に対する国王の義務とは「言葉をつつしみ、心では満ち溢れるほどに神を崇拝」（B50）することであると再度同じ要点を繰り返し、第一巻を締めくくるのであった。

これまで考察してきたように、『バシリコン・ドーロン』の第一巻は「本質的に聖書的」であり、「神学的枠組み」を提示している。ジェイムズはキリスト教の倫理観を何よりも重視し、彼の聖書に対する態度は、カトリック的なものを否定し、特に旧約聖書を好み、「熱心なプロテスタント」であるといえる。(108) また、ジェイムズは一五八八年に出版した『ヨハネの黙示録に関する註解』の中で、カトリックを反キリストであると明示しており、彼の千年王国論に関する解釈もプロテスタント的であるといえよう。(109)

しかし、先述したように、それはスコットランド教会を占めていた長老派への傾倒を意味しなかった。自ら統治を担うようになってから、スコットランド教会と度々衝突したジェイムズは、著作の中で、幾度もスコットランド教会の長老派を「扇動的な説教者」(B30)と非難し、彼らを「容易に君主を操れると思っている愚かな高慢なピューリタンたち」(B38)と批判している。そこからジェイムズの宗教はプロテスタントではあっても、スコットランドで確立された改革教会体制である長老派の繁栄を望んでいなかったといえる。既に指摘したが、ジェイムズはおそらくイングランド国教会のような主教職により位階を有する監督制を望んでいたといえよう。実際、ジェイムズは一五九二年の「ゴールデン・アクト」でスコットランド教会に長老制を正式に認可したが、一六一〇年にはスコットランド教会に主教職を復活させ、(110) 一六一八年には、スコットランドで当初抵抗にあうものの、長老派が反対していたカトリック的儀式の五項目である「パースの五箇条」、すなわち聖餐の際ひざまずくこと、降誕祭(クリスマス)や昇天日などの教会暦を祝日とすること、そして個人の家での聖餐式、個人の家での洗礼、堅信を行うことの五項目をスコットランド教会に導入した。(111) それらは既にイングランド国教会で行われていたものであった。長老派は、特に最初の項目に対してカトリック的な儀式であるとして猛反対した。こうしたことから、ジェイムズがプロテスタントの中でどのような宗派を支持していたかという点については議論の余地はあるが、おそらく国王を頂点とし位階制をもつイングランド国教会に偏っていったといえよう。

さて、ジェイムズが教示したキリスト教徒君主としての神に対する義務は、概して君主にだけ限定されるべきものではなく、他のキリスト教徒にも共通する神に対する義務であった。但し、君主たる者は、人々よりも最も良きキリスト教徒として、これらの教訓を具現化して人々に模範を示すべきであるとジェイムズが考えていたのは疑いもない。それを裏づけるかのように、ジェイムズは、君主のみに適用されるべきキリスト教徒としての義務についても明示する。彼は「あなた［君主］の威厳の高さはあなたの欠点を減少すると考えるのではなく」、むしろその反対に「あなた［君主］の過ちは威厳の高さに応じて一層重くなる」（B26）と、高い身分に伴う徳義「ノブレス・オブリージュ」について言及し、神の代理人であるキリスト教徒である国王は高次な倫理観を伴う必要性があると説く。こうした義務はジェイムズにとって、神から与えられた「義務」であった。

ジェイムズのキリスト教徒としての義務は、周知のとおり、当時のヨーロッパではキリスト教の教えが影響力をもっており、特に新しい思考ではなかった。それは異なる政治的信条を抱いていても、当時の多くの知識人が共有していた義務感であった。キリスト教の教えを逸脱したと称される『君主論』の著者マキァヴェッリでさえも「敬虔さ」を備えることに対しては根本的に否定せず、むしろそうあるべきと望んでいた。また、ブキャナンのように著作の中でキリスト教の教訓を直接的に言及していない者でも、少なくともキリスト教徒としての義務について異論を唱えることはなかったといえよう。ジェイムズのキリスト教徒としての義務論において特徴的なのは、エラスムスの『キリスト教徒君主の教育』などの「君主の鑑」作品と比較しても、なおそれが重層的に示されており、ジェイムズの思想では、聖書が非常に重要な役割を占めている点である。

それではなぜ、ジェイムズはこれほどまでに聖書の倫理観を重視し、明示したのだろうか。第一に、ジェイムズは敬虔なキリスト教徒であったからであると考えられる。彼が一五八八年に最初に出版した小論文は『ヨハネの黙示録に関する註解』であり、また翌年出版されたのは『列王記に関する註解』であった。他にジェイムズが書いた作品には、聖書の解釈に関する物が数多く含まれる。[112] 一六一一年には、彼は新しい英訳聖書として『欽定訳聖書』の刊行も行っており、聖書に非常に強い関心をもち、そこに示されている義務を支持し、普及しようと努めていたといえる。

第二に、ジェイムズは聖書の教えを宗教的な統一はもちろんのこと、政治的にも利用しようとしたからであると考えられる。この点に関しては本節および第5章で後述するが、敬虔なキリスト教徒を育成することにより、王権に対する敬いや服従を強化することがより可能となったといえよう。しかも、後述するとおり、ジェイムズの『自由なる君主政の真の法』では、キリスト教徒としての義務よりも臣民の国王に対する義務についての方に重点が置かれている。ジェイムズは、彼の王権論全体の中の前置きとしてキリスト教徒君主の義務について示すことにより、人民の義務感も強調し、補強しようとする意図があったとも考えられる。

第三に、ジェイムズは自らの聖書の知識を誇示するために本書を書いたからであると考えられる。当時のヨーロッパでは、「君主の鑑」ジャンルの作品が流行していた。実際『バシリコン・ドーロン』の執筆目的の一つには、息子ヘンリのために統治術の手引書を書くというものもあるが、自らの楽しみのために書いたとも指摘されている。[113] 特に、イングランドに移ってからジェイムズは、宮廷において聖書的議論を好んでいたため、自らの博識さを示す傾向があったとしても過言ではない。

かくして、ジェイムズは従来のキリスト教君主という理想、すなわち「敬虔な君主像」を他の作品にも見られないほど強調し、それは彼の思想において非常に重要な一部分を占めるのであった。

(2) 人民に対する王の義務

次に、ジェイムズが挙げた人民に対する国王の義務について見てみよう。『バシリコン・ドーロン』の第二巻の冒頭では「正義と衡平の点における」国王の世俗的義務とは、プラトンが言うように「人々に良き法を確立し施行すること」、そして「あなた〔君主〕が模範となり人々に教えること」(B52)の二点が記されている。この巻のそれ以降では、国王が義務を遂行する際に必要な統治術および国王に必要な資質について詳細に記されており、これに関しては第4章および第5章で考察することにして、本節では彼の他の著作『自由なる君主政の真の法』から、ジェイムズが描いた国王の職務について考察してみよう。その作品の副題、「自由なる国王と彼の自然的臣民との間の互恵的且つ相互的な義務」が示すように、この著作では国王の職務として国王の義務が、聖書、基本法、そして自然法という視点から提示されている。

第一に、ジェイムズは『自由なる君主政の真の法』の中で、聖書に依拠して国王の臣民に対する義務について説く。国王の職務とは「ダヴィデが言うように、人民に対して正義と判断を行うこと」、そして同じダヴィデが言うように「善を遂行し、悪を罰すること」の二点である。ジェイムズは、国王の義務を示すために、次のとおり聖書の様々な箇所から引用した。ユダの王が行ったように「良い法を臣民のために確立し、服従を確保すること」、ダヴィデが述べたように「人民の平和を獲得すること」、ソロモンが行ったように「人民の間に生じた全ての衝突を解決すること」、聖パウロが述べたように「良き行いをする人民の安寧のために神からの使いになること。そして神からの使いとして悪徳を行う彼ら〔人民〕に復讐をすること」、サムエルが述べたように「良き牧師となり、人民の前に行き来すること」、エレミヤが述べたように「こうして君主の繁栄を通して、人民の平和は獲得される」のである(T61)[114]。かくしてジェイムズにとって、国王の義務とはまさに聖書に記されている宗教的義務と表裏一体であり、彼はここでも旧約聖書を好んで引用するのであった。

こうした聖書に依拠した国王の義務を、国王は戴冠式の宣誓において以下のように誓う。国王は、第一に「法律に従い、国内で信仰告白されている既存の宗教を維持すること……そしてその信仰告白を変更させたり邪魔しようとする者たちを罰すること」、次に「先祖によって作成された全ての立派で良き法律を維持すること」、最後に「古代の全ての特権や自由に内在する、国全体およびその国にある全ての州を外国からの敵や自国内の紛争に反して維持すること」であり、換言すると「安寧を維持し、彼［君主］の人々の発展を確保すること」を宣誓するのであった（T61）。

このように「臣民に対する君主の義務は、聖書の多くの箇所に明確に記されており、そして戴冠式の宣誓に従い、全ての良き君主たちによって公に宣言される」（T60）のである。そして「この戴冠式における宣誓が、最も明確な市民的基本法となり、それにより国王の職務は適切に定義される」（T62）のであった。ジェイムズによると、国王の職務の基盤は聖書にあり、そして国王がそれを宣誓することにより、国の基本法となる。戴冠式は国王を聖別する霊的な、すなわち秘蹟的な行為であるばかりか、[115]霊的事柄を世俗的事柄に転用することが可能となる重要な儀式でもあった。かくしてこの儀式により聖書の教えが、政治という世俗的領域でも適用されるのであった。

さらに、ジェイムズは自然法からも国王の義務を定義し、そこでは王権を類比する際に当時多くの者が引用した父権論、そして身体論の二つを用いる。

自然法により、戴冠式において国王は彼の臣民の自然的父となる。そして父権的義務をもつ父が子供を養い、教育し、有徳な生活を送るよう面倒をみる義務があるように、国王も彼の臣民全ての面倒をみる義務がある（T62）。

同様に、ジェイムズは自然法から身体論をも演繹し「頭が身体を気遣うように、国王は人民を気遣う」（T74）と、国王の人民に対する義務を説く。国王の職務を父権論、あるいは身体論との類比から演繹する方法は古代からあり、一六世紀ではボダンの『国家論』やエラスムスの『キリスト教徒君主の教育』の中でも見出される。[116]しかし、ジェイムズにとって、この類比は権力ではなく、あくまでも義務の類比でしかなかった。それは後述するが、ボダンやロバート・フィルマーが父権の源から国王の権力を導いた理論とは根本的に異なるものであった。

これまで考察したように、ジェイムズによると、国王の義務は聖書、基本法、そして自然法によって規定されており、これら三つの根拠は相互に関連している。さらに、ジェイムズはこれら三つの論拠を古典の知識で補完し、国王の義務論を完成させたのである。ジェイムズが『自由なる君主政の真の法』の中で引用した古典の知識は、キケロの格言、すなわち「国王とは、もの言う法である」「コモンウェルスの安寧が最高の法となる」「最高の法が最高の不法となる」（T72, B138）の三点であった。これらのキケロの知恵は、当時の君主に対する進言書にもよく引用されたものでもあり、後述するが、まさにブキャナンが『スコットランド人の王権法に関する対話』で挙げたキケロの格言と同じであった。両者は異なる王権論を構築したが、ルネサンス期の思想家として古典の知恵に関して同様にその価値を重んじていたのである。

ジェイムズが示した国王の職務は、政治的信条の内容を問わず、強弱の相違はあっても、同時代に描かれていた国王の職務とほぼ同じ内容であったといえよう。例えば、エラスムスの『キリスト教徒君主の教育』によると「君主の仕事は、人民の利害に注意すること」であり、「良き君主の第一の義務とは、可能な限り最善の目的をもち、次に悪を避け排除するための手段に目を配ること、また他方で、善を達成し、増やし、強化する手段にも注意すること」であった。それは道徳的な内容を意味していた。興味深いことに、ここでエラスムスはソロモンの知恵に関するエピソードなどを聖書から引用してはいるが、ジェイムズとは異なり、聖書よりもプルタルコス、セネカ、プラトン、アリストテレスなどの古典古代の哲学書から数多く引用している。もっともエラスムスにとっては、「哲学者であることは、実際にはキリスト教徒であることと同じであり、ただ用語が異なるだけ」であった。[117]

一方、王権の起源を専ら人民に求めたブキャナンも、国王の義務を規定するものとして戴冠式の宣誓を重視する。

国王は戴冠式において「人民全体に先祖の法律、儀式、古い制定法を遵守することを恭しく誓い」(84-85 : 66)、人民に対する国王の義務が発生する。国王の義務とは、「放縦なものを抑制し、極端なものを衡平にし、怒れる者を正しい精神へと導く」(59 : 47) こと、すなわち人民の安寧を守り、維持することである。そこでブキャナンはキケロのいう「人民の安寧が最高の法となる」(42 : 34)、そして「国王とは、もの言う法であり、もの言わぬ国王、それが法である」(25 : 20) という「レークス・ロクーエンス」論を引用する。このキケロの格言からブキャナンは、国王は法による制限および法の遵守を誓い、人民の鑑となり、彼らに模範を示すように「法の規則に言動を一致させなければならない」(25 : 20) という助言を与えた。また「最高の法は最高の不法となる」(42 : 34) ことにも国王は留意する必要がある。ブキャナンは人文主義者にとって最大の権威者の一人であるキケロに依拠して国王の義務を説き、国制を維持する役目を国王に課す。ジェイムズとは異なり、ブキャナンは、この戴冠式の宣誓を国王と人民との契約と理解して、国王の義務をキケロの格言を用いて説くものの、やはり義務内容そのものは、ジェイムズの主張とはほとんど変わりないのであった。

ジェイムズは、国王の義務を世俗的領域と霊的領域双方を司るものとして理解したのに対して、既に指摘したように、当時のスコットランドでは、国王の義務は世俗的事柄に関することだけに限定されていると考えられていた。長老派メルヴィルとジェイムズとの直接対決の際に明示されたように、国王は霊的領域では単なる一人のキリスト教徒にすぎないのである。他方、教会内の世俗的事柄を国王の義務とする主張は、メルヴィルよりも約四〇年前に書かれたローダーの『国王の任務および職位に関する包括的な簡明な論文』の中で見られる。彼によると、国王の義務とは霊的領域内における世俗的事柄、すなわち十分の一税や聖職者の任命に関する事柄などである。その職務とは「仕えること (1.11)」、「公平に全ての人々に正義を行うこと (1.12)」、そして「悪徳を裁き、徳をほどこす (1.27)」ことである。ローダーは、この詩の中で、国王を世俗的に補佐する裁判官として捉え、「君主の義務」という語を用いて、当時の現実的政治における諸問題、例えばペストや救貧の救済、教会の十分の一税、教会の退廃などを解決するよう懇願するのであった[118]。彼によると、「国王は数百数千もの人々の支配を手中に治め、あらゆる方法で破滅し、消滅する彼らのために日々悩み、そして［国王こそが］ありのままで純粋な、価値のないみじめな人を治すことができる」（l. 93-98）のである。

これとは対照的に、ヘンリ八世期以降のイングランドでは、国王が教会の首長であり、霊・俗領域の頂点を極めた君主像というのは、トマス・ビルスンが著作『キリスト教徒の服従と非キリスト教徒の反乱の真の相違』の中で、またフッカーも当時のピューリタンを批判するために書いた『教会政治の法律について』の中で擁護したものであった。ジェイムズはこのようなイングランドの体制を望み、霊・俗の両領域を自らの支配下に置いて国王の義務を遂行しようと試みたといえよう。ジェイムズによると、人民の自由は常に国王から与えられたものであり、国王はそれを維持する責任を負うが、当時の人文主義者の理論に見られるように、生得的な人民の自由を維持することが国王の責務であるという意味での初期シヴィック人文主義の特徴[119]は、ジェイムズにはなかった。ジェイムズが掲げたのは、服従を重視したキリスト教徒君主の理想像であった。

（3）人民の王に対する義務

ジェイムズは、キリスト教徒としての義務、そして国王の職位に備わる義務という国王に必要なこれら二つの義務を説くだけではなく、『自由なる君主政の真の法』の副題「自由なる国王と彼の自然的臣民との間の互恵的且つ相互的な義務」が示すように、国王に対する人民の義務についても明示する。神聖な王であり、また世俗界における最高権威者に対し、人民は服従する義務を負う。この人民の義務こそが、むしろ『自由なる君主政の真の法』の主な内容であり、同書の全体の七割ほどを占める。ここでジェイムズは、前節で考察したように王の職務を規定する際に用いた論拠、すなわち聖書、基本法、そして自然法に依拠して服従論を正当化するが、基本法に関しては王権の神授的起源からではなく世俗的王権の起源から正当化しているため、第3章で考察することとして、ここでの議論は、聖書と自然法という二つの論拠を対象として考察する。

第一に、ジェイムズは聖書に依拠して人民の服従義務を正当化した。国王がキリスト教徒として神を敬う義務があるのと同様に、人民は神の知識を第一に学ばなければならない。そこには人民の国王に対する義務、すなわち国王に対する服従が記されている。ここで興味深いのが、ジェイムズが最初に、しかも丹念に引用した聖書の箇所は、服従論の擁護者が頻繁に用いた「ローマ信徒への手紙」第一三章「支配者への従順」ではなく[120]、ジェイムズが王権の神授的起源を主張する際に用いた「サムエル記」上、第八章のサウル王の確立であった。

ジェイムズは「サムエル記」第八章九節から二〇節まで逐次言及して、そこに記されている「人民に対するサムエルのこの発言は、神が人民に与えた王に対する当然の服従という誓約を心に準備させるものであった」(T64)と解釈する。

ジェイムズの聖書解釈によると、「サムエル記」第八章第九節にて、人民が神に王が欲しいと執拗に求めた際、神は、人民に以下の二点を伝えるように、とサムエルに指示した。すなわち、「王を彼ら［民］に与えるという彼らの懇願を認めること」、そして「ある王が彼ら［民］に行うこと、それによりその後、彼ら［民］が、不満をこぼしたり、不平を言ったりしてはいけないことを前もって警告すること」(T65)という二つの点である。

ジェイムズによると、一一節から一五節までは、「王が彼ら［民］に対する自らの行動において、正義と衡平を破る」点について、一八節では、「人民が我慢できなくなっても、そのくびきを揺るがしてはならない」(T65)点について、サムエルが人々に伝えていたことになる。前者は国王の権能について、後者は一度、人民に国王が与えられると、たとえ国王が専制に転じても、人民は国王を退位させることはできない点について描かれているのである。さらに、ジェイムズは「神の命令に反するという観点ばかりか、自らすすんで同意をして全ての権利を放棄して王を懇願したあなた［民］自身という観点からも国王を退位させることは合法的ではない」（T66）と、二つの視点からも服従をより一層補強する。

それにもかかわらず、人民が王を欲し、彼らは上述したサムエルの忠告に同意したと、ジェイムズは、一九節から二〇節を引用して主張した。人民がこれらの警告を受け容れた結果、神は彼らに王を与え、それ以降、人民はいかなる状況においても王に服従する義務を負うこととなった。かくして王権の起源と人民の服従は全てのキリスト教圏に有効となる[121]。こうした解釈に基づきジェイムズは、どのような場合でも人民が国王に服従すべきであると主張して、いかなる抵抗権論も完全に否定する。

ジェイムズのこのサムエル記の引用箇所の聖書解釈は、当時、さほど共有されていた解釈ではなかったが、ジェイムズが用いた同引用箇所から他の論者によって抵抗権論が構築されていたことを強調しておく。例えば、ユグノー派の抵抗権論の典型的な理論が見られる匿名で書かれた『僭主に対するウィンディキアエ』でジェイムズと同じサムエルの箇所が引用されているが、それにより「至善・至高の神は、上記の言葉で、イスラエルの民に彼らの無分別を悟らせようと意図された[122]」のである。『僭主に対するウィンディキアエ』によると、そこに記されている国王の権能とは「国王に許される権能ではなく、国王が常に自己に帰属させたがる権能」となる。従って、そこでは、「サムエルは、イスラエルが警告に従って、自制心を欠いた上に道徳や原理にルーズな人間に、不相応の権力を与えないことを願っている」ため、「イスラエルは、代々の国王の権力を制限した[123]」と結論づけられている。ジェイムズが服従論を正当化するために引用したサムエルの同じ箇所が、『僭主に対するウィンディキアエ』では、服従論どころか国王権力の制限の典拠と化すのであった。

ジェイムズは「サムエル記」に関して独自の解釈を提示するだけではなく、聖書に依拠して自らの服従論を補強するために、反論に対しても目を配り、自らの主張がより正当性をもつことを示そうとした。先の神授的王権を得たサウルが退位されたという聖書の記述に関して、ジェイムズは有徳であったサウルが後に自らの本性が堕落したと予め断っておき、その点について反論が生じないように配慮する。また、ジェイムズは聖書の中で、王が殺害、あるいは退位されている「異例」についてはこれを認めたうえで、「聖書における王の退位や殺害という異例が日常的に行われるとしたら」「殺害」「窃盗」「両親に対する偽り」が、「君主に対する抵抗と同様に合法的で許容される徳と見なされてしまうだろう」（T68）と反駁し、「出エジプト記」第二二章二八節を引用し、聖書には人々の服従が記されていると改めて強調した。しかしながら、実際の聖書の該当箇所には犯した罪を償う内容が記されていることを付言しておく。

ジェイムズの主張を擁護したのは、クレイグの『イングランド王国の継承権に関して』であった。その中で、クレイグは偽名ドルマンの人民に起源をもつ王権論に反駁するため、サウルが人々により退位させられたのではなく、神によって退位させられたと主張し、王に対する抵抗権は神のみにあることを強調するのであった。(124) 彼によると、神の法や訓戒に服従するという条件でサウルが王国を手に入れたにもかかわらず、彼がその条件を破ったため、神が王を退けたのである。

さらに、ジェイムズは「法のもとで」、そして「福音書のもとで」（T68）という二つの区別をして、前者では、エレミア、ネブカデネザル、バベルの王が専制君主となり、後者では、ネロが専制君主となり、暴君の事例を提示するが、結局は当時頻繁に用いられた「エレミヤ書」第二七章および第二九章、そして「ローマ信徒への手紙」第一三章を列挙して国王に対する服従を強調する。ここでジェイムズは、中世の皇帝対教皇の理論で用いられた「カエサルの物はカエサルに」（T69）という文言を用いて、人民の服従を説くのである。

もちろん、ジェイムズは、ボダンなどの当時の政治的言説によく見られたように「神に直接的に反すること以外」、人民は国王に服従する義務があると服従の条件について付言するが、「地上における神の代理人」である国王に対して人民は「あらゆる点において国王の指示に従い……初期の教会において用いられた文言に従い、抵抗せず、神に対して嘆願する」（T69）ことしかできないと積極的な抵抗を全面的に否定するのであった。かくして当時、同じ聖書の箇所を用いて、王権に対する絶対的服従、あるいは抵抗といった異なる二つの王権論が生じたのである。

第二に、ジェイムズは聖書という権威だけではなく、既に指摘したように、当時の思考の型で頻繁に共有されていた自然法からも父権論、あるいは身体論の類比を演繹して服従論を正当化した。国家における国王と人民の関係は、家族における父と子の関係と同様であるため、子は家族の長である父親に対して服従する義務があるのと同様に、人民は国家の長である国王に服従する義務がある。ジェイムズによると、まさに「コモンウェルスがよく統治されるには、祖国の父という称号がずっと一般的に国王に用いられることにある」（T74）のであった。ここでジェイムズは、反論者に釈明の余地を与えているかのように、父に邪悪な面があったとしても子供が父親を処刑することを正当化できるであろうか、と読者に疑問を投げかけるが、理性のある動物はそのようなことはしないと結論づける[125]。ジェイムズにとって父権とは、まさに正当で自然な権威であり、それに服従することは当然の行為であった。

また、ジェイムズは身体論からも国王に対する人民の服従を以下のように補強する。

頭と身体の類似として……頭［首長］は残りの身体［臣民］を高潔に維持するために、ある腐った部位《メンバー》を切り取ることができる。しかし、ある欠点が生じたとしてその頭を切り離したとしたら、身体がどのような状態になりうるかについては、その判断を読者たちに委ねることにしよう（T75）。

このように父権論、あるいは身体論から、長あるいは頭に対する服従を正当化することは、伝統的な論法であった。例えば、当時の多くの作品や教理問答集が、子の父に対する服従を説いていた。実際、スコットランドの教会が、一五七〇年頃から非公式に使用していたカルヴァンの教理問答集でも、父に対する子の服従が重要であると記されていた[126]。

ここで興味深い点は、ジェイムズが自然法に依拠して父権論を引き合いに出すとき、彼は聖書、特に「創世記」のアダムを引用していないことである[127]。例えば、フィルマーは『父権論』の中で、同じ自然法に依拠して服従論を正当化するが、その際、「創世記」のアダムの権威から父権論を主張した。フィルマーにとって、アダムは社会の始まりを意味し、またそれが拡大されて君主の政治権力の源となる[128]。しかし、こうした父権論の特徴はジェイムズの王権論には見出されなかった。

さらに、ジェイムズは聖書と自然法というこれら二点の論拠から服従論を説くにとどまらず、ブキャナンや『僭主に対するウィンディキアエ』の作者など当時の抵抗権論者が掲げていた見解に対して、「四つの原理」を提示して彼らの理論を論駁し、自らの服従論を完成させた。最初の三つの原理は聖書解釈をめぐる議論に関するものであり、最後の原理は基本法に基づく戴冠式における国王と人民との間の相互契約についてである。

第一の反論としてジェイムズは、「良き市民は、生まれつきもつ母国への熱意や義務により、有害な者からコモンウェルスを解放するために自ら行動に着手する」という見解を取り上げる。これに対して、ジェイムズは「神学の明確な格言」を用いて、次のような三点から反論した。すなわち、私的個人が国王を判断したり、武力に訴えてはいけない。「神は剣を為政者にのみ与えた」ため、私的個人が返報するのは合法的ではない。もし国王への抵抗が認められたら、私的個人が、公的為政者に対して剣を用いることが合法的になってしまう。また、抵抗して、苦痛や不幸からコモンウェルスを解放するといっても、そうすると実際「二重の不幸や荒廃」が倍増し、「抵抗は反対の結果を招く」のである。ジェイムズによると、国王は「恐ろしく邪悪になることはないのは明らかで、通常正義を好み、秩序を維持する」（T76）ため、国王に対する抵抗は必要なかった。

第二の反論は、邪悪な国王が統治しているコモンウェルスにおいて「呪いから国を救い、人民の自由の権利を主張すること」が、人民の義務であるという見解についてである。ジェイムズは、「邪悪な国王は、人民に対する呪いのため、また彼らの罪に対する天罰のために神によって遣わされた」と返答する。そこでジェイムズはバベルの王やネロのときでも、エレミヤとパウロを参照して、彼らは「暴君に従うように人民に命じるのみならず、人民の安寧のために心から祈りなさい」と諫めていると解釈し、その呪いを人民自らの手で排除することは合法的ではないと主張する。神の法によれば「忍耐、神に対する熱心な祈り、また人民の生活の改善のみが、人民の重い呪いから彼らを解放するよう働きかける唯一の合法的な手段」となる。これは初期カルヴァンがパウロの教義から導き出した無抵抗権論と酷似した理論であった。[129] ジェイムズによると、人民の自由の権利は、「国王、あるいはその先代たちによって「人民に」授けられた」（T77）ものであり、ブキャナンが主張するような生得的な権利を人民は有していないのであった。

第三の反論では、実際に抵抗が成功裏におわった事例があることから、神が抵抗に対して正義の判断を示した証拠となるという見解を取り上げる。これに対してジェイムズは「戦いの全ての成功は神の御手にのみある」ことは確かだが、神はある目的から「誤った側に公平に戦いに報復させることがある」ため、過去の抵抗の勝利が神による正義の判断の結果ではないと反論する。しかも彼は「事件の原因を判断することはしばしば人を誤らせる議論となる」（T78）ため、そのような議論自体を慎むようにと逆に、戒めるのである。

第四の反論は、抵抗権論者の骨子となる、戴冠式における国王と人民との間の相互契約についてである。ジェイムズは「国王は戴冠式で、あるいは王国に入国した際、神によって授与された国王の任務を恭しく、誠実に遂行することをすすんで人民に約束する」と認める。しかし、これはあくまでも、国王が人民に対して行う約束であり、国王は業務不履行に関して人民に拘束されることはないと、国王と人民との間の契約説を明確に否定する。ジェイムズによると、仮に国王がその約束を破ったとしても、「あえて宣誓での内容を契約と言うとしたら」、契約履行や不履行については「神のみが疑いもない唯一の判断者」（T79）であり、絶対的な権威は神に委ねられており、双方には判断権は帰属しない。これとは対照的に、『僭主に対するウィンディキアエ』の作者やブキャナンは、国王と人民との間の相互契約により、国王が人民により選定されたと主張した。彼らはむしろ国王の人民に対する義務に重点を置き、契約違反をした国王に対する抵抗を正当化した。しかし、ジェイムズは専ら神との契約により、国王が選定されたと主張して、そこから人民の国王に対する義務を演繹したのである。当時の抵抗権論を反駁するために、ジェイムズは、彼らが論拠とした聖書と自然法という同じ武器を用いて、彼らとは異なる自らの解釈を提示し、人民の国王に対する服従を重層的に正当化し、服従論を完成させたのである。まさに、神授的王権から導かれる服従論と抵抗権論は同じ法観念に基づいているのであった。[130] かくしてジェイムズは、重層的な服従論を展開して、宗教的義務を政治的義務へと転用しようとした。

こうしたジェイムズが主張した聖書、あるいは自然法に依拠する服従論は、当時多くの者が共有していた。第1節でも触れたが、当時、人々の精神はキリスト教に多大な影響を受けており、彼らは権威に対する服従を当然のように受容していた。国王に対する服従は、良心の観点から良き行いであり、義務でもあった。従って、国王に抵抗することは神に抵抗することを意味した。

『国家論』の中でサムエルに依拠して神の代理人としての王の存在を主張したボダンも国王に対する服従を説くが[131]、そればかりではなく、ボダンは君主に対する服従を行うことにより、人々が市民となると主張し、服従は国家における構成員の資格にまで拡張する。[132] そのうえで、ジェイムズの言説に見られたように、ボダンも、神の法や自然法に反することを国王が命令した場合、国王に服従しなくて良いとするが、国王に対する積極的な抵抗については否定した[133]。

イングランドでも、王権に対する服従は受容され、ヘンリ八世期からエリザベス期前半にかけて、服従論を正当化する作品が多く出た。一五七〇年北部の反乱後に出たエリザベス期の『不服従と故意の反乱に対する説教』では、「服従があらゆる徳の中で最も重要な徳」であり、「臣民は国王や君主に従う義務がある」と記されていた[134]。ここでは「ローマの信徒への手紙」第一三章、そして「ペトロの手紙一」第二章に依拠して、君主に抵抗することは神に抵抗することになると、いかなる状況においても服従が説かれていた。

イングランドの法律家ジョン・ヘイワードも、先の論敵ドルマンに対する反論として『ロンドンにおける王位継承に関する会談に対する返答』の中で服従論を唱導する。ヘイワードは、ジェイムズのように聖パウロを挙げ、「邪悪で残酷な君主に対しても私たち［人民］は服従しなければならない」二つの理由を明示する。一つは「君主は神の代理人」であるため「良心」に基づき、他方は「私たち［人民］の安全と静穏」のためである。彼は、他にも聖書から事例を出し、君主に対する服従を説き、ジェイムズが典拠としたサムエルの言葉にも言及した[135]。ジェイムズのように、ヘイワードもこの箇所を、人民が君主を廃止する権限をもたないことをこの時点で明示されたと解釈し、人民には抵抗権がなく服従のみあると結論づけるのであった。

マーベリは、著作『君主政に関する小論文』の中で、ボダンのように、君主の権力は主権であり、それは「臣民全体に対して、また各個人に対して、効果的で永久のもの……国王は（神と自らの良心以外）政府に対して、あるいは他の者たちに責任を負わない」と主張し、「君主は、神の法に一致するかぎり市民法やコモン・ロー、慣習、特権、誓約、そして全ての種類の約束に従う[136]」ため、国王に服従するよう強調した。

このように多くが服従論を擁護したが、ジェイムズの服従論と他の思想家の主張には顕著な相違がある。第一に特記すべき点は、「サムエル記」に見られる国王の権能に関するジェイムズの解釈である。ジェイムズは、聖書に依拠して服従論を正当化する際、国王の権能が時には人々の願いに沿わずに行使され得ると明示されたにもかかわらず、人民が国王を欲したと解釈した。通常、服従論では、ジェイムズのように国王の邪悪な面が生じる可能性については明確に触れられていない。この箇所では、単に国王の神聖さや神の教えが強調される傾向があった。

また、先述したように、ジェイムズが「サムエル記」の第八章一一節から一五節までの権能を、国王の絶対的権力と捉えるのではなく、むしろ「国王が正義と衡平を破る点」と理解していることである。しかし、抵抗権を否定する論者の多くは、この典拠から神と類似する国王の絶対的権力を演繹する傾向があった。例えば、ボダンやサラヴィアも同様に、サムエルの箇所を国王の絶対的権力と捉えた。サムエルに直接言及せずに、一五七〇年の『不服従と故意の反乱に対する説教』でも同様に神授的起源から王権の絶対的権力が演繹されていた。ビルスンの『キリスト教徒の服従と非キリスト教徒の反乱との真の相違』や、ブラックウッドの『宗教の結束について』の中でも、同様に親授的起源から国王の絶対的権力が演繹されていた。フィルマーは『父権論』で、ジェイムズの作品と彼が引用した「サムエル記」の箇所に言及して、そこから国王の制限の無い司法権を主張した。ジェイムズは「サムエル記」の第八章一一節から一五節まで言及するが、それは、国王の絶対的権力を正当化するものではなかった。こうした意味で、彼の理論は他の王権論者のそれとは異なっていた。特に、フランスの王党派であるベロア、バークレイ、ブラックウッドの作品では、王権の絶対的権力が強調され、それに対する服従が説かれていたのである。

従って、序章でも触れたが、王権神授論は、国王の絶対的権力を主張する理論とは必ずしも連動していない。ジェイムズにとって、王権神授論とは、国王が神から直接王権を授与されたという観念であった。通常、王権神授論とは、「服従の義務を正当化すること」「抵抗権論を非難すること」において合理的な用い方があった。他方、国王の絶対的権力を主張する理論とは、国王が実定法の上に位置し、それに制限されていないという観念である。しかしながら、ジェイムズは、王権の神授的起源からは前者の神聖な王権の起源のみを演繹したのである。次章で考察するが、彼は、むしろ、国王の絶対的権力についてはスコットランドの基本法と自然法を用いていた。従って、服従論、すなわち抵抗権論の否定が必ずしも絶対的権力の主張とは連結していないのである。

第二に、王権確立の際、ジェイムズは人民の関与を一切否定した。ジェイムズの王権神授論には、フランスの王権神授論者との共通点も見出せるが、彼らの理論とジェイムズの理論の間には重要な相違がある。バークレイなどのフランスの王党派は、モナルコマキのように、王権の「選定」（選ばれし者）と「確立」（立てられし者）という二分法を設け、王権は神授的起源をもつが、人民の同意を得てはじめて国王が確立されると主張し、王権設立の際に人民の積極的関与を認めている[143]。モナルコマキは、王権確立の際、人民が自らの権利を全て破棄して国王に委ね、譲渡し、いかなるときでもその諸権利を取り戻すことができるか否かの相違によって、無抵抗論、あるいは抵抗権論を峻別した。王党派は一度譲渡した諸権利を取り戻すことができないと論じ、彼らは、神から選ばれた国王の存在、あるいは権利を人民との契約や合意に基礎づけるのに対し、ジェイムズは国王の存在に関して人民の合意を全面的に否定するのである。ジェイムズは、神聖な国王が確立されるときに人民の同意や関与を一切否定し、王の確立は専ら神と国王のみの間で行われると主張した[144]。

ジェイムズとヨーロッパの服従論者の間にはこうした相違が見られるものの、概して、ジェイムズの王権の属性には、スコットランドの知的潮流よりも、フランスのボダンやバークレイなどが主張した観念、あるいは当時のイングランドの思想の影響が強く見られた[145]。彼の理論には、「単なる神の権利でもって統治を行う」という理論だけではなく「絶対的に統治する権利の理論」が含まれていたのである[146]。

これまで考察してきたように、ジェイムズの王権神授の起源から導かれる議論は、通常理解されているような王権神授論ではなかった。それはむしろ重層的な典拠でもって構築された義務の理論であった。これら三つの義務の中でジェイムズにとって最も重要であったのは、その紙幅を一番多く割いていること、また最も重層的な構造をもっていることを鑑みると、最後の服従論であったといえよう。しかし他の二つの義務なくしては、ジェイムズの義務論の全体像は完成しないのである。ジェイムズはこれほどまでに多角面からの義務論を説いた理由は、既に指摘したように、当時のスコットランドでは抵抗権論が、圧倒的に優位を占めていたことが挙げられる。ノックスやブキャナンのみならず、それ以前ではローダーまでもが抵抗権論を正当化した。また、貴族による母メアリ女王の退位という既成事実は、ジェイムズにとって現実的な王位の危機として映ったといえよう。こうしたスコットランドの知的伝統、あるいはより視野を拡大してヨーロッパで生じていた抵抗権論全般に対してジェイムズは、王権の強化をはかり秩序の回復を目指したと考えられる。彼の義務論は、王国の秩序を維持するための装置として機能することを目的として展開されたのである。それは、神聖な王から導かれる「政治的身体」を上手く機能するための理論であった。

4　神聖な王と「政治的身体」

(1)　王権と秩序観

ジェイムズは、王権が神に由来すると主張したように、国家における階層的秩序観もまた神によって企図されたものであると理解した。ジェイムズによると、神は世界を創造した際、事物の自然を維持するために各々の階層の存在、あるいは位階の序列が必要なものであると定めたのである。神に企図された秩序観は、中世のアクィナスの理論、あるいはフィレンツェの新プラトン主義者フィチーノの宇宙論の中でも論じられている。アクィナスは秩序を維持する目的で、神が人間社会の序列を定めたと主張した。一方、フィチーノは神と天使を自然の最高位に置き、全ての存在を五つの位階にまとめた。一六世紀のヨーロッパでは、その序列の秩序を保つために下位に位置する層が上位に服従することは、神の意志であり当然の観念とみなされていた。前節で考察したように、この秩序観を正当化するために、ジェイムズは、聖書や自然法といった伝統的な典拠に基づき、また父権論や身体論という当時頻繁に引用されていた伝統的な類比を用いて階層的な秩序観を組み立てた。それは「存在の大連鎖」に表されている秩序観であった。[147] 秩序は、鎖の中にある全ての部分における完全なる一致、またそれぞれの位階の間での完全なる調和、そして各位階にある全ての差異における完全なる調和を意味し、それは不変不動的で継続的であった。その鎖に対する変化や流動性は混乱を意味し、その混乱とは、創造以前の無秩序への再帰を意味した。この秩序はまさに神聖な自然的秩序観であった。[148] ジェイムズのみならず、一六世紀ヨーロッパの思想家たちはこうした伝統的な秩序観を継承していったのである。スコットランドのウィリアム・アレグザンダーも同様に、一六〇〇年の「ガウリの陰謀[149]」事件の後に書いた『良い目的に関する小論文』の中で、神が「自然の中に秩序を位置づけ、全ての心と思想の創造者である[150]」として、神の企図による秩序観を主張した。

こうした「存在の大連鎖」に見られる秩序観の安定および継続を維持し、補強するために「国王の二つの身体」の一つである「政治的身体」という観念が効果的に機能した。「国王の二つの身体」論は、中世の「国家の神秘体」に由来する。この「国家の神秘体」は、一二〜一三世紀の法学者が教会法にいうところの「教会の神秘体」思想を利用して国家という世俗の「神秘体」観念を作り出したことに起因し、神秘性を帯びた一つの「政治的身体」として国家を捉えることを意味した。すなわち、頭を国王として、四肢を臣民として類比することである。他方、実務の面における国家の神秘は、国王大権を意味し、例えば、公的大権（国家の神秘）は戦争開始・平和条約締結などを指し、私的大権は土地・臣民・経済に関することを指した。やがてこの「国家の神秘体」と王権が同一視されるようになった。「自然的身体」である国王の肉体は死んでも、国家と一体となった国王の「政治的身体」、すなわち王権は不死不滅で、その霊的権威は次の国王に継承されるのである。連続する王権と国家が一体となり、国家の継続性が確保され、永遠の統一体となる。この理論は一六世紀のヨーロッパで顕著となり、この理論により「政治的身体」がより一層神秘性を帯びていき、強固な王権の基盤となっていった[151]。

本章第2節で考察したように、ジェイムズは王権の神的起源から「キリスト教徒」として、そして「国王」としての二つの義務を国王に課した。換言すると、国王は、キリスト教徒という一人の人間としての肉体の「自然的身体」、神の代理人として国家を統治する国王という職をもつ「政治的身体」という「二つの身体」を伴うのである。ジェイムズが明示したこの「政治的身体」における国王の役割とは、国王の義務、すなわち国の公共善を実現する機能を果たすことであった。

ジェイムズは伝統的な「国王の二つの身体」論を明示して、さらに国王に備わる公的な領域と、一人の人間としての私的な領域とを可能な限り近づけ一体化させた。国王の目的そのものがまさに公共善と一体となる。そこでジェイムズは、自らの行動に公的価値を示し、国家の中に世俗的目的を巧みに促進したのである。ここに政治的身体という名のもとに王という一個人と王権が一体となった公的人格が成立するのであった。しかも、ジェイムズは国家の秩序観を普及するために、著作『悪魔学』の中で対極に位置する混乱の世界観までも描いたのである[152]。こうして確立されたジェイムズの秩序観の枠組み自体は、伝統的な神の法や自然法、そして基本法という原則に基づいていた。

ジェイムズの秩序観とは対照的に、彼が育ったスコットランドでは、長老派の指導者の多くは、権威よりも理性を重んじるラムス主義の影響を受けていた[153]。彼らは、監督制、あるいは社会の身分の相違や位階制を強調するのに適した理論である伝統的な自然法概念を用いず、むしろその伝統的な自然法概念に反論するため、古代の知恵とアリストテレスの政治学に依拠して論じたのである[154]。そうした背景で育ってきたジェイムズは、伝統的な秩序観を基盤とした国王を頂点とした神に企図された国家の秩序観を回復しようと試み、神学的な議論を基盤とした秩序観を構築したといえよう。

（2）王権の象徴と神秘な力

ジェイムズが描いた価値観や秩序観に基づく王権の権威は、人々に伝達されて初めてその効果をもつ。一六～一七世紀のヨーロッパでは、国王の身体そのものが国家や王権の象徴としての性格を帯び、国王自身の神秘性、あるいは聖性が強調されるようになる。国王自身に霊的権力、あるいは神秘な力が宿ると解釈され、国王権力がより一層神秘化されていったのである。そこでは、「物質的な装身具による物象化されたシンボル」から「人格化されたシンボル」へと象徴の重点の転換が生じ、[155]それはアポテオシス[156]を意味した。そしてこの人格化されたシンボルの伝達を可能としたのが儀礼であった。[157]

国王の身体の象徴性が、支配装置として王の儀礼の中に組み込まれる過程にはいくつかのレヴェルがある。フランス王家の儀礼に関する代表的な研究者R・E・ギーゼイは、フランス絶対王政期における王権儀礼のジャンルを、国家儀礼、[158]スペクタクル、[159]宮廷儀礼[160]の三つに分ける。[161]宮廷儀礼やスペクタクルが、宮廷に出入りする者たちやスペクタクルを鑑賞する者たちといった社会の上層部へ向けた伝達であったのに対し、国家儀礼は民衆を含めたより一般的な者たちへの伝達を可能とした。前者は、閉ざされているがゆえに、神秘性がより一層高められ、後者は、公開性をもつがゆえに下からの自発的な合意を得ることが可能となる。

王権の神聖性を強調する際、とりわけ儀礼の中で重要な役割を担ったのが、国家儀礼の一つである触手儀礼、すなわち「瘰癧さわり」であった。[162]この儀式では、国王は伝統的な儀式にのっとり、触れるだけで瘰癧患者を治癒できる神秘な力、すなわち「王の奇跡」を有することを人々に示そうとした。こうした慣行は、フランスでは一一世紀頃から、イングランドでは一二世紀頃から確立され[163]、一六世紀ヨーロッパにおいて頻繁に行われた[164]。

こうしたヨーロッパにおける伝統的な慣行があった背景のもと、ここで注目すべき点は、ジェイムズは、触手儀礼という慣行に非常に嫌悪感を抱いていたことである。もちろん、他のヨーロッパ諸国同様に中世スコットランドにおいても、瘰癧さわりの慣行は行われていた[165]。しかし、おそらく長老派がスコットランド教会で優勢となった一五六〇年以降には、そのようなカトリック的偶像崇拝を想起させる儀式でもって国王の神秘性を高める触手の行為は、衰退していったと考えて妥当であろう。というのは、長老派は宗教改革以前の慣行であった日曜日のパジェントやクリスマスなどの祝日の遵守が、カトリック的な偶像崇拝の儀式を想起させるとして批判していたからである[166]。また、少なくとも一六〇三年以降、ジェイムズはイングランドにおいて瘰癧さわりの慣行を行うようイングランド側から要求され、嫌々ながらそれを行ったことが記されている[167]。ジェイムズは、彼の著作から絶対王政と王権神授論を結合させ王権の至上性を説いた者として解釈されているが、国王権力の超人間的な性格をあれほど完璧に表明することが可能であった瘰癧さわりの儀式の実行を、イングランドにおいてためらったのである[168]。また、聖母崇拝や聖者崇拝を連想させるイギリスの聖別式伝説もジェイムズは拒否したのであった[169]。

しかしながら、ジェイムズは、上述したような霊的権力を国王が有することを表象する儀式には興味を示さないものの、それとは対照的に入市式などの国家儀礼、あるいは壮麗で大規模な行列や催し物などのパジェントを盛大に執り行い、王権の壮麗さを顕示したのであった[170]。特に、ジェイムズがイングランドに居を構えてからは、イングランドの宮廷においてパジェント文化の壮麗さがより一層増していく[171]。一六〇三年以前のスコットランドで行われた重要な儀礼は三つある[172]。一五七九年のジェイムズのエディンバラ市への入市式、一五九〇年のジェイムズの妻アナのスコットランド入市式、そして一五九四年のジェイムズの長子ヘンリ王子の洗礼式である。ここでは、一五七九年一〇月一九日に催されたジェイムズのエディンバラへの入市式について取り上げる。

デイヴィッド・クローファードの『スコットランドの行事に関する回顧録』では、当時の入市式が以下のように記されている。

城門には、ユダヤ人あるいはローマ風に装った多くの従者を従え、ソロモンが立ち、二人の女性が子供をめぐって論争している。陛下がウエスト・ボウと呼ばれる通りにさしかかると、磨かれた真鍮製の天体［地球儀］がぶら下がっている古い門のアーチから、キューピッドに扮した小さな男の子が機械［乗り物］に乗って降りてきた。そして、その男の子が、純度の高い銀で作られ、巧みに精製されたエディンバラ市の鍵を陛下に手渡した。この間、素晴らしい音楽が奏でられていた。陛下が、ハイストリートにあるトルブースまで到着すると、「平和」「豊穣」「正義」［に扮した人物］がギリシア語、ラテン語、スコットランド語で熱弁をふるって国王を迎えた。通りの反対の教会には「宗教」［に扮した人物］が立ち、ヘブライ語で陛下を迎えた。そして国王が教会に入ると、ロースン氏が改革教会を代表して博識のある講演を行った。陛下が、［教会から］出てくると、バッカス［に扮した人物］が、マーケットクロスの金箔で飾られた大樽の上に座り、大量のワインを配っていた。その間中、トランペットが鳴り響き、人々は「国王陛下万歳」と叫んでいた。東門では、陛下の生誕地が創設され、その上にファーガスから続くスコットランド王の家系図が掲げられていた。すべての窓には絵画や豪華なタペストリーが飾られ、通りは花々で散りばめられていた。陛下がホリルード宮殿に到着するまで、城からはずっと大砲が鳴り響いていた。[173]

ヨーロッパの入市式では通常、「忠誠の意思表示」「支配者の市の門への到着」「鍵の形式的な手渡し」が行われ、一五七九年のジェイムズのエディンバラの入市式でも、この伝統的な入市式の慣習を踏襲した。[174] またこの入市式では「活人画」「聖史劇」の上演などを取り入れて、当時の政治、経済、思想などの社会全体を表していた。

まず最初に、スコットランドの入市式で伝統的に使用される西門で、国王が町の代表者によって出迎えられる。そこには紫色のヴェルヴェットの天蓋がある。最初の「活人画」は、ここではソロモンの智恵である。正義の重要性を象徴するソロモンの智恵による判断の後、国王に剣と笏が与えられる。そしてキューピッドにより、町の鍵が形式的に国王に手渡される。これは国王と臣民との間に生じる相互的義務を表し、臣民の忠誠の意思表示を象徴している。街中では、キリスト教に関連した主題を取り入れ、聖書やギリシア神話の登場人物に扮した人たちが、パジェントを繰り広げる。これらの見世物により、臣民の側が中世の「君主の鑑」の伝統に即した様々な美徳の擬人像を用いて、国王が備えるべき道徳観について訓戒する。ジェイムズが町を行進すると、通りには「平和」「正義」「豊穣」「政治」という枢要徳の変容型としての四つの徳が表れ、それらは国王に必要な資質を象徴していた。中世に行われた入市式は、常にキリスト教に関連した主題を取り込み、聖アウグスティヌスから、ソールズベリのジョンやアクィナスの『君主政体論』などの「君主の鑑」の伝統を用い、キリスト教徒の理想的な支配者が備えるべき美徳が記されていたが、ジェイムズもこうした伝統に則った儀式を行ったのである。

またこの式では、教会と国王との関係も象徴的に示されていた。ジェイムズはエディンバラの町の聖職者ジェイムズ・ロースンの説教を聞き、そこでは国王と臣民の義務について訓戒された後、「詩篇」第二一篇が歌われた。そしてキャノン・クロスでは「教皇とミサを廃止するための簡潔な物語」と題するパジェントが繰り広げられた。[175] この時、一五六〇年の改革教会の成功を示すプロテスタント色の強いパジェントが催されたのである。かくして、一五七九年の入市式は、「君主の鑑」に特有な道徳的メッセージを織り交ぜた中世の入市式の伝統を継承しつつも、新たなプロテスタントのスコットランド教会の特徴も取り入れた見世物となった。そこには、従来の伝統のように、守るべき政治的規範や秩序、調和や平和への期待が込められていたのである。

ここで、ジェイムズが著作で描いた「神の代理人」という理想の君主像を理論のみならず、実践上においても強化することが可能であった瘰癧さわりを行わず、なぜパジェントの儀礼を盛大に行ったのか、ジェイムズにとって両者の相違とは何であったのかを考察する。

既に指摘したように、ジェイムズは青年に達してからスコットランドの長老派と緊張関係をもち、長老派教会に対して否定的な態度を示すが、同時にプロテスタントとして育ったため、おそらくジェイムズは、カトリック的なローマ教皇を頂点とした極端な偶像崇拝に対して否定的見解をもっていたと考えられる。またジェイムズは、神の代理人のような君主像を掲げていても、その理論から国王が実際に神のような神秘な力を保持するとは考えていなかったといえる。前節で考察したように、ジェイムズにとって、王権の神授的起源とは、あくまでも義務の観念を人々に植えつけるための手段であった。他国で見られた瘰癧さわりという慣行には常に国王権力と神の権力を同一視する傾向が見られたが、ジェイムズは王権の神授的起源から二つの権力を同一視せず、国王の神秘な力を示す儀式の必要性を感じていなかったといえよう。

他方、パジェントは国王の霊的神秘性を強調するものではなく、王権の壮麗さを誇示する役割、王権の正当性を強化する世俗的役割を主に担い、ジェイムズにとって有益であった。また、入市式は、国王側のみならず、今後国王として人民を統治する新たな統治者に対して国王と臣民との互恵的関係を国王に訓戒する役割もあり、また町の壮大さを顕示することも可能であったため、町側にとっても重要な儀式であった。従って、理論上での神聖な王権、あるいは強固な王権を象徴する儀礼と、実質的な神秘的な力を顕示する儀礼は、ジェイムズにとって明確に峻別された儀礼であったと考えられる。

さらに、隣国イングランドにおいて通常、儀礼を担当したのは国王宮廷の私室であった。[176] チューダー朝イングランドでは宮内庁の編成が行われ、宮廷の私室と寝室は閉ざされた空間となり、特に私室に優位的地位が与えられ、私室への出入りが制限されるようになった。[177]他方、スコットランドではその機能的背景は異なるが、伝統的にフランスのように私室が公開性をもち、貴族は比較的自由に国王に謁見できた。[178]しかし、スコットランドの宮廷や王室は、イングランドのようにそこに制限性をもたせて神秘な王権を象徴する意図はなく、むしろ国王と従者との気さくな交わりの場として認識されていたのである。[179]

かくして、ジェイムズは、作品や入市式という戦略でもって理論上では王権の神授的起源を説いて王権を強化したが、現実としては国王自身に神聖な神秘な力があることを示すことには難色を示していたのである。以上の考察を踏まえると、ジェイムズにとって「政治的身体」とは、神秘な儀礼に象徴される霊的権力を有する国王の身体を意味していなかった。むしろ、現実的には継続する「政治的身体」をもつ世俗的な国王と国家の一体を意味したといえよう。ジェイムズは、王権の神授的起源を主張するものの、国王自身を神秘化せず、世俗的方法を用いる儀礼によって王権を強化し、自らを頂点とする秩序観を組み立てたのである。従って、ジェイムズは、国王の身体そのものを神聖化することは避け、王権、すなわち公的国王の「政治的身体」に付随している国王の職位の神聖化に留まったと考えられる。ここに、ジェイムズと他の王権神授論者、そしてイングランドやフランスの王権の権力の伝達方法との相違が顕著となるのであった。

注

（1）中世における理想の君主像も「神の代理人」であった。Born 1928b: Erasmus 1936: 99–124.

（2）一六〇三年版では、聖書には「神の民を統治するために、その王位を最初に授与された神聖な王について記されている」と加筆され、その典拠は『旧約聖書』「申命記」第一七章「王に関する規定」である（B25）。

（3）ジェイムズの詩の中で王権の神授的起源について強調されることはない。しかし『神聖な作詩法についての見習いの小品集』では、君主をローマの軍神マールスとギリシアの神パラスにたとえている。James VI and I 2003: 21.

（4）*Letters of King James VI & I*: 82.

（5）イングランドのジョン・ヘイワードも『ロンドンにおける王位

継承に関する会談に対する返答』の中で同様な見解を示す。Hayward 1603: Cr.

（6）　フリッシュ 1972: 113-130. この論争は、教皇権対帝権との対立を中心とするが、教皇と帝国司教との対立、王と諸侯との対立をも含み、三重の論争であった。Figgis 1994: 38-65. 但し、フィギスの理論の中心は、一四世紀の教皇二二世とバイエルンのルイスとの間の闘争についてである。絶対主義形成期に至る神聖ローマ帝国とローマ教皇との間の権力争いや政治的関係については神寶 2002を参照。中世中期から一八～一九世紀までの君主制の発展については、ブルンナー 1974: 244-285を参照。

（7）　「シモニア」（聖職売買）は当初、司教による「司祭叙品の売買」を意味したが、一〇世紀頃には「教会の取引」を意味するようになり、やがて「司祭職の取引」へと転じ、一一世紀初頭には「司祭叙品の売買」「首都大司教による司教叙階の売買」「世俗君主による司教座と修道院の売買」というように様々な意味をもつようになる。いずれにせよ、俗人叙任がシモニアの源であった。フリッシュ 1972: 14-19. そしてシモニアが聖職者の風紀の乱脈（ニコライスム）の根源となり、教会の道徳的腐敗の原因となる。

（8）　中世後期に至るまで、王権の重要な宗教的根拠として聖書の章句が、法学者のみならず神学者によっても頻繁に引用された。代表的な章句が、ローマ皇帝への納税の可否についてのパリサイ派の問に対するキリストの答えを述べた「マタイによる福音書」第二二章「皇帝のものは皇帝に、神のものは神に返しなさい」などであった。神寶 2002: 180. 同箇所は「ルカによる福音書」第二〇～二五章にもある。フィギスは当時頻繁に引用された聖書の箇所として「サムエル記」「箴言」「ダニエル書」「ルカによる福音書」「ヨハネによる福音書」「ローマ信徒への手紙」「ペトロの手紙」を挙げる。Figgis 1994: 7-8.

（9）　Figgis 1994: 81-106. ヘンリ八世期の作品として挙げられているのは以下のとおり。Tyndalle, *The Obedience of a Christian Man*（1528）; Barnes, *Supplication to the Most Gracious Prince Henry VIII*（1534）; *Men's Constitutions Bind not the Conscience*（1534）; Gardiner, *On True Obedience*（1535）; *The Necessary Erudition of a Christian Man*（1543）. エドワード六世期の説教 *An Exhortation concerning Order and Obedience*（1547）やエリザベス期の説教 *Against Wilful Rebellion* もある。他には、クリストファー・セント・ジャーマンやジョン・ベイルの作品等もある。Baumer 1937.

（10）　エリザベスはボエティウスの作品『哲学の慰め』を翻訳しており、その作品は全ての秩序は神に由来するという内容を多く含んでいた。Sharpe 2000a: 127-150.

（11）　*Letters of Queen Elizabeth and King James VI of Scotland*: 27.

（12）　代表的な作品は以下。John Jewel, *Apology for the Church of England*（1562）; Thomas Bilson, *The True Difference betweene Christian Subiection and Vnchristian Rebellion*（1585）.

（13）　*Divine Right and Democracy*: 97.

（14）　*Correspondence of King James VI*: 27, 35.

（15）　Merbury 1581: 40, 43.

（16）　Sommerville 1983: 237.

（17）　Saravia 1593: 62.

（18）　Baldwin 1960; Tillyard 1959; Campbell 1972: 46-54, 74-83.

（19）　Straka 1962. アイルランドに関しては Ford 1999を参照。

（20）　ウルマンは、中世において主権理論が、フランス国王と神聖ローマ皇帝の課税権をめぐる論争から生じたことを示す。そしてそれが、教皇の地位を揺るがしていったと論ずる。Ullman 1949.

（21）　フランスにおける王権神授論については、Allen 1960: 367-393; Salmon 1991a を参照。チャーチは一六世紀後半のフランスにおいて王権の神授権から国王の神授権へと理論が移行したと指摘する。Church 1941: 243-271.

（22）　Allen 1960: 383.

（23） Bodin 1955 : 40.

（24） *Ibid.* : 35-36. チャーチは、ボダンの元々の思想には政治的権力の起源が神授性にではなく、自然や人間性を基盤として展開されていったが、ボダンに影響を受けた者たちと後の思想家たちがボダンの思想を歪曲して解釈して、そこから王権の神授的起源を強調していったと理解する。Church 1941 : 244, 247.

（25） Bodin 1955 : 12.

（26） モナルコマキ（暴君放伐）はウィリアム・バークレイによる造語であり、それはプロテスタントとカトリックのいずれの抵抗権論者に対しても用いられた。

（27） Brutus 1972 : 73（1998 : 40）.

（28） Ponet 1556 ; Goodman 1558.

（29） Lipsius 1594 : 18. ここでは、プラトンやカリマコス等が挙げられている。

（30） この作品の第八巻は、フッカーの死後、初めて出版された。彼のこの作品の各巻の作者について本人ではないという見解もあるが、ヒルにより当人の作品であると証明された。Hill 1971. Cf. Allen 1960 : 184. 最初の四巻は一五九四年に出版され、第五巻は一五九七年に出版された。第六巻から第八巻までは生前に書かれたもので、第六巻と第八巻は一六四八年に初版、第七巻は一六六二年に初版が出た。青柳 2007.

（31） Hooker 1989 : 140-145.

（32） Sommerville 1983 : 230-231.

（33） Smith 1982 : 53, 55.

（34） Kingdon 1991 : 195 ; バーク 1992 : 302. イタリア半島には共和制と君主政が共存していたため、政治システムは神の与えたものではなく、人間が創り変更しうると人々は通常認識していた。

（35） Burns 1996 : 39-75. 中世末期にアイルランドは『知恵の鑑』の第二巻の中で、国王を神の似姿と捉え、世襲君主制を支持するが、神のような権力を国王が有するとは主張していない。Burns 1996 : 19-39 ; Mapstone 1989. アイルランドとメイジャの哲学についてはBroadie 1990を参照。

（36） 'Letter of Barons of Scotland to Pope John XXII otherwise called the Declaration of Arbroath', *Scottish Hisotrical Documents* : 55-58. スコットランド中世後期における自由の観念についてはBarrow 1974を参照。

（37） Nicholson 1965.

（38） この作品はラテン語で書かれ、英訳版として*The Powers of the Crown in Scotland*, 1949 ; *The Art and Science of Government among the Scots*, 1964 ; *A Dialogue on the Law of Kingship among the Scots*, 2004があるが、本書では英訳版については、Early English Books 1641-1700（STC II）.（London, 1680）、ラテン語版についてはThe English Experience（1579）を用いる。

（39） Trevor-Roper 1966 ; Burns 1996 : 189-191 ; Buchanan 2004 : xxxiii-xxxvii.

（40） McFarlane 1981 : 392-394.

（41） Buchanan 1680 : 31 ; 1579 : 25.

（42） Buchanan 1680 : 22 ; 1579 : 18.

（43） Buchanan 1680 : 19 ; 1579 : 15.

（44） Buchanan 1680 : 106 ; 1579 : 80.

（45） Buchanan 1680 : 92 ; 1579 : 71.

（46） Buchanan 1680 : 158.

（47） 北方人文主義は「キリスト教的人文主義」とも呼ばれている。しかし、スキナーは当時の人文主義者たちはマキァヴェッリを除いて明らかにキリスト教徒であったため、このような呼称は適切ではないと指摘する。Skinner 1978 : i, 232. 本書ではキリスト教的人文主義のかわりに北方人文主義を用いる。キリスト教的人文主義については以下を参照。Hale 2000 : 226-231 ; Dickens 1977 : 140 ; Todd 1987.

（48） Erasmus 1997 : 23-24.

(49)「申命記」第一七章「王に関する規定」を参照。エラスムスは、同書に依拠して明君を描いた。*Ibid.*: 31.

(50) *Ibid.*: 36.

(51) *Ibid.*: 53.

(52) Burns 1993; Burns 1996: 185-221; Allen 1960: 377-378, 386-393. ブラックウッドは『宗教の結束について』の中では曖昧に王権神授論を展開したが、『ジョージ・ブキャナンの対話に関する反論、王権に対する弁護』では王権神授論を熱心に唱導する。

(53) モンテーニュ 2003: 126.

(54) Mason 1998b. ノックスの三大政治作品ではサムエルやサウルに言及して王権の神授的起源について示されていない。

(55) MacDonald 1998.

(56) ここで参照した史料は以下のとおり。*Three Scottish Reformers*; *The Maitland Folio Manascript*; *Delitae Poetarum Scotorum*; Buchanan 1995; '*Stephaniskion ad Scotiae Regem Habitum in Coronatione Reginae*' (Edinburgh, 1590) in *Papers Relative to the Marriage of King James the Sixth of Scotland*; Hume 1639 '*De Iacobo Sexto Scotorum Rege adhus Puero, Expectatio*.'

(57) Lauder 1869: 3.

(58) Craig 1695: 255.

(59) *Ibid.*: 227.

(60) *Ibid.*: 239.

(61) この作品は一七世紀初頭にラテン語で書かれたが、一八世紀初頭まで英語で出版されなかった。

(62) Craig 1703: 6. ここでは「士師記」に依拠する。他にも、王権神授の主張は、本書の多くの箇所で見られる。例えば、ドルマンの人民に起源を持つ王権論に反論するため、クレイグは神授論を主張する。*Ibid.*: 123. クレイグはここでサウルやデイヴィッドについて言及する。*Ibid.*: 146, 187.

(63) Craig 1703: 10.

(64) *Ibid.*: 29-70.

(65) Cathcart 2006.

(66) Figgis 1994: 137-138.

(67) Mason 1998a: 187-214. 実際、ジェイムズはブキャナンを恐れ、自らが五〇歳を過ぎてもなおブキャナンの悪夢でうなされていた。*Letters of King James VI & I*: 42.

(68) Brutus 1972: 5.

(69) Skinner 1978: ii, 301. Cf.: 343, n. 1.

(70) 小林 2002a.

(71) Buchanan 1995: 160.

(72) Williamson 1996a: 33; Wormald 1991a: 46.

(73) Mason 1998a: 215-241; James VI & I 1982: 193. 一方で、レイクはジェイムズの著作『自由なる君主政の真の法』とイエズス会士ロバート・パーソンズの著作『イングランド王位の次期継承に関する会談』との関連について指摘する。Lake 2004.

(74) Major 1892: 213-215.

(75) Lauder 1869: 7-8.

(76) Mason 1998c; Dawson 1991; Dawson 1998; Kingdon 1991.

(77) ホウムズは本作品の作者について、パーソンズ一人であると論ずる。Holmes 1980.

(78) Lynch 1992: 228.

(79) ノックスとは異なり、メルヴィルにはメルヴィル派と呼ばれる支持者が多かったと指摘されることがあるが、一五七〇~八〇年代にメルヴィル派として知られている者たちは、実は、ジェイムズの教師ブキャナンが一五六〇年代にセント・アンドルーズ大学で教えた学生たちであった。Lynch 1992: 201.

(80) 一五九九年版では「彼らの中には」(some of them)と、批判される長老派が限定されているが、一六〇三年版では、長老派全体が「狂信的な精神」をもっと非難されている(B79)。

(81) Mason 1998a: 198-202; Sommerville 1991: 58.

(82)『規律　第二の書』1994: 471–474. 教会の司法権と国の司法権との明確な区別が明示されている。
(83) Melville 1829: 245.
(84) このようなメルヴィルの主張は当時の聖職者全てに共有されていたわけではなく、スコットランド教会内に監督制を認めるセント・アンドルーズ主教のパトリック・アダムスンは、メルヴィルの主張に異論を唱えていた。Adamson 1585; Adamson 1598.
(85) Lee 1974.
(86) B74.
(87) Adamson 1598: Br.
(88) Adamson 1585: A iiir.
(89) *Ibid.*: Cr–v.
(90) Williamson 1979: 95.
(91) 一方、イングランド王位を継承したエリザベス自身は、自分の継承者については指名しないまま一六〇三年に死去した。しかし下記の文献では、エリザベスが死ぬ間際にジェイムズを後継者として指名したと記されているが、その典拠は不明である。Akrigg 1962: 1.
(92) 第3章第4節で詳細に検討するが、二つの制定法とは一五三四年の「第一王位継承法」および一五七一年の「大逆罪法」である。
(93) 王位継承者候補として、アラベラ・ステュアートがいた。彼女は、ヘンリ七世の長女マーガレットの二回目の結婚相手であるアンガス伯との間に生まれた娘であり、マーガレットは最初ジェイムズ四世と結婚していたため、そこからアラベラの王位継承権が生じた。エリザベス女王が一五六二年に天然痘にかかり危険な状態に陥った際、枢密院が次期継承者について話し合ったが、意見の不一致に終わった。その時はジェーン・グレイ等の名が挙がった。ニール 1975: 1, 114–115.
(94) Doleman 1594: 1.
(95) *Letters of King James VI & I*: 200–202.
(96) Mason 1998a: 224–225.
(97) 第二巻は主に国王の職務に必要な統治術や資質について、第三巻は国王の振舞いについて記されており、本書では、それぞれ第4章、第5章で取り扱う。
(98) Erasmus 1997: 18.
(99) 同じような奉仕の二分法は、リプシウスの作品にも見出せる。リプシウスによると、内面的奉仕とは神への心からの祈りを指し、外面的奉仕とは儀式や振舞いを指す。Lipsius 1594: 4.
(100) 預言者たちの書物とは、イザヤ、エレミア、エゼキエル、ダニエル、アモス、ホセア、ミカ、ハガイ、ゼカリア、マラキの書物である。
(101) ジェイムズは同箇所で「創世記」「出エジプト記」「ヨシュア記」「士師記」「ヨブ記」「エステル記」を列挙し、特に「列王記」と「歴代誌」を薦める。但し、一六〇三年版では「創世記」「出エジプト記」には言及せずに、新たに「箴言」「伝道の書」「エズラ記」「ネヘミア記」を加えている。これらの書物はどれも『旧約聖書』に収められている（B35）。
(102)「アポクリファ」は、ユダヤ人の聖書には含まれてはいないが、もともとはユダヤ教の宗教的文書である。それは、「外典」を意味し、プロテスタントが『旧約聖書』から除いた「旧約聖書外典［続編］一四篇」を指し、カトリック教会では「第二正典」と呼ばれる。
(103) James VI and I 1982: 50.
(104) *Ibid.*: 28.
(105)「規律　第二の書（一五七八年）」1994.
(106) フィチーノは「ダヴィデの詩篇」第一八篇を（現行邦訳聖書では第一九篇）占星術的音楽として薦める。ウォーカー 2004: 33.
(107) 長老派は『ジュネーブ礼拝規程書』を用いていた。一五六一年に出された『規律の書』では、教会の教会行政と規律が規定されたが、一部の貴族からのみ承認を得て、スコットランド議会の承認を得ることはなかった。富田 1995.

(108) Burns 1996 : 243.

(109) James VI 1588 : B3r-v. 千年王国論については岩井 1995を参照。

(110) スコットランド教会では一五九二年に長老派体制が正式に認められて以降、主教職が徐々に消えていったが、一六一〇年のこの制定法により主教職が正式に復活した。'1610 Acts of General Assembly at Glasgow,' *Scottish Historical Documents* : 176-177.

(111) '1618 Five Articles of Perth,' *Scottish Historical Documents* : 184-185 ; Donaldson 1965 : 209 ; Cowan 1967.

(112) 宗教に関する書物として他には以下のものがある。『三つの結び目の三つのくさび』（通常、『忠誠の宣誓に関する弁明』として知られている）『マタイによる福音書に関する註解』『作品集』に収められている『ヨハネの黙示録に関するパラフレーズ』。

(113) Wormald 1991a : 49.

(114) ジェイムズが引用した聖書の八つの箇所はそれぞれ順に Psal. 101 ; Psal. 101 : 2. King. 18 : 2. Chron. 29 : 2. King 22-23 : 2. Chron. 34-35 ; Psal. 72 ; 1. King 3 ; Rom. 13 : 1. Sam. 8 ; Ierem. 29である。

(115) ブルンナー 1974 : 252.

(116) Bodin 1955 : 12-13 ; Erasmus 1997 : 17, 39. 他には Craig 1703 : 15を参照。

(117) Erasmus 1997 : 15. 君主の義務については38, 50を参照。

(118) 実践的なアドヴァイスは中世スコットランドの作品にも特徴的であった。Mapstone 1986.

(119) Skinner 1978 : i, 123.

(120) 例えば、エリザベス期の一五七〇年の説教『不服従と故意の反乱に対する説教』は、「ローマ信徒への手紙」第一三章を挙げる。*Divine Right and Democracy* : 96. 他方、フィルマーは臣民の服従を正当化するため、「マタイ伝」を引用する。Filmer 1991 : 4.

(121) T69-70.

(122) Brutus 1972 : 173 (1998 : 153)

(123) Brutus 1972 : 173-174 (1998 : 154-155)

(124) Craig 1703 : 170.

(125) T75.

(126) Schochet 1969 : 428.

(127) 一七世紀イングランドでは、ヘブライ語によるアダムに関する言説が強い影響力をもっていた。Katz 1981. 一方、一六世紀前半のイングランドでは父権論はさほど流布していなかったと論じる研究もある。Schochet 1969 ; Schochet 1988 : 37-53.

(128) Filmer 1991 : 11. 他方で、フィルマーの理論はアダムの直系として国王に権力を与えるものではなく、国王に対する人民の服従を正当化する意味があったとも指摘されている。Greenleaf 1964 : 86.

(129) Skinner 1978 : ii, 193-194.

(130) ブルンナー 1974 : 252.

(131) Bodin 1955 : 40.

(132) *Ibid.* : 21.

(133) *Ibid.* : 68.

(134) *Divine Right and Democracy* : 94-95.

(135) Hayward 1603 : Liii. v.

(136) Merbury 1581 : 41, 44.

(137) 終章で指摘するが、一六〇三年以降のイングランド議会における言説で、ジェイムズは当時の絶対王政を支持する観念同様に、王権の神授的起源から国王権力を結びつけて主張している。

(138) エラスムスはこの箇所を暴君の例として挙げている。Erasmus 1997 : 30. 一方、先述したように『僭主に対するウィンディキアエ』では、同箇所が、人民が国王権力を制限するための根拠となる。Brutus 1972 : 172-174 (1998 : 152-155).

(139) *Divine Right and Democracy* : 97.

(140) Filmer 1991 : 35.

(141) Church 1941 : 270-271.

(142) Burgess 1996 : 91-123 ; Sommerville 1991 : 58.

(143) Allen 1960 : 367-444. 彼らの王権神授論は若干異なる。例えば、バークレイは、人定法が国王選定の方法を決定するが、一度、選定されると神聖な権力が国王に与えられることになると主張した。

(144) トロイマン 1976.

(145) ジェイムズはおそらく大陸出身の宮廷人を通じて絶対王政を支持する観念に接したと考えられる。中でも、バーンズは、ブラックウッドの『ジョージ・ブキャナンの対話に関する反論、王権に対する弁護』がジェイムズの議論に影響を及ぼしたであろうと指摘する。Burns 1996 : 232.

(146) Mason 1998a : 227.

(147) 「存在の大連鎖」とは、全ての実在が完全さの秩序に従って連なる階層を意味し、それはディダクス・ヴァラデスの『キリスト教的修辞学』の挿絵「自然の階梯」に示されている。Lovejoy 1936. グリーンリーフによると、ジェイムズの秩序観は「存在の大いなる連鎖」に表されている小宇宙観を意味し、伝統的な秩序観に属する。Greenleaf 1964 ; Daly 1979 ; Kelley 1993 : 49-50 ; Eccelshall 1978 : 5.

(148) Collins 1989 : 16.

(149) 黄金の壺を見せるという誘いにのり、ついていったジェイムズが城の小塔でリヴェンに殺害されそうになったとして、謀反の罪でその場でリヴェン兄弟を国王側が殺害したとされる事件である。Lynch 1992 : 232-234. この事件の後、自らの主張の正当性を主張するためにジェイムズは小論文『ガウリ伯の陰謀』を出す。他方、ジェイムズはリヴェン家に多額の借金があったため、その関連で生じた事件とも指摘されている。Arbuckle 1957a ; Arbuckle 1957b ; Davies 2011.

(150) Alexander 1600 : 6.

(151) Kantorowicz 1955 ; Kantorowicz 1957. カントーロヴィチによると、「王の二つの身体」の政治神学的理論はチューダー期に成立し、王の身体が王権の象徴としてその重要性を高めていった。岡本 1997 : 3.

(152) Anglo 1977b : 156-181.

(153) ラムスは論理科学の改善を目指して、アリストテレス主義の学者を激怒させたため、ラムスの著作は焚書になった。ラムスは一五七二年のサン・バルテルミの虐殺で死を遂げた。

(154) Williamson 1979 : 88.

(155) 井内 1997 : 16.

(156) 人、ものの神聖視、賛美を意味する。

(157) Monod 1999. モナドは、儀式や王権のイメージに焦点を当て、これらの神聖な信条が、国が自ら機能するまで人々を強制的に拘束するカリスマ的な基盤を与えたため、国家権力を正当化するために重要であったと論ずる。Cannadine & Price 1987 : Introduction.

(158) 国家儀礼には、聖別戴冠式、即位式、入市式、行幸、触手儀礼・埋葬儀礼（霊廟の建立・パンフレットによる国王の肖像の流布）、正義の寝台（親裁座）などが含まれる。

(159) スペクタクルの表象には、パジェント、詩、肖像画、馬上槍試合、馬上武術試合、騎馬パレード、バレエ、祝祭などが含まれる。

(160) 宮廷内で行われる日常的儀礼を指す。イングランドでは、宮内府の再編成が行われ、宮廷儀礼の体系化、宮廷社会の構造的意味、宮廷の私室の役割が高まる。Starkey 1987 ; 井内 1997 : 18-27 ; 井内 2006 : 202-231 ; 仲丸 2011.

(161) Giesey 1987. フランスの儀礼については以下を参照。石井 1991 ; 石井 2002 ; 二宮 1990 ; 今村 2004.

(162) ブロック 1998 ; ホカート 1986 : 44-60. 王のさわりという瘰癧治療だけでなく、特別の儀式の際に王によって聖別化された指輪、すなわち、しめつけ指輪（クランプ・リング）を身につけることにより、癲癇、痙攣、リウマチ、筋肉の痙攣などの関連した病気が治癒できると信じられ、チューダー・メアリ女王がその慣習を行っていた。Thomas 1971: 199 (1993: 上, 291).

(163) ブロック 1998: 20-46.

(164) 当時、シェイクスピアが『マクベス』の中で瘰癧について記しているのは、この慣行がイングランドで流行していた表れといえる。シェイクスピア 1997: 110-111.

(165) 歴史家マコーレイによると、ステュアート王家の瘰癧の儀式は人気があったと指摘されている。ホカート 1986: 52.

(166) 実際、彼らは、祝日を遵守して祝いの行事を行った国王を抗議していた。Mill 1927: 109-111.

(167) Crawford 1977: 82; ブロック 1998: 368; Thomas 1971: 192-204 (1993: 上, 281-299); Monod 1999: 68.

(168) ブロック 1998: 373.

(169) *Ibid.*: 261.

(170) Stevenson 1997b; Lynch 1990; Gray 1998; MacDonald 1991を参照。中世から宗教改革後のスコットランドのパジェントに関しては Mill 1927; Fradenburg 1991を参照。エリザベス期のパジェントについては Geertz 1983; King 1995; 菅原 2001; Fujita 1982を参照。国王側の権力の顕示のためのパジェントの操作については Smuts 1989; Young 1987を参照。

(171) Bergeron 1971; Orgel 1975; Strong 1998: iii, 133-154; Akrigg 1962.

(172) Lynch 2000a. 他には、ジェイムズの洗礼式や結婚式などがある。

(173) Crawfurd 1753: 318-319. Cf. Colville 1825: 178-179.

(174) ストロング 1987: 上, 20-41; Mill 1927: 79-85. 他方で、イングランドにおいてルネサンス風の堂々たる入市式は、一六〇四年のジェイムズ一世のための式典で初めて行われた。

(175) Gray 1998: 28.

(176) 有路 2005.

(177) Starkey 1987: 4. しかしチューダー朝でもサマーセット公の時代など私室が必ずしも制限されていたわけではない。

(178) Stevenson 1997a: 131. 一六〇三年以降のイングランドにおけるジェイムズ統治下では、政治がイングランドの伝統的な枢密院という限られたエリート層よりも、また寝室よりも優位性を保っていた私室よりも、寝室内での寵臣によって影響受けるようになった。

(179) Cuddy 1987: 179.

第3章　征服による世俗的王権
——領主としての王——

第2章で考察したように、ジェイムズは著作の中で、主に聖書に依拠して王権の神授的起源を正当化し、神聖な君主像を掲げた。ジェイムズが主張した王権の神授的起源は、一六世紀ヨーロッパの知的伝統として共有されていたが、同時にそこにはジェイムズ独特の君主像が見出されることを論じた。他方、ジェイムズはこの神聖な王権の起源とは対照的に、『自由なる君主政の真の法』の中でもう一つの王権の起源、すなわち征服論について提示する。それはスコットランドの歴史観に基づいた世俗的な王権の起源であった。一六世紀スコットランドの年代記、あるいは歴史叙述では、「ガタラス・スコタ神話」と「ファーガス神話」について記されていた。しかし、ジェイムズのこの神話に対する解釈は、他の作品と比べると独特なものであった(1)。本章では、ジェイムズが主張した世俗的王権の起源と、そこから導かれる王権の属性に着目し、ここで描かれている理想の君主像の一つである「領主としての王」について考察する。そして第2章と第3章の対照的な王権の起源から描かれた二つの君主像の整合性について検討する。

1　スコットランドの建国神話

(1) ファーガス王の征服

ジェイムズが世俗的王権の起源を提示した背景についてもう一度詳細に見てみよう。第2章第3節で指摘したように、ジェイムズは『自由なる君主政の真の法』の中で、聖書に依拠して神聖な王に対する臣民の服従論を正当化し、さらにその服従論を基本法の観点からも補強しようと試みた。王国の基本法の成立過程を示す際に、ジェイムズはこれまでの王権の神授的起源とは異なり、スコットランドの歴史に依拠してアイルランド出身のファーガスがスコットランドを征服してスコットランドの最初の王権を確立したと、世俗的王権の起源を以下のように主張した。

我々の年代記が示すように……野蛮で文明を有していない人々がわずかに居住している所に……我々の最初の国王ファーガスが、我々が居住するはるか昔に、多くの家臣を伴いアイルランドから上陸した。そして、ファーガス自らがこの国の領主となり、友好によって、そして彼と共にやってきたアイルランド人たちの武力によって、この国の者たちは、ファーガスに進んで屈し、ファーガス自らが全領土およびそこに居住する者たち全員の国王且つ領主となった（T70）。

こうした世俗的根拠から、ジェイムズはスコットランドを征服したファーガスを「土地全体における領主」と位置づけ、もう一つのスコットランドの王権の始まりを示したのである。

ここで第一に留意すべき点は、ジェイムズの『自由なる君主政の真の法』の中では、神授的、そして世俗的という二つの王権の起源が提示されているが、二つの整合性については一切触れられていないことである。さらに、ジェイムズの同作品によると、聖書に記されている内容を国王が自らの義務として戴冠式において宣誓し、それが王国の基本法となったことになる。しかし、そうした主張とは異なり、同作品に記されているファーガス征服論に後続する内容には、最初の国王ファーガスとその子孫が王国の基本法を作成したと記述されている。ファーガスが聖書の内容を宣誓し、それに基づき基本法が作成されたのか、聖書とは関係なくファーガス自身が基本法を作成したのか、聖書・戴冠式・基本法の相関関係についてジェイムズの主張は不明確であり、聖書に記されている国王の義務と世俗的王権の確立との関連については言及されていない。しかも、ジェイムズは他の著作『バシリコン・ドーロン』の中では、スコットランドの歴史観に依拠してファーガス王について一度も触れることはない。王権の神授的起源および世俗的起源という、一見相反する二つの王権の起源について留意しつつ、ここではその整合性はひとまず置いておき、ジェイムズが主張する征服に起源をもつ王権論についてさらに論を進めることにする。

第二に注目すべき点は、ジェイムズはファーガスの征服の証拠としてスコットランドの年代記を指摘するものの、その典拠を明らかにしていない。中世スコットランドに作成されたアバディーンの特別礼拝堂司祭のジョン・オヴ・フォーダンの『スコットランド人の年代記』（一三六三？年）に引き続き、一六世紀スコットランドでは、アバディーン大学キングズ・コレッジ初代学長ヘクター・ボゥイースの『スコットランド人の歴史』（一五二七年）、メイジャの『大ブリテン史』（一五二一年）、カトリック聖職者のジョン・レズリの『スコットランドの歴史』（一五七八年）、ピトスコッティのロバート・リンジィの『スコットランド年代記』など多くの年代記や歴史叙述の作品が出版された[2]。但し、ジェイムズはブキャナンの『スコットランド史』とノックスの『スコットランド宗教改革史』について「不名誉な侮辱的言辞」（B148）を含んでいると酷評しているため[3]、彼らの作品を指してはいない。

いずれにせよ、これらの年代記に共通する点は、ジェイムズだけではなく、スコットランドのルネサンス期の歴史著述家の多くがファーガス王にスコットランドの最初の王権の確立を見出している点である。[4] しかし、それはジェイムズのような征服を意味するわけではなかった。彼らの多くはむしろそこに、スコットランド王国の人民、あるいは共同体による王権確立という国王と人民の契約の始まり、すなわち制限的王権の起源を見出したのである。ここでは、代表的なスコットランドの作品を考察し、ジェイムズの王権の世俗的起源の主張が、スコットランドの伝統の中で独特であった点を示したい。

(2) ファーガス王と人民との契約

国王と人民の契約の始まりに王権確立の起源を見出した典型的な例は、メイジャの『大ブリテン史』に確認できる。[5] メイジャは、アイルランドから来たファーガスが人民により王に選定され、「自由なる人々が最初の国王に権威を授与したため、国王の権力は人民全体に依拠する」として、人民によるスコットランド王権の始まりを明示し、国王権力の源泉を人民に帰属させた。[6] 従って、国王権力は、常に人民によって制限されることとなる。また、この契約論には、国王が暴君に陥った場合、王権の諸権利が人民に返還され、人民が国王に抵抗することを可能とする抵抗権論も含まれていた。[7]

同様な主張は、ブキャナンの『スコットランド史』の中で詳細に記されている。ブキャナンによると、アイルランドのファーガスがスコットランドに上陸して、彼の「知恵と行動により、人民の全集会で国王として任命され、必要とあれば軍隊を整え、戦いに軍隊を導くよう命を受けた」のである。[8] そこからブキャナンは、スコットランドの最初の君主政は人民の選定に基づいていると主張した。

さらに、彼は他の著作『スコットランド人の王権法に関する対話』の中でも同じ立場をより明確にする。ブキャナンが始原状態を想定して、理性を吹き込まれた人間が自然と社会を形成し、人間同士の不和を回避するために人民が社会の中から血筋ではなく、有徳な人物を国王として選定すると主張したことについては第2章第1節で既に考察した。さらにブキャナンは、自らの主張を補強するためにケルト社会の習慣とされる族長後継者選定制を取り上げ、「古来のスコット人」は氏族の「首長たちを選定し、［その首長たちを］長老からなるカウンシルと連携させている。もし、首長たちがこのカウンシルに従わない場合には、その職位は没収される」[9]と記す。人民に選ばれた国王が自らの義務を誓約することにより、国王は初めて人民からあらゆる特権も与えられることとなる。人民は国王が自らの任務を遂行する限り、国王に服従する義務を負う。ここに「国王と人民との間の相互契約」[10]が成立するのであった。もし国王が任務を遂行しない場合、人民が国王を交代させる権利をもつ。従って、ブキャナンにとっても初代の国王ファーガスは、人民と国王の契約論の契機となる存在であった。このブキャナンの歴史観から、伝統的に自由と独立を享受してきたスコットランド像が創られ、これが一七世紀後半以降、「ホイッグ史観」に影響を与え、ホイッグ派で歴史家でもあるジョージ・リドパスなどの一八世紀スコットランド史の歴史家にも継承され、当時のナショナル・アイデンティティ形成に寄与したと理解されている。[11]

一方、ボゥイースの『スコットランド人の歴史』によると、アイルランドの国王ファハーは、敵軍に悩まされていたアルビオン王国[12]のスコット人を支援するために、息子のファーガスを軍と共にアルビオンに派兵し、ファーガスが勝利を収めた後、ファーガスが「高貴な血筋や他の卓越した有徳さゆえに」スコット人によりアルビオンの国王として選定された。[13]ここでもファーガスはジェイムズのような征服ではなく、人民によって選ばれた結果、スコットランド初代国王の地位を獲得したことになる。[14]

レズリも同様に、『スコットランドの歴史』の中で、スコットランドの初代国王ファーガスの擁立過程について言及する。レズリによると、アルビオンでピクト人がスコット人を悩ましていたとき、アイルランドの王が「彼ら［スコット人］の国や同胞からピクト人による被害や不誠実な対応について不満を聞き」、息子のファーガスをアルビオンに派兵した。戦術に長け、思慮深いファーガスは乱軍を鎮圧し、氏族により「選ばれた国王」となったのである。[15] ここでもファーガスは征服者ではなく、スコットランドの人民に選ばれた国王であり、国王と人民との間の契約的要素が成立するのであった。レズリは、イングランドに幽閉されていたスコットランドの前女王メアリの特使という役割を担い、自身もイングランドで拘束されていた間に、この『スコットランドの歴史』を書き、メアリに捧げた。

(3) ガタラス・スコタ神話

これまでスコットランドの建国神話に登場するファーガスの初代国王の確立を見てきたが、それ以前の建国に関わる神話として、エジプト王の娘スコタとギリシア王家の血をひくガタラスの「ガタラス・スコタ神話」も存在した。この神話は、フォーダンの『スコットランド人の年代記』の中で詳細に記されているものであった。[16] この神話によると、アテネ出身のギリシア人であるガタラスが、自らの悪行により国外追放の身分に処せられたのか、あるいは同盟国として支援することになったのか定かではないが、モーセがいた時期にエジプトのファラオに仕えることになる。ガタラスはファラオの敵を破り、王から寵愛を受け、エジプト軍の総督にまでなった。同時に、彼はファラオの娘スコタと結婚した。それから数年後については、エジプトが疫病に見舞われた際、あるいはファラオの政権が崩壊した際、または紅海でファラオが溺死した際、という曖昧で幾つかの記述が見られるが、いずれにせよガタラスとスコタの二人は、自身の子供たちと共に新たに平和な地を求めてエジプトを去る。その後、ガタラス一家はスペイン南部のガルシアに定住し、自分たちと共に来た人々と現地の人々をスコタにあやかってスコット人と名づける。後に、二人の子供たち、ヒベルとヒメクスがアイルランドに移住し、彼らの子孫が対極に位置する島の北部、後のスコットランドに渡った。かの地をスコタに由来してスコット人の王国と名づけた。このようにスコットランドの民族の起源、そして王国の名の由来を示しているのが「ガタラス・スコタ神話」であった。フォーダンの年代記には、他の作者同様に、「ガタラス・スコタ」の後、ヒベルの子孫にあたるアイルランド王ファハーの息子ファーガスが、ピクト人と戦っていたスコット人を支援するために現スコットランドに派遣され、スコットランド王国の最初の国王となったと記されているが、ファーガスがどのような経緯で王位に就いたのか、つまり人民による選定なのか、征服によるものなのかについては記述されていない[17]。

　こうしたスコットランドの民族の起源を示す神話は、聖サーフ小修道院長アンドルー・ウィントンの『真の年代記』（一四〇〇?年）、そしてフォーダンの作品の続編を書いたインチカム大修道院長ウォルタ・バウアの『スコットランド人の年代記』（一四三七?年）などの他の年代記にも共通して描かれていた内容である[18]。

図3－1　スコットランドの建国神話のスコタ

出所：Jenny Wormald, ed., *Scotland Revisited*, London, 1991, p. 58.

　この「ガタラス・スコタ神話」は、中世に生じた対イングランドとの独立戦争の際に顕著に見られたイングランド側の主張である「ブルータス伝説[19]」に対抗する神話となった。「ブルータス伝説」とは、一二世紀のジェフリー・オヴ・モンマスの『ブリタニア列王史』に記されているブリテンの建国神話である。それはトロイア戦争の敗北から逃れ、後にローマを建国したアイネイアースの曾孫にあたるブルータスが、ブリテン島に渡り、ブリトン人の始祖となり、彼の三人の息子、すなわち長男ロクリヌス、次男アルバナクトゥス、そして三男カンバァに、ブリテン島の領土を分配し、これらの領土が後のイングランド、スコットランド、ウェールズとなったという説である。中世のイングランド王エドワード一世の時代から一六世紀に至るまで、イングランドはこの「ブルータス伝説」の長男ロクリヌスの長子相続を根拠に、スコットランドを含めたブリテン島全体に対するイングランドの宗主権を正当化した。そしてこのモンマスの『ブリタニア列王史』に依拠した多くのイングランド史が執筆されたのである。[20] 従って、「ガタラス・スコタ神話」は、スコットランド人にとって、イングランドのスコットランドに対する宗主権を退けるのに格好の神話となったのである。

他方で、近年の諸研究では、「ブルータス伝説」に対抗するスコットランドのガタラス神話の位置づけに疑問を呈する解釈もある。W・ファーガスンによると、中世初期のスコットランド人が、「ブルータス伝説」に反駁するために、スコタ神話を用いたかどうかは不確かであるが、一二～一三世紀に彼らが自らの民族起源や土地所有の権利について非常に関心をもっていたことは明白であった。[21] そうした見解を擁護するかのように、S・ボードマンは、フォーダン、ウィントン、バウアの年代記には反イングランド、あるいはイングランドに対する敵意が含まれていたわけではないと指摘する。[22] それに対し、D・ブルンは、反イングランドというよりは、アイルランド文化から強い影響を受けたスコットランドという認識を改め、スコットランド独自の文化認識を確立するために、当時スコットランドの年代記が出版されたと論じている。[23]

興味深いことに、このブルータスの伝説についてジェイムズは、一六〇三年に再版された『バシリコン・ドーロン』の中で触れている。彼によると、ブルータスの三人の息子の間で王国を分割したことは、分裂や不和を生み出した。そこで、ジェイムズは一人の国王がブリテン島を統治すべきであると結論づけた。[24] もちろん、ジェイムズが一六〇三年版の作品に新たにブルータスの話をもち出して、一人の国王にのみ統治を委ねることが良いとしたのは、その伝説を擁護していたというよりは、自らがスコットランドのみならずイングランド、アイルランドも支配するブリテン唯一の国王であることを示すためであり、自らの境遇に神話を利用しようとしたといえる。

一六世紀に書かれたスコットランドの年代記は、先のフォーダンの年代記に描かれていた「ガタラス・スコタ神話」に強い影響を受けていた。例えば、ボゥイースの『スコットランド人の歴史』によると、[25]エジプトを去ったガタラスとスコタが、スペインに定住し、ブラガンザという町を建設し、妻スコタにあやかって人々をスコット人と名づけた。その後、ガタラスとスコタの二人の息子、ヒベルとヒメクスがアイルランドを占領し、やがて彼らの子孫がスコットランドに渡った。ボゥイースはこの作品をスコットランド王ジェイムズ五世に謹呈し、国王から報酬を得ている。

ボゥイースが援用した「ガタラス・スコタ神話」は、他のスコットランド史の中でも積極的に用いられた。レズリも『スコットランドの歴史』の中で、「ガタラス・スコタ」に依拠して、モーセの時代にガタラスとスコタがポルトガルにたどり着いた後、スペインに定住し、後に彼らの息子たちがアイルランドに渡ったと記している。[26]そして、レズリは、ブリテンの始祖がトロイア人にあるというイングランドの伝説を否定し、逆に、ブリトン人がカエサルによる征服で悩まされているとき、ピクト人とスコット人がブリトン人らを支援したと主張した。

この「ガタラス・スコタ神話」は、他国の建国神話がそうであったように、スコットランドにおいても詩の題材として用いられた。メルヴィルは年代記を書かなかったが、「ガタラス」と題される長編の散文を書き、他の年代記同様に、ガタラスとスコタの子孫がイベリア半島からアイルランドを経由して、後にファーガスが初代国王としてスコットランドを建国したことについて描写した。[27]しかし、この詩の中ではどのようにしてファーガスが最初の王権を確立したかについては言及されていない。[28]同様な題材は、メルヴィルがスコットランド王ジェイムズ六世の長子ヘンリ生誕の祝賀の際に書いた詩「ブリテンのスコットランド人君主の生誕について」の中でも見出される。[29]メルヴィルがこの神話をどの程度、歴史的事実として受容していたかは定かではないが、ガタラス神話を詩の題材として用いた背景には、イングランドとスペインという当時の対立する二つの軸の中で、ローマ教皇やスペインなどのカトリック勢力に対抗する見解を示すために、スコットランド独自の建国の歴史を強調する意図があったといえよう。従って、メルヴィルはむしろ自らの政治的態度を示すためにこの詩の題材を選んだと考えられる[30]。

歴史叙述の中で「ガタラス・スコタ神話」を用いた意図がいかなるものであったとしても、この神話は、当時、政治的な重要性を帯びていた。第一に、この神話は、スコットランドと聖書との関連性をもたせることを可能にした。というのは「ガタラス・スコタ神話」を通じてエジプトのファラオやモーセとの接点が生じたからである[31]。建国起源の神話と聖書とのつながりをもつことは、キリスト教文化圏においては非常に重要な意味をもっていた。例えば、先述したイングランドの建国神話「ブルータス伝説」のブルータスは、ヤフェトの息子でノアの孫にあたるサモセスを始祖とする系譜とされていた[32]。スコットランドの神話では、単に、モーセとの接点を見出すだけでなく、「出エジプト記」を参照して、エジプトからスペイン経由でアイルランドに渡る記述を用いて、スコットランド人は選ばれた民であるということを暗に示そうとしていたとも考えられる[33]。

第二に、先述したように、「ガタラス・スコタ神話」は、イングランドのスコットランドに対する宗主権を正当化するために用いられた「ブルータス伝説」に対抗することを可能とし、スコットランドの独立を正当化する建国神話ともなった[34]。第1章で先述したように、一五四〇年代にイングランド王ヘンリ八世は、イングランド主導のブリテン統合を構想して、息子のエドワードとスコットランドのメアリ女王を政略結婚させようとしたが、その計画が失敗した後、スコットランドに度々侵攻した。国王ヘンリの死後は、幼王エドワード六世の摂政サマセット公が指揮をとり、スコットランドへの侵攻は依然として止まなかった。その際、イングランド側は中世から馴染みのある「ブルータス伝説」を根拠として、スコットランドに対するイングランドの宗主権を主張したのであった。従って、先述したように、近年の諸研究では異なる見解もあるが、スコットランド王国の起源を示す「ガタラス・スコタ神話」は、スコットランドにとって、イングランドの宗主権を退けるための都合の良い神話となったのである。

第三に、この神話は、スコットランドが独立した王国であることを、イングランドだけでなく、他のヨーロッパの国にも示すことを可能とした。中世末期からスコットランド王家は、他国の有力な王家の王女と結婚し、ヨーロッパにおいて影響力のある王国と強い関係をもつようになっていた。当時、建国神話を含む歴史叙述はヨーロッパ大陸でも流行していた。先述したように、イングランドはローマ共和政の祖アイネイアースの曾孫ブルータスまで遡っていたが、フランスやドイツの民族も同様に、トロイア戦争に負けたトロイア人、すなわち後に偉大なローマ帝国を建設した人々に彼らの祖先を求めていた[35]。それに対し、スコットランドは、トロイア戦争に勝利したギリシアに民族の起源を求めた。勝者、敗者どちらにしてもトロイア戦争に関係のある人物を先祖にもつことは、ルネサンス期に流行した古代ギリシア神話の英雄ともつながりをもつことを意味し、ヨーロッパの歴史叙述では重要な要素であった。従って、「ガタラス・スコタ神話」は、スコットランドが他のヨーロッパ国に匹敵する独立した歴史をもつことを対外的に示すのに非常に効果的であった[36]。

さらに、スコットランドの神話は、ガタラスの出身地であるギリシアとスコタの出身地であるエジプトの双方に起源をもっており、当時のスコットランド内に生じていた北部のハイランド地方と、エディンバラなどの南部を占めるロウランド地方との相違にもそれぞれ対応していたと考えられる。「ガタラス・スコタ神話」と各地域を照らし合わせてみると、ギリシア的側面に対応するのは、ハイランド地方に居住する「野蛮、未開で、概して不快なゲール人」であるのに対し、エジプト的側面に対応するロウランド地方は「平和を愛する文明化されたゲルマン民族のロウランドのスコット人」となる[37]。

（4）　神話に対する批判

しかしながら、スコットランドの歴史叙述全てが、この政治的に幾重にも重要性を帯びていた「ガタラス・スコタ神話」を擁護したわけではなかった。当時のスコットランドには、建国神話を単なる寓話として批判する歴史家も存在した。その批判的な歴史解釈は、一六世紀前半ではメイジャの『大ブリテン史』に見られ、一六世紀後半にブキャナンの『スコットランド史』へと継承される。ボゥイースと同時代に活躍したメイジャは『大ブリテン史』の中で、ボゥイースが用いた「ガタラス・スコタ神話」のみならず、イングランドの「ブルータス伝説」も単なる寓話として批判した。他方で、メイジャは、歴史や言語の類似性を根拠に、スコットランド人はアイルランドの祖先、さらにはスペインの祖先をもつと主張していた。[38] ブキャナンも『スコットランド史』の中で、イングランドの覇権を正当化した「ブルータス伝説」を否定し、さらにこの伝説に対抗したスコットランドの「ガタラス・スコタ神話」についても、ガタラスという名がギリシア語には含まれていないこと、ギリシア・ローマの歴史家たちがガタラスについて全く言及していないことなどを理由として、「寓話的説明」として受け入れることはなかった。こうした神話は、詩人には便利な題材となるが、歴史家には不適切なものであるとして、ブキャナンはむしろギリシア・ローマの著述家、特にストラボン、カエサル、タキトゥスを引用して、スコットランドの民族起源は、イングランドの民族起源同様に、ドイツとスペインを占領していたガリア人にあると主張した。[39] このように両者は、ガタラス・スコタの建国神話を否定するものの、その神話に描かれていたように、イベリア半島とスコットランドとの民族のつながりについては認めていた。彼らは、出典が明らかでない神話よりも、ギリシア・ローマの古典古代の作品に歴史叙述の根拠を求めたのである。

しかしながら、メイジャとブキャナンが、ボゥイースの『スコットランド人の歴史』に記述されている「ブルータス伝説」と「ガタラス・スコタ神話」を批判した背景は異なる。[40] メイジャは当時、スコットランド王ジェイムズ四世とイングランド王ヘンリ七世の王女マーガレットが結婚したのを受け、対等な二つの王国の統合、すなわちブリテン統合を願って『大ブリテン史』を執筆した。彼は、両国の対等な統合を目指しており、ガタラスやブルータスの神話がスコットランドとイングランド二つの王国間の不和を助長するとして、その神話の記述内容を否定したと考えられる。

それに対し、ブキャナンは、ギリシア語とゲール語の言語学的知識から、ガタラスという名がそれらの言語には見出せないとして、「ガタラス・スコタ神話」を否定した。また、ブキャナンがこの神話を否定し、ガリア人に起源を求めた政治的理由も他にあったと考えられる。というのは、古代ガリア人は、人々が国王を選んでいた民族であったからである。ブキャナンは、自らの著作の中でガリア人のそうした慣習について言及することはないが、それはブキャナンが後に書いた『スコットランド人の王権法に関する対話』の中で、スコットランドの伝統として主張した国王選定および国王に対する抵抗権という慣習と類似していた。

こうした神話に対する批判的解釈は、同時代のヨーロッパでも見られた潮流であった[41]。例えば、一六世紀後半のフランスでは人文主義者フランソワ・オトマンは、『フランコガリア』の中で、フランク人がフランスに定住したと記し、ギリシア神話のプリアモスと関連したトロイア人の起源については単なる寓話として受容することはなかった。オトマンも、ギリシア神話は詩人の題材には豊富な資源を提供するが、歴史家には真実を提供するものではないとブキャナン同様の見解をもっていた[42]。

また、同時代のボダンは歴史を読む詳細な方法論として『歴史を平易に知る方法』（一五六六年）を著し、歴史とは、「人間」「自然」「神的」という三つの事物に関する「真の叙述」であると定義し、そのためにはそれぞれ「知慮」「知識」「信条」という徳目が必要であると説いた[43]。彼は、ギリシア時代以降から同時代までに書かれた歴史叙述をどのように読むべきか、それらをどのような順序で読むべきかなどについて詳細に記していた。しかし、その一覧の中で挙げられているスコットランドの作品は、メイジャやブキャナンらが批判したボゥイースの『スコットランド人の歴史』であった。

これまで主要なスコットランド年代記を考察してきたが、「ガタラス・スコタ神話」の信憑性に関する賛否両論はさておき、彼らはジェイムズとは異なり、同じファーガス王の建国神話を用いて人民、あるいは共同体によるスコットランド王国の建国、すなわち国王と人民との契約的観念に基づく王権の確立に関して共通の認識があった。

しかしながら、これらの作品が執筆された背景を見てみると、それは必ずしも同様ではない。ボゥイースの作品には、過去に生じた王家に対する抵抗に関する叙述は含まれていたが、彼の年代記は抵抗権を論じるために書かれたものでもなく[44]、しかも、彼はある種の契約論から成り立つ王権の歴史を書いているが、先述したように、執筆の後、王家から金銭報酬を受領している。レズリは、一五六七年に退位させられたスコットランドの前女王メアリがイングランドで幽閉されていたときに、女王の特使としての役割を担っていたが、契約の起源をもつ王権を記した年代記を書き、その作品をメアリに捧げている。メイジャは、イングランドとスコットランドの対等な統合を目指して、両国の歴史の類似性を強調した点は先述したとおりである。他方、ブキャナンの歴史観は政治的意図が強く、特に、彼の政治作品『スコットランド人の王権法に関する対話』は、一五六七年のスコットランドのメアリ女王の退位に関して、イングランドのエリザベス女王に弁明した資料がもとになり執筆された。但し、ブキャナンは政治的必要性からこの契約論を示す作品を記したが、国王への抵抗という理論は、彼の初期の詩「スコットランド王ジェイムズ六世の生誕の祝賀」の中でも確認できる。こうした彼の抵抗権の理論を、過去の歴史を用いて補完した作品が『スコットランド史』である。従って、ブキャナンの抵抗権論と歴史叙述は、当時のスコットランドでは、人民や議会に政治権力の源があることを裏づけるものとなったのである。このように様々な背景で執筆されたスコットランドの歴史叙述ではあるが、スコットランドの知的伝統では、初代国王ファーガスに依拠して、人民、あるいは共同体と国王との契約観念に基づいて王権が成立したと認識されていた。こうした知的伝統の中、国王が一方的に領土を治め、王権を確立したジェイムズの征服論は非常に特徴的であったといえよう。

一六世紀のスコットランドでは、ジェイムズのように、ファーガスの征服について明確に主張する作品は見出されないが、一六〇三年前後の諸作品の中に征服について言及した作品がある。第2章で考察したように、王権の神授的起源を擁護したクレイグは『ブリテン王国の統合に関する論文』の第八章「スコットランド国の起源」の中で、王国の起源について言及する。クレイグは、ボゥイースの歴史書の章「スコットランド人の起源について」の中で記述されている内容が、ブルータスにブリテンの住民の祖先を求める話と同様に、単なる空想物語であると主張し[45]、メイジャやブキャナン同様にボゥイースの歴史書には否定的態度を示した。しかし、クレイグはブキャナンの『スコットランド史』に言及して、他の歴史家同様に、アイルランドからスコット人がブリテンに上陸してそこに定着し、スコットランド王国が成立したと記述している[46]。ここでクレイグは、ジェイムズの征服論を肯定せず、かといって、ブキャナンのように人民による選定制にも言及せず、ただ武力に頼らずアイルランド人によりスコットランド王国が最初に確立されたことを以下のように記すのであった。

アイルランドからスコット人がアルバに移住してきた際、彼らが暴力や残酷、あるいは罪を犯したという証拠は一つもない。彼らは、暴力、信仰の侵害、あるいは他者への損害を行わず、人々がまばらに居住している近隣の土地に住み始め、それまで独自の文化をもたず、他の近隣諸国に対する戦争という武勇な行為もなく王国を確立した[47]。

このようにクレイグは、スコットランドの王権成立に関して、ジェイムズが主張した征服論を明確に擁護することはなかった。そして彼は、王権の成立起源についてよりも、むしろ王国成立が古代ローマのコンスタンティヌス大帝以前に行われ、イングランドに匹敵するほど古い歴史を有することを強調するのであった。

他方、クレイグは、スコットランドの王権の起源について征服論を適用することはなかったが、第三章「二つの王国の統合は、偉大なイングランド王たちの関心および配慮の対象となってきた」で「近代では、王国を拡大するには二つの方法のみある。征服、あるいは継承である」[48]と述べており、より一般的な征服論自体を否定することはない。次項で後述するが、実際、クレイグは中世イングランドでは征服により法が作成されたことを指摘している。さらに、彼は他の著作『イングランド王国の継承権に関して』の中で、征服者の子孫が王位継承権を有することを明確に擁護するのであった。但し、ここでは具体的な事例については言及されていないため、クレイグはジェイムズが主張したスコットランドの征服論をどの程度、積極的に支持していたかは明確ではない。

また、学者且つ詩人でもあるジョン・ジョンストン（John Jonston, 1570-1611）は『スコット人の列王史の碑文』という作品を書き、スコットランド初代国王ファーガスからジェイムズ六世までの一〇七代に及ぶスコットランドの王について簡潔に紹介する[49]。そこには、ファーガスの王権成立に関して、ガタラスの神話、あるいはどのような経過で成立されたかについては明確に書かれていない。しかし、王権の成立が武力を用いたものであったことを以下のように示唆している。

王たちの正義と武器によって王国と誉れは存立する。
私は正義によって平和を、力によって戦争を担う。
天空の魂よ、孫たちの後の世代であるあなたがたが
私の鳥占いによって我々の王権を保持するようにと私は祈る[50]。

これまで考察してきたように、ジェイムズほど、初代ファーガス王の征服論を明確に擁護し、そこにスコットラ

ンド国の起源を求めた年代記や他の作品は確認されていない。当時のスコットランド内には建国に関して主に三つの神話が混在していた[51]。既に見たように、「ガタラス・スコタ神話」とそこから演繹されるファーガス王の確立、イングランドで流行したトロイアゆかりのブルータス伝説、そしてスコットランドの旗でも知られる聖アンドルーによる教会設立と関連した神話であった。とりわけ、「ガタラス・スコタ神話」とファーガス王の確立は、一六世紀スコットランドの王権論の議論に頻繁に用いられた題材であった[52]。

ファーガス王の建国神話にでてくるファーガスは、紀元前四世紀のファハーの息子ファーガスを指すようだが、実際、王として認識されているファーガスは六世紀のエルクの息子ファーガスと言われている[53]。史実の信憑性はさておき、多くのスコットランド人にとって、ファーガス王の建国神話はスコットランドとアイルランドとの友好の証であり、そこにスコットランド王国の人民、あるいは共同体による王権確立という、国王と人民のある種の契約の始まりが見出されたのである。従って、ジェイムズの征服論はスコットランドの知の潮流では非常に独特であったといえよう。それだけでなく、ここで興味深い点は、ジェイムズは、このように母国でほとんど共有されていなかった征服による王権成立の起源をスコットランドに求めるだけではなく、隣国イングランドにも適用したことである。次に、ジェイムズがどのようにイングランドのウィリアム征服王の擁立を解釈したのか検討してみよう。

2　イングランドのウィリアム征服王

(1)　イングランド側の解釈

ジェイムズはイングランド王国の起源について、「ノルマンディの庶子」のウィリアムがイングランドを征服して自らを国王として定め、「法律を変更し、統治の秩序を考案した」(T74) と主張する。ジェイムズがなぜスコットランドのみならず、イングランドに対しても征服による王権の確立を主張したのかについては次節で詳細に考察することとして、こうしたジェイムズの主張は、当時、イングランド内でどのように受容されていたのか代表的な作品と比較し、その特徴を示したい。

王権の神授性を支持したイングランド人のマーベリは『君主政に関する小論文』の中で、「他の作者が書いているように、ウィリアム征服王が、エセルレッド王の息子で彼の甥にあたるエドワードからの贈与により、イングランド王位を獲得した[54]」と記し、征服ではないウィリアムのイングランドの王位継承を主張した。そして「ウィリアム征服王（正義の君主）は、彼の兵士たちに、イングランド人を傷つけたり、害することを（最初に到着したときから）禁じた[55]」として、マーベリはウィリアムの征服を否定するだけでなく、古来から続くイングランドの伝統の継続性をも強調する。ここでは王権の神授性と、贈与による王権の授与との関連性については触れられていない。一方、マーベリは自国における征服については認めないものの、スペインの最初の王アラゴンのフェルディナンドが征服により王国を得たことについては事実として認識し[56]、それに対して特別否定的な見解を示してはいない。このようにマーベリは他国における征服を認めるものの、母国に関しては専らウィリアムの征服を否定し、イングランド古来の慣習の継続を一貫して主張するのであった。

他方、同じく王権の神授的起源を主張し、ジェイムズのイングランド王位次期継承権を擁護したヘイワードは『ロンドンにおける王位継承に関する会談に対する返答』の中で、ジェイムズ同様に、ウィリアム王が「武力によって」王国を獲得したと主張し、「ノルマン人たちが領土を掌握し、彼らにより聖エドワード法典が廃止された[57]」点について指摘する。彼は、エドワード懺悔王が作成した法律が継続していると認識されている、古来の慣習の断絶を認めるのであった。ヘイワードの征服論に関する解釈はかなりの程度ジェイムズのそれと類似した内容ではあった。また、王権の神授的起源を唱導したサラヴィアは『統治の権威およびキリスト教徒の服従について』の中で、現在の王国の起源が征服、あるいは簒奪により成立したと考え、しかも、彼はヘイワード同様に、征服によるイングランドの法律の非連続性について容認したのである。[58] このように、王権の神授的起源と征服による世俗的起源の相関性はさておき、王権神授論者が神授的王権の起源のみを主張していたわけではなかった。王権の神授的起源を擁護した者たちは、征服から始まる王権に対して多様な見解を抱いていたのである。

これまで見てきた作品とは対照的に、第2章でも考察したように、フッカーは『教会政治の法律について』の中で、領主になる手段として血筋だけではなく武力による方法をも明示している。フッカーによると、神の創造により領主として生まれた者は自然に領土を得て、「大衆には武力により服従させられる者もいる」が、その一方で、征服者は神の啓示により土地を入手することもある。というのは、「戦争の際に勝利を与え、その者に領土を与えるのも神である」からである。[59] そこから、征服により地位を得た領主は、神からその王権の起源を直接的に得た存在となる。ここで始めて征服と神という二つの王権の起源の整合性が見出されるのであった。さらに、フッカーはイングランドの征服王ウィリアムについて、「イングランドのコモンウェルスはこれまで国王に偉大な権力の全権を付与していなかった」ため、「継承者」ではなく「征服王」という名称を使ったと説明している。[60]

同様に、スミスは『イングランドのコモンウェルスについて』の中で、サクソン人がブリテンで行ったように、征服によるコモンウェルスの確立を歴史的事実として認める。[61] しかし、彼のこの作品では自国のイングランドのウィリアムに関しては言及されていないため、スミスがどのような見解を抱いていたかは不確かである。

これまでイングランドで出版された代表的な作品を考察したが、スコットランドとは異なり、当時のイングランドには自国内における征服論をめぐって多様な意見が存在した。[62] イングランドにおける征服について史実ではないと否定する者、征服を容認しても王国の政体の連続性や非連続性を主張する者、他国における征服のみを容認する者など多様であった。王権の神授的起源を擁護した者の中にも、征服論を肯定する論者や否定する論者もいた。その中には、ジェイムズのように両者の整合性に言及しない者もいたのである。

一六～一七世紀イングランドにおける征服論の受容に関して、例えばJ・G・A・ポーコックは、当時のイングランドのコモン・ロー法律家たちがイングランド古来の法の伝統がいかなる外部的抑圧も受けずに継続してきたと理解し、その継続性を妨害することとなるウィリアムの征服を否定したと解釈した。というのは、彼らにとってウィリアムの征服を認めることは、イングランドが誇っていた古来の政体の非連続性を容認することになるからである。その結果、イングランド人たちは、征服に依拠して王権の起源について論じることを避け[63]、「国王の法廷におけるコモン・ローが、唯一の法体系であると信じていた[64]」のである。さらに、古来の慣習の継続性を主張することは、単にイングランドの法体系、特にコモン・ローの正当性の根拠のみならず、法による王権の制限、あるいは王権と議会との伝統的な均衡関係を正当化する根拠ともなり、イングランド人にとって非常に重要な意味をもっていた[65]。

こうした広く支持されていたポーコック解釈に異論を唱えたのは、Q・スキナーである。スキナーは、当時の年代史家の多くが歴史的に政治哲学を解釈し、征服の事実を認めていたと理解した[66]。スキナーと同様に、J・P・サマヴィルも、一六～一七世紀イングランドの政治思想史上では主流の見解となっているポーコックの解釈に異論を唱え、当時の法律家の多くが征服の事実を容認していたと論じた。サマヴィルはそれだけでなく、ポーコックとスキナーの共通した思想的解釈にも新たな視点を提示する[67]。サマヴィルによると、ポーコックやスキナーは、当時のイングランドの人々が国の政体とコモン・ローという歴史的典拠から、政治的原則や政治的見解を導いたと理解するが、サマヴィルは、当時のイングランドの人々が歴史的な典拠ではなく、理論から政治的立場を形成したと論じた。彼の解釈によると、後に民訴裁判所首席裁判官且つ枢密院議員となるエドワード・クックや、ローマ法学者たちはウィリアムの征服の事実を認めるが、彼らにとってより重要であったのは、どのような歴史観であれ、イングランドの政体やコモン・ローが古くから変わらずにその伝統を保持しているという理論であり、その理論によって彼らは異なる歴史的アプローチをとった。従って、サマヴィルによると、征服論に依拠した理論は当時のイングランドでは、従来解釈されてきたように、物議を醸し出すことはなかったことになる。[68]

こうした議論とは対照的にG・バージェスは、サマヴィルの解釈にある程度の理解を示しつつも、ポーコックの基本的立場を支持する。バージェスは一般的な征服とノルマン征服の区別がなされるべきであると指摘し、当時の人々が歴史的に征服について議論したと解釈した。彼によると、確かに当時多くの人々がイングランド史上のノルマン征服の事実を認めたが、自らの伝統、すなわち法や慣習の継続性を主張する範囲で、その事実を認めたのである。[69]

このように一六〜一七世紀イングランドの知識層のみならず、近年のイングランド史家の間でも、ノルマン征服をめぐって様々な解釈が生じた。しかも一六世紀イングランドで認識されていた征服はそれだけではなかった。当時のイングランド人たちの多くは三種類の征服があると理解した。[70]すなわちブルータスによる征服、サクソン人による征服、そしてノルマン征服である。そしてこれら三つの中でとりわけノルマン征服が最も重要な意味をもち、次節で後述するが、イングランドではノルマン征服の肯定が、世襲制の原則を示したのであった。[71]

ここで、当時のイングランドでは、征服により王位を得た者は、死の運命をたどると理解されていた点を強調しておく。[72]例えば、リドゲイドの『王侯の没落』では、こうした題材がこの作品の主要な内容であった。また、一六世紀にも同様な内容をテーマとした文学が流行した。一五五九年に出版された『為政者の鑑』[73]は、その後一五六三年、一五七八年、一五八七年とさらなる小作品を追補し六版も重ねるほど当時、人気を得た。小作品が収められているこの作品の主要なテーマは、邪悪な貴族や国王は悲惨な最期を遂げるという内容であった。領土征服に関する内容ではないが、ここでも既存の王権に反旗を翻す王位簒奪の行為は邪悪なものとして取り扱われている。[74]そこから、この作品の内容が既存の王権に対抗した征服行為に対して、批判的であったと考えられる。

こうした知的伝統をもつイングランドに対して、ジェイムズは征服による王権の確立を明示した。しかも、イングランド外部の者で、征服によるイングランドの王権確立を主張したのは、ジェイムズだけではなかった。(75)

(2) スコットランドのクレイグの解釈

スコットランドのクレイグも『ブリテン王国の統合に関する論文』の中で、ウィリアムが征服をしたことにより、イングランドの王権が成立されたと主張する。(76) しかも、クレイグは、その征服によりイングランドの人々は自らの所有を剝奪されたため、彼らの多くは、スコットランドに逃れ、スコットランド王マルカム三世に助けを求めたと記している。その後、イングランドでは征服者により法が作成されていく。クレイグが主張した法の成立過程は、まさにジェイムズが主張したウィリアム征服王に関する記述と同様の論証方法であった。

また、クレイグの他の著作『イングランド王国の継承権に関して』でも、同様に、ウィリアム征服王が武力によりイングランドを支配下に置き、統治したと記されている。(77) そしてこの作品の中で、彼は征服者の子孫が王位継承権を有することを明確に擁護していた。但し、ここでは具体的な事例については言及されていない。

クレイグの征服論に関する主張を考察するうえで、彼の二つの作品がある特定の目的のもと執筆されていることに留意する必要がある。『イングランド王国の継承権に関して』は、イングランドのエリザベス女王の後、スコットランド王ジェイムズ六世のイングランド王位継承に正統性があることを主張することを目的として執筆された。ジェイムズは、イングランド王ヘンリ七世の王女マーガレットの血筋をひいていることから、エリザベスの跡を継ぐ有力候補者であったが、先述したように、そのジェイムズの継承権を否定する作品が出版されていた。クレイグの作品は、そうした懸念を払拭する役割を担っていたのである。他方、『ブリテン王国の統合に関する論文』は、一六〇三年の同君連合以降、ジェイムズが企図したイングランドとスコットランドのさらなる統合を補強する目的で、両国が征服から形成され、類似した政体を有することを示していた。従って、クレイグは、イングランドとスコットランドの王権の類似点を強調するために、征服について記述していたといえよう。さらに、ジェイムズの主張同様に、ここでもクレイグは封建制がしかれていた王国において、征服から始まる王国の中ではその征服者の子孫が王位継承権を有することを擁護していた。

（3）征服に対する肯定的解釈

ブリテン内部のみならず、スペインの元イエズス会士ジョヴァンニ・ボテロも『国家理性』の中で征服という明確な言及はないが、イングランドのウィリアムについて以下のように言及する。

ノルマンディ公ウィリアムがイングランド王国を獲得した後、彼は全ての官吏を変え、ノルマン語で全く新たなイングランド法を制定することにより、臣民を平伏させた。それにより臣民はもはや新たな王国のもと、新たな制定法や新たな言語をもったことを理解し、そうすることにより彼らは精神や観念も変えなければならないと理解したのである。ウィリアムは毎晩八時に門限を定めイングランド人を屈させることを企てた。[78]

さらに、ボテロはイングランドに限定せずに、「ローマ人が他の者たちの所有物を獲得することにより、自らの所有物を増やしていった[79]」と古代の例を指摘し、君主の権力を拡大して人口を増加するための手段の一つとして敵を同化させたり、近隣諸国を破壊することによって他の臣民を得る征服を挙げる。[80]そしてボテロは当時のイングランド人が論争の的としていた征服による法体系の変更について明示したのであった。しかも興味深いことに、ボテロは征服により獲得された臣民の扱い方について取り上げ、征服された人々に対する教育の必要性についても説いていた[81]。

このように、他国の人にとってもイングランドの征服、あるいはより普遍的に征服が政治的言説の中で重要な要素となっていた。当時ヨーロッパ各地では、王国同士、あるいは王国内の領土紛争や権威闘争が途絶えることなく、戦争が繰り広げられていた。例えば、イタリア内部での紛争、スペイン対イングランド、低地諸国における紛争などである。当時の人々にとって征服は自らの王国の存続、あるいは他国に対する戦争による自国領土拡大の正当性を示す根拠となった。

こうした時代背景のもと、イングランドに限定せず、より普遍的に征服による王権確立を積極的に肯定したのは、周知の通りマキァヴェッリであった。マキァヴェッリは『君主論』の中で、征服による領土拡大が侯国を拡大し繁栄するための唯一の手段であると主張する。彼は他の著作『ディスコルシ』でも、古代の著述家タキトゥスやクセノポンに依拠して、領土拡大のための征服論を肯定した。彼が依拠した古典作品では、征服は領土拡大のためには通常の手段であり、当然のこととして受容されていた。例えば、当時人気を博したタキトゥスの作品では、領土拡大を目的とする戦時における国王の勝利が絶賛されている。

（4）　征服に対する批判

他方で、こうしたタキトゥスの作品を一六世紀の北方人文主義者エラスムスやユマニスム法学者ギヨーム・ビュデは反キリスト教であると批判した[82]。エラスムスは『キリスト教徒君主の教育』の中で、古代の人々が「王国の改善ではなく、それを拡大させるために多くの努力を指示した[83]」として、征服による王国拡大を過ちとして批判する。当時のヨーロッパでは征服により領土拡大が行われてきたというのは自明の理であったが、征服行為を含むマキァヴェッリの作品は「悪魔の産物」と言われるほど、反キリスト教的であると激しく非難されていたのも事実である。

ここで注目すべき点は、王権の神授的起源を唱導したフランスの作品、特に王党派もある種の征服形態による王権確立に対し否定的であったことである。例えば、ボダンは『国家論』の中で、コモンウェルスの生成手段として家族、人間同士の同意、植民地化という三点を挙げ、「選定、世襲権利、正当な征服、あるいは特別な神の命令」による主権獲得については容認し、その場合、王を「合法的統治者」[84]と呼ぶ。その一方で、ボダンは専制君主政に関する章で、「暴力、あるいは不正により主権を手中に治めた者たちは、自らの生命がすぐに敵対者の報復にさらされることを知る」[85]とも記している。そこから彼は征服に関して、「正当な」征服と、「正当でない」征服を峻別し、後者に対しては批判的であった。さらに彼は、主権者である君主の残酷な行為、すなわち「行使による暴君」に対して人民が抵抗権をもたないと主張するのに対し、その職務に関して人民との契約上の権利をもたない簒奪者、すなわち主権者ではない者に対しては、殺戮されても仕方がないと人民の抵抗権を認めるのであった[86]。つまり、ボダンは、既に確立された主権者に対して、他者が新たな征服によって挑戦することについては、否定していたと考えられる。

こうした留保つきの征服に対する批判と同様に、バークレイは『国王および王権の権力について』の中で、正当な主張もなく征服した王を「資格なき暴君」と呼び、簒奪者と捉え、その簒奪者に対して抵抗を容認するのであった[87]。また、バークレイは主権者が外国人に対して自国の譲渡、あるいは服従を黙認した場合のみ、その主権者に対する抵抗権を容認する[88]。ここでも王と人民との契約的観念に基づき、主権者には外部の敵に対して自国を守る義務が発生するのであった。

このように、ボダンやバークレイらの簒奪者に対する抵抗を認める見解は、彼らと政治理論上対極に位置したオトマンの『フランコガリア』[89]や『僭主に対するウィンディキアエ』に見出される議論とも共通したものであった。

第2章で考察したように、フランスの王権神授論者は、ジェイムズのように王権の神授的起源を唱導し、王権に対する服従論を擁護したが、既存の正当な権威に対して征服により王位を得た王については「簒奪者」、あるいは「資格なき国王」と呼び、正当な王位継承者ではないとみなした。彼らはそうした征服者である「簒奪者」に対してモナルコマキ同様に抵抗することを正当化したのである。このような知的潮流の中、ジェイムズは、征服による簒奪者が国王となったことを容認するのみならず、自らの王権の基盤の一つとして明確に援用しているのは、非常に特徴的であるといえる。そして彼は、征服による王権の起源から国王を「領土全体の最高領主」(T74)と捉えたのであった。それでは、次に、ジェイムズが征服論から演繹した王権の属性について考察してみよう。

3　王の権力

前節では、ジェイムズが主張した征服に王権の起源を求める理論は、スコットランドの知的伝統では共有されておらず特殊なもので、しかもイングランドやフランスでもさほど広い支持を得ていたわけではなかったことを考察した。ジェイムズは自らの征服論から、国王権力の絶対性、そして不可侵の世襲権という王権の属性を導いた。それらは、ジェイムズにとって王権の神授的起源から導かれた属性とは明確に区別されていたのである。本節では、彼が主張した二つの王権の属性の特徴について考察する。

(1)　ジェイムズとローマ法

第2章で考察したように、ジェイムズは『自由なる君主政の真の法』の冒頭で、国王が聖書の内容を宣誓式で誓うとそれが国の基本法となると主張したが、それまでの論調とは異なり、ここで彼は聖書に関係なく、征服による王権確立を根拠に国王にのみ立法権を与えた。ジェイムズによると、アイルランドのファーガスがスコットランドの初代国王となった後、「彼［ファーガス］と彼の継承者が、国王として君臨して久しく、時折、必要に応じて法律を制定した」（T73）。国王が法の源泉であるというこのジェイムズの主張は『自由なる君主政の真の法』の中で繰り返される。

スコットランドの国王は、一切の領土や身分階層が確立される以前に、議会が開催されるよりも前に、あるいは法律が作成されるよりも前に存在した。そして国王たちによって、（最初は全て国王のものであった）土地が分配され、領土が決められ認められ、統治形態が考案され、確立された。ゆえに、国王が法律の創造者であり、作成者であり、法律が国王の創造者や作成者ではない……賢明な国王が、野蛮人の所にやって来て、最初に所領と統治形態が確立され、そしてその後、彼によっていつも法律が作成され、彼の継承者もそのように作成した。（T70-73）

立法過程において、国王は臣民からの助言を認めるものの、「法に効力を与えるのに……どのような種類であれ、法や制定法を作成することは議会の権限にはなく……国王は議会の助言や諸身分からの助言がなくても、国王が適すると思えば……制定法や法令を発布できる」（T71）のであった。ジェイムズによると、「国王たるものは法の上に位置し、法の作成者であり、法に効力を与える者」（T75）となる。まさに、国王の命令が法となり「レークス・ロクーエンス」論が適用され、「国王は生きた法」となるのであった。ジェイムズのこの解釈は、第2章第3節で先述したように、ブキャナンの「レークス・ロクーエンス」論の解釈とは異なるのであった。

立法権の他に、ジェイムズは、征服論に依拠して領主と国王を同一視し、土地と臣民に対する絶対的権力も国王に与えた。彼によると、「全ての土地や臣民に対する国王権力の同様な根拠は、ここ［スコットランド］と同じように、他の全ての自由な君主政においても同様である」。そして、「法廷の記録によると、国王は全ての財産の主人であり、全領域の直接的な領主」となるのであった。国王が王国の政体を作成したため、「臣民全体は、国王の従属者［封臣］となり、彼らの領主である国王から、彼らの土地を授かる。国王に対する良き奉仕に従い、国王は、彼らの保有地領を変更し……議会や他の部下の司法職の助言や権威なくして、新たな男爵領を構築し、古い領土と統合させる」（T70-71）ことが可能となる。かくして、ジェイムズは中世ヨーロッパに根づいていた統治形態である封建制を支持する。まさに、「国王は全領土の領主」（T72）であった。

そこからジェイムズは以下の二点を演繹した。第一に、「国王はいかなる理由がなくても、全体の最高領主であるため、臣下から土地を没収し、意のままに処理できる」（T74）という点である。「仮に、土地や財産を受け継いだ人が、世継が誰もおらず認知せずに死んだ場合……同様に彼がもっていた全て［の財産］は国王に返還される」（T72）のであった。ジェイムズによると、国王は人為的な諸機関からは一切制限されず、国の中の土地や財産全ての権限を有したのである。第二に、「国王は全領土の最高領主であることは確かである。従って、国王はそこに居住するあらゆる人民の生死に関して権力を有し、その土地に居住する全ての人民の主人でもある」（T72）。かくして、ジェイムズは人民の生殺与奪の権利をも主張するのであった。

但し、ジェイムズが主張した国王権力は、既存の研究で指摘されているように、恣意的な権力を意味していなかった。ジェイムズは、「名君とは、自らの行動を法に一致させる。しかし、それ［法］に拘束されず、自身の良心のみに拘束され、臣民の模範となるように」し、「公平な国王というのは明確な法もなく、いかなる臣民の生命を奪うことはない」（T72）のである。すなわち、「国王は、［法の］作成者およびそれ［法］に効力を与える者として法の上に位置するが、名君は法に基づき臣民を統治することに満足するのみならず、コモンウェルスの安寧が最高の法となるよう基盤を常に維持する」（T72）のである。この格言は、キケロの『法律について』でも記されており、古くから引用されている国王のあるべき姿を示したものである。一六世紀当時、ブキャナンやボダンなども国王の義務について説く際、好んで引用した格言であった[90]。

さらに、ジェイムズは「国王が、ある法律が不確か、あるいは厳格であると感じた場合、国王は最高の法が最高の不法となることのないように、それを解釈し、緩和することができる」（T72）と、これまたキケロの格言を引用する。ジェイムズは、このキケロの格言、「最高の法は最高の不法となる」（T72：B138）を同作品や他の著作でも幾度も用いて、法が偏らないように常に監視し、緩和する役割を国王に課すのであった。

従って、ジェイムズの解釈によると、「国王とは、もの言う法であり、もの言わぬ国王、それが法である」という「レークス・ロクーエンス」論には、「自分の法に従わず統治する国王は、神に対する責任を果たすことはできず、良い統治を行うことはできない」（T72）という理解が伴っていた。国王は実定法によりその行動の責任を拘束されることはないが、自らの良心に拘束される。このようなジェイムズの主張は、一六世紀の絶対王政を支持する作品にも共通して見られた[91]。

かくして、ジェイムズは、征服論から最高領主としての地位を国王に与え、その国王に立法権を与え、法に拘束されない地位、そして土地と臣民に対する絶対的権力を王権の属性に付随させたのである。こうしたジェイムズの主張は、従来、王権神授から演繹された王権の属性として解釈されてきた。そしてあたかもこの属性が、後にイギリス内戦へつながったかのように理解されてきた。しかしながら、既に考察したように、このジェイムズが主張した属性は、神聖な王権の起源から導かれたものではなく、世俗的王権の起源、すなわち征服論から演繹されたものである。霊・俗の二つの異なる王権の起源から演繹された属性は、それぞれ明確に区別されていたのであった。

こうした国王権力の絶対性の理論は、ジェイムズ固有の考えではなく、ローマ法に起源をもち、王権論を強化する基盤を与えたのが古典期ローマの法学者ウルピアーヌスの言説、すなわち「元首の国制上の法的地位」（*princeps legibus solutus*）であった。元来、ウルピアーヌスは、支配権力の正当化の理論としてこの言説を用いて解釈してはいなかった。彼は、元首はプリンケプスであり国家の政治的な第一人者ではあったが、同時に一人のローマ市民でもありつづけるため、元首が法律や法制度から免除され完全に自由であることを説いていなかった。また、元首の立法権限（*lex regia*）は、人民（*populus*）から権限委譲されており、元首自身が最初から立法権を有していたわけではなかった。[92] しかし、第2章で考察したように、叙任権闘争をめぐって、この言説は君主とは「法律に拘束されない」（*legibus solutus*）且つ「最高の法」（*suprema lex*）であると理解されていくようになった。一三世紀の教会法学者やローマ法学者は、必要に応じて法律を作成変更させる全能なる権力を皇帝、あるいは教皇に帰属させ、君主の全能なる権力を、通常権力とは異なる特別な権力として峻別したのである。[93] かくして中世ローマ法学においては、立法権限（*lex regia*）によって「法律に拘束されない」という原則が正当化され、その結果、王権の絶対的権力が説かれることとなった。

ジェイムズがどの程度これらのローマ法の命題に精通していたか不明だが、一六世紀の法律家や法学者も、普遍的法の原則と秩序を維持するためにローマ法に依拠した。というのは、ローマ法はどの時代でもどの社会にでも適用する法的諸原則を含んだ、正しき理性を書き記したものであると理解されたからである。彼らは先のローマ法の命題に依拠して王権の立法権、そして「君主は法に拘束されない」と主張し、王権の至高権威を正当化するためにこれらの命題を自らの理論に積極的に用いた。ここで、一六世紀における他の代表的な作品と比較し、ジェイムズの主張の特徴を示したい。

（2）　王権の起源と至高権力

最初に、ジェイムズのように征服による王権確立を説いた作品が、国王権力についてどのような属性を主張したのか見てみよう。スコットランドでは、ウィリアムによる征服を明示したクレイグが、[94]『イングランド王国の継承権に関して』の中で、「ウィリアム征服王が武力によりイングランドを手に入れた後、イングランドの全ての領土は戦争、あるいは征服の権利により、彼自身に属する[95]」と征服による領土の所有権を認めた。クレイグによると、征服者はイングランドの法を受容したのではなく、ノルマン人の法律、あるいはノルマンディの法をイングランド人に課したのである。[96]

同様な主張は、クレイグの『ブリテン王国の統合に関する論文』の中でも見られ、彼は単にスコットランドとイングランドが類似した法体系をもつことを示すだけでなく、両国はノルマン法典に象徴される封建制に法の起源をもつことを論じた。すなわち彼は、ウィリアム征服王がヨーロッパの封建法をイングランドにもち込んだと明示したのである。[97]但し、クレイグの作品は、両王国の統合を目指して、いかに両国の制度や慣習が類似しているかを示そうとしたものであるため、彼の主張を額面どおりに受け取ることはできない点は既に指摘したとおりである。

クレイグほど明確ではないが、武力による王権成立を示唆したジョンストンは『スコット人の列王史の碑文』の中で、法律制定の過程については詳細に触れないが、国王によって法が制定されたことを暗示している。

最初の者が軍神マールスの［戦いの］王権を受け取った。
彼はそれを法の正統な制御と武器によって強固にする。[98]

こうした知的潮流はイングランドのエリザベス期にも見られた。[99]ヘイワードは『ロンドンにおける王位継承に関する会談に対する返答』の中で、ジェイムズのように、征服による王権成立を根拠に国王が法律を作成したと主張した。ヘイワードによると、「初期の英雄時代に人々はいかなる実定法によっても統治されず、国王が自らの言葉で、意志で、絶対的権力で判断し、そして命令を下したというのは明確である」[100]と主張する。従って、「国王があらゆる事柄を統治し、いかなる抑制や指図も受けず、単に自然法によってのみ制限される」[101]のである。そして「全ての人々が一人の人間から彼らの権利を得ることが面倒になり、長たらしく飽き飽きするようになり、キケロが言うように法律が考案され、官吏もまたそれを執行するために任命されるようになった」[102]のである。かくして、国王は全ての上に位置し、自然法以外に制限されない存在である根拠が示された。

他方で、聖職者トマス・スターキィは、征服者と専制君主とを同意語として理解しているが、『レジナルド・プールとラプセットの対話』の中で、「ウィリアム国王が我々の王国を征服し、我々の法律を処理し、特定の領土が、奉仕に応じて大領主から下級領主へと与えられた」[103]ということに対して反論する者はいないだろうと主張し、征服により国王が権力を掌握し、法律が最初に確立された点を容認する。

こうした国王権力の至高性は、王権神授論を擁護した作品に見出された。サラヴィアは、『統治の権威およびキリスト教徒の服従について』の中で、国王は実定法の上に位置すると主張した。[104]議会とは国王に助言を与える機関であり、法は国王によって作成される。国王の権力は絶対的であり、国王は実定法によって制限されない。これは、まさにジェイムズの主張と同様であった。

ボダンは、前節で考察したように三つの手段によるコモンウェルスの成立を容認するが、第2章で示したように、基本的には聖書に依拠して家父長的権威の拡大から王権の成立を論じており、ボダンにとって政治的権威の源は市民法というよりは、旧約聖書にある。[105]ここから演繹される点は二つある。

第一に、国王には、主権者としての特徴の一つである立法権が付与され、主権者の意志が法となる。というのは、

「君主は法の上に位置すると、市民法に規定されている。というのは、法という語はラテン語で、主権をもつ者の命令を意味するからである」[106]。ここで、彼は「立法者としての国王」（*lex regia*）に基づき、先のローマ法の命題である「国王は法律に拘束されない」（*rex legibus solutus*）として解釈した。ボダンは法律（*lex*）と法（*ius*）を区別し、法律とは、成文化された個々の法命題を意味するのに対し、法は道徳的確信を伴う、不文である普遍的な法を意味すると主張した。ボダンによると、主権者は法律には拘束されないが、法には拘束される存在となる[107]。

第二に、ボダンは、家族内での父権について、「適切に機能しているいかなるコモンウェルスにおいても、子供に対する生死に関する権力は、神の法と自然法のもとでは……親に戻される」と主張し、「仮にこの権力が父に戻されないとなると、良き道徳観、名誉、徳、あるいはコモンウェルスの古代の栄光が再興する見込みはない」[108]と記していた。ボダンは、家族内における父権とコモンウェルス内における王権とを類似し、ジェイムズ同様に人々に対する生殺与奪の権利を国王に付与した。さらに、ボダンはジェイムズのように、国王を「封建領主」にたとえる[109]。但し、彼もこうした権力をもつ国王は、公正で道理に合った理由もなく、彼の臣民の所有物を奪うことはできないと付言することも忘れていない。また立法に関して、彼は「正義が法の目的であるならば、君主が作成した法、そして神の似姿である君主であるため、君主の法は神の法を模範とする必要性が生じるのである」と明示していた[110]。

かくして、ボダンは主権の権威により君主に広範囲な行動力を認め、理論と実践において君主に法律を意のままに変更させる権利を与えた。そして彼は、国王の特別な立法権を通常の特権へと転化させたのである[111]。ボダンとジェイムズの典拠方法は異なるが、ジェイムズが主張した王権の属性は、ボダンのそれと類似し、ジェイムズは確立された法を維持する国王の責任や義務、そして人民の抵抗権の否定を明示した[112]。

ブラックウッドやベロアの理論にも、君主の意志が法となるというローマ法の原則が見出される。とりわけブラックウッドはボダンよりも絶対的な理論を構築し[113]、国王が人民の同意を得ずして課税する権利をもつこと、そして国の領土も元来、国王所有のもので、臣民は一次的に国王からその領土を授与されており、臣民が死亡した場合は国王にその領土を返還するとまで主張する。特に、彼は『王権に対する弁護』の中でローマ法を引用して、王権が無制限で混合王政ではない点を主張するのであった[114]。

先述したように、イングランドのマーベリは『君主政に関する小論文』の中で、ウィリアムについて言及する。彼の王位と征服を関連づけて征服論から王権の起源を説いていないが、君主政が最善の統治形態であると論じ、君主に付与される権力は絶対的であり、他の誰にもその責任を弁明することはないと主張する。マーベリによると、君主は「通常、臣民全体に対して、また各個人に対して、効果的で永久な」権力を有し、「彼の権力は（神の恩寵により）永久に継続する。それは、最初に彼が生きている間ずっと、次に彼の死後、彼の息子たちや後継者たちにもそうなるのである」。また、国王は（神と自らの良心以外）政府に対して、あるいは他の者たちに責任を負わない[115]」。しかし、その一方で、マーベリは「君主は、神の法に一致するかぎり市民法やコモン・ロー、慣習、特権、誓約、そして全ての種類の約束に従う[116]」と、国王の善良的な性格を当然のこととして主張した。そこでは人民の自由は減少することはなく、国王権力が無法に拡大することもないのである。

これまで見てきたように、王の至高権力について、王権神授から演繹した理論がある一方、ジェイムズは征服からその至高権力を導いたのである。

（3）スコットランドの知的伝統——制限的王権

これまで考察してきたのとは異なり、ジェイムズが主張した国王の立法権や国王の絶対的権力という観念は、ジェイムズが生まれ育ったスコットランドの知的伝統ではヨーロッパほど共有されていなかった[117]。第2章第1節では、スコットランドにおいて他のヨーロッパほど王権の神授的起源を擁護する政治的言説は見出されなかったことを指摘した。また本章第1節では、多くのスコットランド人が世俗的王権の起源、すなわち人民によって国王が擁立され、そこに人民と国王の契約的観念が生じたことを自らの年代記を根拠に歴史的事例として示したと論じた。従って、イングランドの伝統的政治形態を表した中世イングランドの法律家フォーテスキューが、ランカスター朝の一四六〇年頃から一四六三年までスコットランドに亡命し、後に著作『イングランド法礼賛』の中で自国イングランド同様にスコットランドも「政治的・王政的統治」を行っていると記述したが[118]、こうした彼の発言はスコットランドの知的伝統を的確に捉えていたといえよう。

一方、メイジャは『大ブリテン史』で、「王国の三身分は、国王が王家の領土を他者に永久に授与すること、また三身分の承認なく王家の財産からそれらの領土を譲渡することを禁ずる法を是認するために召集されなければならない[119]」と、特に、国王が親しい側近たちに王家の財源を分配することを非難した。換言すると、これは国王権力が常に議会により抑制されていることを示している。

ブキャナンの王権論でも、より洗練された形でスコットランドの知的伝統が読み取れる。ブキャナンの理論では、人々は神により光を吹き込まれ自然と社会を形成する存在であることは既に考察したが、同じ理由で人民が立法権も有するのである。というのは、神からの光により、法は「本性の神秘の最も奥深いところから導き出されるのみならず、神自身によって与えられ、我々に提示され」(45：36)、個々の人間の内面に刻まれているからである。ブキャナンによると、神からの生得理性の結果、人民が立法する能力を有し、その権力を保持しているのである。このように理性から法を導き出すブキャナンの理論にはキケロ的影響が強いといえよう。

ブキャナンが主張した立法の理由も特徴的であり、彼によると、人民によって選ばれた王国の首長は「国王であるのみならず、一人の人間であり、無知により多くの点で過ちを犯し」(22：18)、容易に放縦に陥りやすいので「国王の不正な欲望を抑制するために」(109：82) 法が必要となる。つまり、法とは国王にとって「国王の欲望を拘束するもの」（22：18）である。従って、「立法の理由は、国王創造の理由と同じである」（28：23）。前者は国王の欲望を抑制し、後者は人民の欲望を抑制する。国王権力を制限する法は、神の法はもちろんのこと実定法も意味するが、世俗的理論に重きを置いてきたこれまでの傾向から、ブキャナンはむしろ後者を強調したといえよう。そして国王は戴冠式において「人民全体に先祖の法律、儀式、古い制定法を遵守することを恭しく誓い」（84-85：66）、それにより、人民に対する国王の義務が発生する。人民によって選定された国王は法の下に位置し、その権力は法および人民によって制限されており、国王の行動は法によっても制限されている。ブキャナンによると、「我々が我々自身と国王に平等で公平な法律を課し」（133：102）、さらに「国王に関する法律は幾時代も前に立法され、王国に国王が確立される際、新たな法は制定されずに古い法が承認され満たされていた」（87：67）のである。そこからブキャナンは、人民が業務不履行である国王を退位させる権限をもつとし、人民の抵抗権を正当化した。従って、ブキャナンにとって、国王とは、市民の鑑となり、公的利益のために奉仕する存在であり、そこには公的精神のみがある。まさに国王の義務とは、キケロのいうように「人民の安寧が最高の法となる」ことであった。ブキャナンにとってこれがスコットランドの君主政の基盤であった。ブキャナンは、こうしたキケロ的「厳粛な王」の理想像を幼王ジェイムズに教育を通して教え込もうとしたのである。彼は、専制君主が抵抗され、公共善のために徳が行使されることにより王国の自律が維持されることを願い、公的活動が、腐敗や敗退を監視し、王国に安定をもたらすと理解したのである。(120)

同様な主張はレズリの『スコットランドの歴史』の中でも見られる。そこでは、人間の本性が堕落しているため、徳と正しき理性を定めるために法律が制定されたと記されている。(121) レズリによると、王国の世俗法は、「市民法」と呼ばれ、王国の三身分が集う議会において議論され、国王の認可でもって制定される。ここではスコットランドの法律全書、「レーギアム・マージェスターテム」とケネディ国王が作成した法について記述されているが、(122)

ファーガスがスコットランド王国の法を制定したとは記されていない。

ボゥイースの『スコットランド人の歴史』でも、人民がファーガス王を選んだ後、どのようにして法が制定されたかについて明確に記述されていない。しかし、国王選定の際に人民の役割を重視しているため、おそらくボゥイースもブキャナン同様に、法制定には国王の独断的権利というよりは、立法過程における人々の役割が重視されていたと考えられる。

こうしたスコットランドの知的伝統は、既に指摘したように、スコットランドに限られたものではなかった。フランスでも王権の制限を主張した理論が存在した。例えば、一六世紀初頭では思想家クロード・ドゥ・セセルが、『フランスの君主政』の中で、王権に対して三つの拘束、すなわち宗教、正義、秩序維持《ポリス》があるからこそ、フランス王国は繁栄してきたと主張した。[123] 彼によると、国王は、自らの行動および言説にキリスト教の徳を示す必要がある。高等法院が王権の乱用を監視する能力を示すことにより、正義に基づく適切な執行が確実となる。

こうした制限的王権論は、同じ世紀の後半にモナルコマキにも継承されていった。匿名の『僭主に対するウィンディキアエ』では、自然法、実定法、そして聖書に記されている法という三点でもって国王権力が制限されている。また、オトマンは『フランコガリア』の中で、タキトゥスを用いて王権の絶対性を説く理論に反論し[124]、三部会による権力抑制を説き、制限的選定制君主政を主張した。

このような制限的王権論を伝統的に受容していたのが、とりわけイングランドであった。かつてフォーテスキューが記した「政治的・王政的統治」に象徴されるように、王権は伝統的に議会によって制限されていると理解された。「王政的統治」では、法は国王によってのみ制定されるのに対し、イングランドの伝統的統治では臣民の同意を得て国王が法を制定する。まさに、議会内国王が法の立法者となる。

こうした知的遺産を継承して一六世紀には、スミスが『イングランドのコモンウェルスについて』の中で議会に主権を置く理論を提示した。スミスは「イングランド王国の最高且つ絶対的な権力は議会にある」[125]と明示する。しかしそれは戦時、貨幣鋳造、法の免除、高位職や為政者の任命などに関する国王の絶対的権力を縮小するものではなく、[126]平時における一般的な職務や法廷としての機能の際に、議会に絶対的権力を与えたものであった。

また、フッカーもイングランドの伝統として制限的王権論を展開した。フッカーが『教会政治の法律について』の中で、共同体によって王権が確立されたと主張したことについては第2章で既に考察した。フッカーによると、人々は自然に集まり共同体を作るよう神に創造され、やがて政治社会を形成する。この公的社会の形成における二つの基盤となるのが、「自然的本性」と「明白にあるいは内密に同意されている秩序」すなわち「国家《コモンウィール》の法」であった。[127]しかし、人間の本性が堕落しているため、人間を統合するためには法が必要となる。[128]法を作成するのは実質的には議会であるが、国王の同意なくして法が制定されることはなかった。フッカーによると、「全ての政治社会を命令する法律作成の合法的権力は、社会全体に属する」[129]ため、国王が社会からの同意もなく、その立法権を合法的に得ることはできない。同意もなく国王が立法権を掌握した場合、それは僭主となる。ここで国王は自然法や神の法のみならず、王国、あるいは市民法によっても制限される。フッカーの理論では、イングランドの主権者は議会における国王となり、そこから「国王とは個人にまさり、全体に劣る」[130]存在となる。

こうした制限的君主政を支持する言説は、他のヨーロッパ国でも見られた。ボダンほど王権の絶対性を認めてはいないが、エラスムスは、『キリスト教徒君主の教育』の中で、国王の立法権は認めても、国王を法の下へと位置づけた。また、ドルマンは諸々の法律によって君主は制限されると解釈した。かくして、彼らは、元来、人々に絶対的権力があったと主張し、彼らが国王にその権力を移譲した際、王権に制限も加えたと論じた。こうした解釈もまさに先のウルピアヌスの命題から発展した解釈であった。

これまで考察してきたように、王権神授の起源については、当時のヨーロッパでは幅広く共有されていたが、征服に起源をもつ王権確立に関しては、それほど共有されておらず、多種多様な解釈が生じた。このような知的背景のもと、ジェイムズが征服論から演繹した国王の権力は、ローマ時代の「イムペリウム」理論と非常に似ている。その理論では、王は最高の神官、裁判官であり、その権威には最高の軍司令官、行政官として人々に対する生殺与奪の権が与えられている。まさにこの「イムペリウム」は、軍事・行政・司法など、国の統治に必要な最高且つ絶対の権力、すなわち命令権を意味した[131]。こうしたローマの知的潮流を継承してジェイムズのみならず、一六世紀の著述家たちは、王権を強化するために「法律に拘束されない」(*legibus solutus*)、「立法者としての王」(*lex regia*)の理論を自らの作品に援用したのであった。

(4)　ジェイムズの主張の独自性

ここで今一度強調すべき点は、ジェイムズは法の上に位置する国王を主張したが、彼はローマ法の命題に言及することはなく、それは専ら彼が言うところのスコットランドの歴史観という世俗的王権の起源を論拠に主張した点である。ブキャナンらとは異なるスコットランドの歴史観を抱くジェイムズは、自らの観念に基づいて、神の法以外には制限されない至高権力をもつ国王、「法の創造者且つ制定者」である国王、「法の上に位置する国王」(T72)という典型的な王権の絶対性を説く観念を導き出した。こうしたジェイムズの土地や臣民に対する絶対権力の主張は、固有のものではないことは既に指摘したとおりであるが、歴史観にのみ依拠したその典拠方法は非常に独特であるといえよう。

さらに、ここで特筆すべき点は、ジェイムズが一六世紀の王権の絶対性を説く観念に特徴的なように、前章で考察した王権神授論と国王の絶対的権力を結合していなかった点であることを再度強調しておく。前章では、国王権力の絶対性は、中世の神聖ローマ皇帝対ローマ教皇から生じた論争の結果、国王の神授性から導かれたことを考察した。フランスやイングランドの絶対王政を支持する観念もこの知的潮流を汲む。ボダンやフィルマーは、王権の神聖、あるいは聖書に見られるように家族内の父権拡大から、国王に立法権を与えるが、ジェイムズはあくまでも征服によって得た領主としての絶対的権力を主張した。彼らの理論では、ジェイムズのように世俗的観点のみから立法権が正当化されていない。ジェイムズが主張した国王権力の内容は、王権の絶対性を支持する観念同様に中世的ではあるが、神の意志と国王の立法権を結合させる観念が多数を占めていたにもかかわらず、ジェイムズがその権力を正当化するために依拠したのは、世俗的起源、すなわち征服論であったことは非常に独特である。

4　不可侵の世襲君主制

(1)　世襲君主制の必要性

ジェイムズは、征服による王権の起源から不可侵の世襲君主制の原則も導いた。彼によると、「継承は王国の古き基本法により確立された……というのは、彼［国王］は世襲の領主であり、宣誓におけるいかなる権利でもなく血筋により、王位に就く。……国王の統治が終わるまさにその瞬間に、最も近親で合法的な継承者が、先の王の位置に就く」(T80) のであった。征服した国王が王国の制定法を作り、その制定法により、世襲制が慣習として認められるのである。

第2章第2節で指摘したように、王権神授論の目的の一つに、ジェイムズのイングランド次期王位継承権を正当化することがあった。さらにジェイムズは、その継承権をより一層揺るぎないものにするために、王権の神授的典拠だけでなく、征服論という世俗的王権の根拠からも血筋の正統性を主張したのである。ジェイムズにとって征服論の方が、継承権に対してより重要な根拠となっていたと考えられる。というのは、イングランドでは歴史と法といった経験や慣習が、世襲原則の基盤を提示したからである。[132] このようにジェイムズが、自らの世襲権を補強しようとした背景には、彼の次期継承権を決定的とする証拠が不十分であったこと、さらに周囲からそれに対して疑問視されていたことが挙げられる。[133] その理由として、以下の三点がある。

第一に、イングランド王ヘンリ八世は一五三四年に「第一王位継承法」を制定し、これにより王位継承順位が自身の子息エドワード、メアリ、エリザベスの順に確定され、エドワードが成年に達するまで統治は枢密院に委ねられることとなった。さらに、ヘンリ八世が一五四六年の遺書の中で記したエリザベスの後の王位継承者は、ヘンリの妹メアリの子孫であるサフォーク家であった。つまりそれは、ジェイムズがイングランド王位継承権の正統性を主張する根拠とした、スコットランドに嫁いだヘンリの姉マーガレットの子孫を意味しなかった。

第二に、一五七一年の「大逆罪法」では、王位継承についてはエリザベス女王に指名権があり、それは議会によって承認されると定められた。しかし結局、彼女は後継者を公式に指名せず一六〇三年に死去した。他方、セシルは、エリザベスの晩年に、イングランド次期王位継承者としてジェイムズの立場を確固たるものにしようとしていた。一六〇一年のエセックス伯の反乱が失敗に終わった後、エリザベスの側近セシルとジェイムズ、そして彼らの仲間との間で暗号を用いて秘密裏に書簡が交わされていた。[134] そうした水面下での動きは見られたが、公的に王位継承者が定められることはなかった。

第三に、当時、イングランドの次期王位継承権の有力候補者として、ジェイムズの他に、彼の従兄弟にあたるアラベラ・ステュアート、そしてスペインの王女イサベルが名を連ねた。しかも、そうした中、ジェイムズの継承権について疑問を呈する作品が出版された。ここでは、第三番目の理由に焦点を当て、なぜジェイムズが征服論を根拠として自らの世襲権を主張したのか考察したい。

偽名ドルマンは、ジェイムズの継承を阻止するために『イングランド王位の次期継承に関する会談』を書いた。

二巻から構成されるこの作品は、第一巻では王権の起源を人民に求め、第二巻ではイングランドの法に言及して、継承権が誰にあるかを論じている。第2章第2節で指摘したように、ドルマンは、人民による選定制君主政を主張し、王権の基盤を実定法に求め、血筋だけでは君主に就く正当な根拠とはならないと論じた。彼は本質的に自然法、基本法、そして神の法に依拠して、次期イングランド国王はジェイムズではなく、スペインの王女イサベルが正式な継承者であると主張した。血筋だけでは王位継承には不十分な根拠としながらも、ドルマンは、皮肉にも、結局、イングランドのヨーク家よりもランカスター家の方が王位に相応しい血筋であり、そこからヨーク家の血をひくジェイムズの継承権を否定したのである。こうしたドルマンの見解はスコットランドのみならず、イングランド内でも物議を醸し、ドルマンの議論に反駁してジェイムズの継承権を擁護する作品が生まれた。

例えば、イングランド議会の下院議員ピーター・ウェントワースは、[135]『王位継承者を確立するよう女王陛下に対する簡潔な警告』を書く。ウェントワースは、冒頭からスコットランド王ジェイムズが次期イングランドの王位継承権を有すると主張した。彼は、モーセやダヴィデという聖書の中の登場人物は後継者を任命したのに対し、スコットランド史上のアレグザンダー三世、あるいはイングランドのルキウス王は継承者を正式に任命しなかったため、その後、王国が分断されたと指摘する。[136] つまり、継承者の不在が王国内の混乱や紛争の原因となる。そして、プロテスタントであるスコットランド王ジェイムズが血筋の点からもイングランド次期王位に最も相応しいことを強調した。

さらに、ウェントワースはドルマンに対する反論として『ウェントワース氏の判断を含む小論文』も執筆し、ここでも同じ理論を用いてイングランド王位継承権がスコットランド王ジェイムズにあると主張する。ドルマンの主張の根拠となった主な三点、すなわちジェイムズが外国生まれであること、そしてジェイムズの父側の家系と母メアリの家系の二つを取り上げる。[137] それらに対して、ウェントワースは、スコットランドの今の王になる以前にイングランドの制定法でスコットランドを外国として扱っていたが、今は異なると反論し、スコットランド人はむしろイングランドの従属民で言語も英語とほとんど変わらない点を強調した。そしてジェイムズの父方、母方の家柄は共に問題はない点を指摘した[138]。さらに、メアリのエリザベスに対する陰謀について、ジェイムズは関係ない点も挙げていた[139]。かくして反論者に対して異論を提示した後、ウェントワースは再度、血筋による継承権を強調するのであった[140]。

ウェントワースは、ジェイムズにイングランド王位継承権があると主張して八年間も費やした。但し、彼はジェイムズがイングランドの伝統的な法律に従い、イングランドを統治する場合、継承が認められるとも付言しており、世襲の権利が絶対的ではなく議会によって変更可能であることも示唆している[141]。結局、彼は、執拗に王位継承法案を上程しようとしたため、一五九三年に継承問題に干渉した罪でロンドン塔送りになり、長期にわたって収監され、その後死亡した。

他方、ヘイワードは、『ロンドンにおける王位継承に関する会談に対する返答』を書き、ドルマンの『イングランド王位の次期継承に関する会談』の第一巻の各章に対して反論を試みた。ヘイワードは、リウィウスやタキトゥスなどの古典古代の作者や、聖書に記されている諸事例、フランスやイングランドなどにおける君主政の諸事例を挙げ、自然法、神の法、そして王国の法により、長子が王位継承を相続することが自然であると主張した[142]。彼によると、「ごく稀な例外はあるが、全ての王国は、この統治形態を是認する。第一に、一人の君主のもと、第二に、血筋の近さに従い世襲制により彼を認めること[143]」である。かくして彼は本作品の中で、ジェイムズが継承する絶対的権利を保有すると繰り返し論じた。彼は世襲制が君主政の最善の政体であることのみならず、継承法のもとで、世襲権は不可侵であることを示した[144]。

スコットランド内では、クレイグが先のドルマンの見解に反論した。彼はジェイムズの王位継承を正当化するために、『イングランド王国の継承権に関して』の第一巻の中で、自然法、王国の法、市民法（ローマ法）、そして神の法に依拠し、「前国王の死後、血筋上、最も近い者が王国を継承すべきである」と主張した。まず最初に、クレイグは神の法が記されている『新約聖書』および『旧約聖書』を典拠に、神が聖職および王国の二つの領域で世襲制を企図したと論ずる。(145) クレイグによると、王国における世襲制はまさに神授的権利なのであった。次に、クレイグは、バルトロス、ウルピアーヌス、ユスティニアヌス皇帝などに言及して、全ての人間に生まれながらに与えられている共通した法、すなわち自然法が示すように、世襲制が行われ、その慣習が成文化されている点を指摘する。(146) 彼は、イングランドではウィリアム征服王以来、血筋が最も近い者に世襲権が与えられるようウィリアムによって制定され、そしてそれが慣習となったと主張した。(147) ここで興味深い点は、王権の神授的起源を示したクレイグではあったが、世俗的起源の整合性はさておき、征服した国王の子孫にも「王国の基本法」に依拠して世襲継承権を認めていることである。(148) 最後に、クレイグは、「十二表法」やスペインやハンガリーなどの各国の歴史の諸事例にも言及して、父権側の血筋の継承権を強調する。(149) かくしてクレイグは、血筋や父権という自然の摂理を根拠とし、第二巻では、外国生まれであることがイングランドの次期王位継承に対する妨げとならないことを論じるのであった。

クレイグは同書の中で、対抗論者が掲げる選定制王政が適さない理由についても説明する。すなわち「人々の忘恩」「政体に対する王国形態の変化」「政体を適用する困難さ」「選定された君主に対して偽誓の承諾をすることになる」という四点である。(150) さらに、彼は、選定制では、選挙にむけて人民の間に「腐敗」や「野心」を生じさせやすくするという問題点も指摘した。(151) また彼は、ヘンリ八世の宗教および世襲制に対する矛盾した政策についても批判し、(152) ウィリアム征服王以来、血筋が最も近い者に世襲権が与えられるよう制定されたと再度、世襲の原則を擁護するのであった。(153)

しかも、クレイグはエリザベス女王について、「彼女はかなり歳をとった」と指摘し、「人々が歳をとると、彼らは自分たちが無視されたり忘れ去られたりと常に思いがちである」[154]と述べ、エリザベスが次期王位継承者を指名しないことに対しても批判的であった。こうしたクレイグの主張は、他の作品『ブリテン王国の統合に関する論文』の中でも見られ、彼は世襲制が神の意志であると繰り返し主張するのであった。[155]

これまで考察してきたようなドルマンに対する直接的な反論形式としてではなくても、イングランドの知的潮流では世襲君主制が広く認められており、多くは神授的要素からそれを正当化した。例えば、マーベリは、『君主政に関する小論文』[156]の中で、君主は「第一に、神の恩寵によって、そして第二に、合法的な直系の世襲制によって」王位に就くと主張し、血筋による王位継承が最善の統治形態であると論ずる。[157]

サラヴィアは、「創世記」に依拠して「至高権力は人間と同時期に始まった」と主張し、さらに「人類の最初の先祖がまた最初の国王である」と宣言した。[158]彼にとって、ボダンのように、父権と王権は本質的に同一であり、「長子相続の特権は……至高権力を有する父がそれを破棄しない限り、最初の子供に」王権が与えられることとなっている。従って、国王のみが世襲制を変更できる。この点で、後のフィルマーと同様な主張であるが、サラヴィアは、彼のように、既存の統治者が最初の国王の直系子孫であると主張する意図はなかった。[159]

人民による選定制君主政の始まりを論じていたフッカーも、『教会政治の法律について』の中で世襲制を支持した。それは、世襲制君主政が最善の形態だからではなく、人民と国王との間の始原契約が、血筋による世襲制を規定したからである。すなわち世襲は自然法や神の法ではなく、実定法から規定された権利であった。この法律を無視することはできないのである。[160]

但し、イングランドでは、スターキィが『レジナルド・プールとラプセットの対話』の中で「相続や血筋による君主の継承は、専制および野蛮な君主によって導入された」[161]と記しているように、世襲制に対して好意的ではない主張はあったが、イングランドでは不可侵の世襲君主制という観念は、ヨーク公リチャードがイングランド王エドワード三世の合法的な継承者という主張を明確にしたことにより、それ以降、慣習となったとされている。[162] このように、イングランドでは、王権の起源については異なる見解を抱いていても、世襲の原則について多くの者が共有し、神の法や自然法よりも、実定法、すなわち議会における制定法の方が、世襲権を決定づける重要な根拠となっていたといえよう。

（2） 世襲君主制という伝統

これまで考察してきたように、ジェイムズの主張とスコットランドの知的伝統にはほとんど共通事項が見出されなかったが、世襲君主制についてはイングランドのみならず、スコットランドでも伝統的な政体として認識されていた。例えば、メイジャも、通常は選定制より世襲制を好んだ。[163] しかし、メイジャは『大ブリテン史』の中で、ジョン・ベイリオルが血筋の点で最も近い世襲権を有したが、イングランド王エドワード一世にスコットランド王国を従属させたため、こうした彼の行動から王国を統治するのに適していないことが明らかとなり、ロバード・ブルースが世襲する権利を有したと記す。[164] そこではブルースがベイリオルよりも先に生まれていたこと、あるいはベイリオルがハンティントン伯ディヴィッドの長女の息子であることは関係なかった。先述したように、王家の土地の配分においても議会の認可を要したため、[165] 継承に関しても国王には自由裁量権はなく、議会の承認が必要とされた。さらに王位の世襲には血統のみだけでなく、統治者の資質まで考慮することが重要とされた。

人民選定による君主政を主張したブキャナンは、好意的態度は示していないものの、国王ケネス三世の時に世襲制がスコットランドの制度の中に組み込まれたと主張した。ブキャナンの『スコットランド史』によると、初代国王ファーガスの死後、彼の息子二人が年齢的に統治能力を欠いていたため、指導者たちが集まり、その中でファーガスの弟を次の王とすることに決め、その後、スコットランド王ケネス三世のときに人民の意志に反して、会議にて王位継承が長子相続へと変更された。[166] 同様な主張は、ブキャナンの『スコットランド人の王権法に関する対話』の中でも詳細に論じられている。ブキャナンはケネスのこの行動を「人民の意志に反して、あるいはそれを得るために人民を説得して行った[167]」と批判的に捉えるが、それ以降スコットランドでは世襲君主制が慣習となったと容認する。但し、ブキャナンはこの世襲君主制では「愚かで気が狂っている息子[168]」には継承権がないと付言しており、世襲君主制の慣習においても国王の資質を重視する。そして、彼はこうした慣習が「外国の支配から免れて二千年間も続いている[169]」とスコットランド固有の君主政を擁護するのである。

レズリは、『最も素晴らしいスコットランド女王メアリの権利、称号、そして利害に関する論文』の中で、君主政は当初、選定されていたと指摘するものの、継承問題に関して意見の相違により紛争が生じる危険性から、選定制を廃止し血筋による世襲制を採択したと記した。[170] 本作品は、クレイグのようにジェイムズのイングランド王位継承を擁護するために書かれたものではなく、むしろメアリのブリテン王位継承の正当性を主張することに重点が置かれており、彼はヘンリ七世の長女マーガレットを曾祖母にもつメアリ女王のイングランド王位継承権の正当性を主張した。さらに、レズリは『スコットランドの歴史』の中でも世襲制の慣習について詳細に言及する。レズリによると、ケネス三世が議会で世襲制を法律で定めたが、それは一度、撤廃されるものの、マルカム二世のときに再び制定された。[171] これまで見てきたように、スコットランドでは、制定法によって王位の世襲権が保護されていたのである。

さて、世襲制に関する問題は、ジェイムズのイングランド次期王位継承という切迫した政治的状況にのみ必要とされた理論ではなかった。王権の正統性をめぐって、一六世紀ヨーロッパでは、世襲制の問題は非常に重要な問題となっていた。というのは、それは王権の存続基盤となっていたからである。とりわけ、神授的王権の起源を擁護した者たちは、概して聖書に依拠して世襲制を支持した。例えば、フランスでは、ボダンが『国家論』の中で、以下のように世襲制の正当性を論じている。

人々は、幾世紀もの経験により、君主政が貴族政や民主政よりもより安定し、より望ましく、コモンウェルスの形態としてより永続可能なものであることを、そして最善の君主政とは男性に世襲権利が与えられている制度であることを学んだ。その結果、世襲君主制は世界中で確立されてきたのである。[172]

ボダンは、世襲君主制が自然法、神の法、市民法や王国の法に適していると主張し、世襲君主制を選ぶ理由は、秩序を維持するためにそれが適っているという現実的なものであった。こうした理論は、「自然の秩序は、父の後、年長の息子が継承すること、そして順序に従って残りもこれに準じることを当然とする」として、神が定めた自然の秩序によって正当化されたのである。[173]

ボダンとは対照的な王権論を構築した『僭主に対するウィンディキアエ』の匿名作者も、人民の同意により王権が確立されたと主張したが、フッカーのように、実定法が世襲制を規定したという根拠から世襲制を容認する。同様に、人民選定制による王権確立を説いたオトマンも実際には、『フランコガリア』の中で、手続きの便宜上、世襲制の継承方法を擁護し、「亡くなった国王の息子たちに優先的権利があり……それはこの慣習よりも賢明な措置で、コモンウェルスにとってはより健全なものである」[174]と主張していた。

同様な論調は、人民選定による王権論を説いたマリアナにも見られた。マリアナは『国王と国王の教育』の中で、亡き国王の後継者が確定されていると破壊的な紛争が避けられるとして、法によって定められた世襲制を擁護した。しかしこの法の制定には人民の是認が不可欠であった。[175]

（3）　征服と世襲君主制

このように、当時、幅広く世襲制は容認されていたが、彼らが根拠としたのは、主に、自然法、神の法、制定法、あるいは歴史観と多様であった。とりわけ、イングランドとスコットランドでは、議会における制定法による世襲制の正当化が、有力な根拠となっていたといえよう。ジェイムズは、征服という世俗的王権の成立から、国王による立法権を主張し、世襲制が制定され王国の慣習となっていると結論づけた。かくして、ジェイムズも、当時有力な根拠を用いて、イングランド王位継承を視野に入れ自らの主張を補強したのである。

そればかりでなく、既に第2章で考察したように、ジェイムズにとっては、征服論は、世襲権の確保のみならず、抵抗権論を反駁するのにも非常に効果的な理論であった。ジェイムズは、「法律と統治形態が確立された最初の方法」（T69）という基本法に依拠し、そこから「王位に就いている国王を排除すること、継承する国王を排除することは（王位は常に満たされており）非合法的である」（T82）と君主に対する抵抗権を一切否定したのである。このように、征服論は、世襲権だけでなく、服従の根拠をも提供した。

イングランド次期王位継承者に関してこのような政治的議論が進展する中、エリザベスが亡くなる前に、イングランドのロバート・セシル主導のもと、ジェイムズの次期王位継承の準備が整えられ、一六〇三年のエリザベスの崩御後、三月二四日に出された勅令には三七名のイングランド貴族と庶民院議員の署名が添付された[176]。そこでは、ジェイムズがヘンリ七世の娘マーガレットの血筋をひく「直系、そして合法的」なイングランド王位継承者であると記された。そして、ジェイムズは、願っていたとおりに、「法によって、直系の世襲によって、そして疑いのない権利によって」「この王国の王家の血筋をひく、直系的・正統的・合法的な次期且つ唯一の継承者である」としてイングランド王位を継承したのである[177]。

5　二つの王権の起源と「政治的身体」

これまで考察してきたように、ジェイムズがファーガスの建国神話の征服論から導いた王権の属性は、立法権を含めた国王の至高権力、そして不可侵の世襲君主制であった。第2章で、当時のヨーロッパでは王権の神授的起源について広く共有されていたと指摘したが、征服に関しては、政治の現実世界では自明の理ではあったが、政治的言説でさほど肯定的に受容されていなかった。そうした中、マキァヴェッリは神授的王権論を拒否し、征服の行使を明確に擁護しており、その論理展開には矛盾は生じなかったが、ジェイムズの王権論は一見相反するこれら二つの霊・俗の王権の起源を特徴とする。それでは、本章で考察した世俗的王権の起源と、第2章でジェイムズが論じた王権の神授的起源にはいかなる整合性があるのか考察してみよう。

近年のスコットランド史家メイスンは、これら二つの独立した概念を結びつけるのが、「啓示」であると指摘する。[178] 本章第1節で考察したように、確かにフッカーは、神の啓示ゆえに国王が征服に成功し、そこから王権が確立されたことを説き、王権の神授性と征服の整合性を見出した。しかし、ジェイムズ本人は啓示よる整合性について著作の中で明確に述べることはない。これまで見てきたように、実際には、ジェイムズのように、一方で、王権の神授的起源を説き、他方で征服による王権の始まりについて言及している作品は珍しくはなかった。例えば、ヘイウッド、ウェントワース、サラヴィア、ボダンなどの作品である。そして彼らの作品でも両者の整合性については触れられていない。ここから推測すると、議論を構成するそれぞれの根拠同士の整合性に対しては、当時の人々はおそらく疑問を抱かなかったといえる。むしろ、当時においては、そうした整合性について証明するよりも、自らの主張や理論を補強し、反論に対してより説得的な理論を提示することに重きが置かれていたと考えられる。従って、あえてこの二つの概念を結合しようと試みる必要はなかったといえよう。

ここで、より重要な点として、矛盾した王権の起源を提示したジェイムズではあったが、ジェイムズが一定の領域では明らかに両者を峻別して論じていたことである。というのは、それぞれの起源から導かれる王権の属性について区別されていたからである。すなわち王権の神授的起源からは主に義務の理論が演繹され、世俗的起源からは主に国王の領主としての権力が演繹された。当時、多くの思想家たちが、王権の神授的起源から国王権力を正当化しようとしたのに対し、ジェイムズは、世俗的王権からそれを導いたのである。また、ジェイムズは、王権の神授的起源を擁護しても、国王が神と同様な神秘な力を有すると主張することに躊躇していたと第2章で指摘した。それを証明するかのように、ジェイムズは世俗的起源から、世俗的な権力、すなわち領主としての権力を主張しており、神に与えられた神秘的権力を主張していないのである。

それでは、ジェイムズがファーガスの征服を主張した背景は何であったのだろうか。第2章において、ジェイムズが王権の神授的起源を主張した主要な三つの要因について考察したが、ジェイムズにとって自らの理論を補強するためには、神聖な権威だけでは十分ではなかった。特に、スコットランドの知的潮流では、ヨーロッパの知の潮流のような王権神授論よりも、世俗的根拠から構築された王権論が伝統として根づいていたため、ジェイムズはまたそのような世俗的王権の基盤に対しても個別に反論する必要があったといえよう。従って、ジェイムズは、征服論という世俗的根拠を用いることにより、スコットランドの知的伝統である世俗的王権の基盤に対抗し、自らが考える王権論を補強しようとしたのである。

それだけでなく、ジェイムズには、スコットランドとイングランドの王権の類似性を強調する必要があった。ジェイムズは、両国とも征服により王家が始まり、王権の起源や王家の歴史に類似点があることを示し、自らの次期イングランド王位継承の正当性を補強しようとしたといえる。特に、世襲制が王位継承として制定法により認められていたイングランドにおいては、征服後の慣習から世襲権を主張することは、ジェイムズにとって非常に効果的であったといえよう。また、それにより、両国が同じローマ法の影響を受けていることを主張することが可能となった。

さて、征服による王権の起源を歴史的な起源として広範な意味で捉えるとすれば、神授的起源と並んで、この二つの王権の源は、当時の王権論を構築する二つの支柱をなしていた。換言すると、聖書と過去の歴史は、当時、王権の存続の基盤を支える理論的支柱となっていたのである。これら二つの支柱は、様々な解釈を生み、絶対的な王権の基盤を擁護する者のみならず、それに反論して制限的王権論、あるいは人民による王権確立を主張する者たちの議論にも用いられた。例えば、フランスの絶対王政を支持する観念では、ボダンなどは聖書と歴史を巧みに用い、あるいはその理論に反するモナルコマキの理論でもこれら二つの根拠は効果的に用いられた。但し、既に指摘したようにスコットランドでは、王権の神授的起源にはさほど重きが置かれず、世俗的起源のみ用いられたのであった。

従って、ジェイムズは、霊・俗二つの王権の起源に整合性をもたせることよりも、自らの理論と異なる見解に対して反駁することを重視したといえよう。ジェイムズにとってより重要であったのは、彼の理論の対極に位置する人民による王権確立、すなわち人民と国王とのある種の契約観念を否定する霊・俗の王権の起源であったと考えられる。かくして、彼の展開した王権論には、神授的起源と世俗的起源という二つの異なる王権の始まりが示されているのであった。それは、第2章で考察したように、王権の身体を表象している継続する「政治的身体」の安定には必要な基盤であった。

注

(1) 小林 2010.
(2) スコットランドの建国について言及されていないが、一七世紀にも多くの歴史書が出版された。例えば、聖職者から政治の世界へと転身したジョン・コルヴィルの作とされる『国王ジェイムズ六世の歴史と人生について』、ポロックのマクスウェルが所蔵していた『注目すべき出来事についての日記』、あるいはスコットランド宗教史に焦点を当てた聖職者ジョン・スポッツウッドの『スコットランド教会史』やディヴィッド・カルダウッドの『スコットランド教会史』などがある。
(3) ジェイムズの『自由なる君主政の真の法』では明確にブキャナンやノックスの名は挙げられていないが、「愚かな作者たち」と記されている（T71）。
(4) スコットランドの人文学者の歴史学については Williamson 1979を参照。中世の年代記に見られるモチーフや特徴については Wood 1998を参照。
(5) Burns 1996: 54-86. 但し、バーンズはメイジャの初期の思想には制限的王権論が必ずしも見出されない点を指摘する。
(6) Major 1892: 213.
(7) Oakely 1962.
(8) Buchanan 1827: i, 156-157.
(9) Buchanan 1680: 84; 1579: 65.
(10) Buchanan 1680: 126; 1579: 96.
(11) Kidd 1993; Kidd 1999; Allan 1993: 29-78; Ferguson 1998.
(12) アルビオンはスコットランドの古称である。
(13) Boece 1938: i, 36.
(14) ボゥイースの原文では 'the counsale' を受けて 'they' と記されており、おそらく王国の代表者たちを指した。*Ibid.*: 36.
(15) Leslie 1888: i, 129.
(16) Fordun 1872: 6-29. 一方、ダンカンは、フォーダンがファーガス神話を最初に記したのではなく、それは以前から存在しており、おそらく一三世紀以降、対抗勢力に対するプロパガンダとして発展していったと指摘する。Duncan 1972.
(17) Fordun 1872: 41.
(18) Wyntoun 1903: i, 198-199; Bower 1998: 5-7.
(19) ブルータス伝説については以下を参照。指 1999; 岩井 2003; 山崎 2004; 狩野 2008.
(20) 『為政者の鑑』でもブルータスの血筋が王位継承の正統性がある点が記されている。Baldwin 1960: 123 (2000: 121).
(21) Ferguson 1998: 15-16.
(22) Boardman 2002: 49.
(23) Broun 1994; Broun 1997: 9; Broun 1999.
(24) B137. 一五九九年版では、ジェイムズはブルータスに言及していない。
(25) Boece 1938: i, 21-30.
(26) Leslie 1888: i, 70-76.
(27) Buchanan 1995: 284-297.
(28) Hume 2002: 13.
(29) Buchanan 1995: 276-281.
(30) *Ibid.*: 286.
(31) Matthews 1970.
(32) 指 1999: 92-93; 原 2003: 25-28.
(33) Drexler 1987: 65.
(34) Mason 1987b; Mason 2002.
(35) Asher 1993: 10; Pomian 1997. フランスの君主政も皇帝の血統を主張するため、神話上のトロイアの流れを汲む祖先フランクスにまで遡った。ヘクトールの息子フランクスは、トロイアを遁れてから、フランス初代国王たちの伝説上の民族を神話として創り上げた。イエイツ 1983: 19-23.

(36) Boardman 2002.

(37) Drexler 1987 : 65. フォーダンの作品にも同様な分類が確認される。Fordun 1872 : 38.

(38) Major 1892 : 50-54.

(39) Buchanan 1827 : i, 64-79 ; Trevor-Roper 1966 : 21 ; Trevor-Roper 2008 : 3-54. マクファーレンは、ブキャナンの歴史作品には一五三〇年代のフランスの歴史学の影響が強いと指摘する。McFarlane 1970 : 302.

(40) Ferguson 1998 : 87.

(41) Asher 1993 : 33 ; Franklin 1963 ; Kelley 1970a. 一方、一六世紀イングランドでは、伝統的な歴史叙述の形態をとっていた年代記が衰退し、一七世紀中頃には完全に消滅した。Woolf 2005 : 11-78.

(42) Hotman 1972 : 197-198.

(43) Bodin 1969 : 15 ; 清末 1990 : 100-129.

(44) Burns 1996 : 78-86 ; Mason 1987b : 65.

(45) Craig 1909 : 357. しかし、クレイグによると、ボゥイースが寓話の歴史叙述を行った最初の人物ではない。

(46) *Ibid.* : 358.

(47) *Ibid.* : 368-369.

(48) *Ibid.* : 241.

(49) ジョンストンは同作品をジェイムズ六世に謹呈する旨の書簡を著作の前書きに添付した。*Letters of John Johnston* 1963 : 166-168.

(50) Jonstonus 1602 : 1.

(51) Cowan 1984.

(52) Lynch 1994. Cf. Trevor-Roper 2008.

(53) 古代から一一世紀頃までは、スコットランドの初代国王は六世紀初頭のエルクの息子ファーガスであると解釈されていたが、その後、ピクト人に対するスコット人の優越性を示す必要が生じ、一三世紀以降、ファハーの息子ファーガスが初代国王として認識されるようになった。Trevor-Roper 2008 : 3-13.

(54) Merbury 1581 : 16.

(55) *Ibid.* : 10.

(56) *Ibid.* : 18.

(57) Hayward 1603 : 34.

(58) Saravia 1593 : 223.

(59) Hooker 1989 : 141.

(60) *Ibid.* : 179.

(61) Smith 1982 : 63.

(62) 中世から二〇世紀にわたるウィリアム征服に関する議論については Chibnall 1999を参照。

(63) Pocock 1987 : 53.

(64) *Ibid.* : 30.

(65) 概要としては Hinton 1960を参照。

(66) Skinner 1965. 後に、年代史家でもないウォリスなどの一六四〇年代の王党支持者たちは、征服論から国王権力を主張したと指摘する。

(67) Sommerville 1986b.

(68) 一方、サマヴィルは征服論が政治的議論の中心にはならなかったと主張する。Sommerville 1986a : 66-69.

(69) Burgess 1992a : 83 ; Burgess 1998b.

(70) Hinton 1967 : 296-297.

(71) Nenner 1995 : 49. それは以下の三点を明示する結果となった。一点目は、ウィリアムがハロルドよりもエドワード告解王の血筋に近かったこと、二点目は、ウィリアムが王国の是認を受け、そして選定によりその王という称号を得たこと、そして三点目は、ウィリアムがエドワード告解王の意志と遺言により王位に任命された点である。

(72) Armstrong 1948.

(73) Tillyard 1959.

(74) Baldwin 1960: 123 (2000: 121).

(75) 例えば、メイジャの『大ブリテン史』にはウィリアムがイングランドを侵略し、ハロルド王を殺害して自らを国王としたと記述されてあるのみで、王権と法がどのような関係にあるかは記されていない。本書の重点はスコットランドのマルカム王がウィリアムに服従しなかったという点である。Major 1892: 127–129.

(76) Craig 1909: 349.

(77) Craig 1703: 29.

(78) Botero 1956: 101.

(79) *Ibid.*: 158.

(80) *Ibid.*: 148.

(81) *Ibid.*: 97.

(82) Schellhase 1976: 127.

(83) Erasmus 1997: 101.

(84) Bodin 1955: 65–66.

(85) *Ibid.*: 61.

(86) *Ibid.*: 66–67. ここでスコットランドは絶対的な主権君主であることが記されている。但し、後者の場合、主権は人民、あるいは貴族にある。このように「権力掌握時点で不正を行う暴君」と「権力不正の段階で不正を働く暴君」の二種類に分け、前者である簒奪者に対しては抵抗することを認める理論は、アクィナスにも見られた。将棋面 2002: 104–109.

(87) トロイマン 1976: 47.

(88) Smith 1962: 51, n. 12.

(89) フランスのオトマンも『フランコガリア』の中で、タキトゥスの作品を根拠にフランク君主政の起源は神でもなく、征服でもなく、人民による選定にあったと主張する。Hotman 1972: 221.

(90) ブキャナンについては第2章第3節を参照。Bodin 1955: 125.

(91) 藤原 1998: 124–125. 絶対主義についての概要は Burns 1991: 347–373を参照。

(92) ローマ法にある二つの言説が、近代初期にかけてどのように絶対主義を支える理論的基盤として発展していったかについては、藤野 2002; 藤野 2003; 藤野 2004; スタイン 2003: 77–79を参照。

(93) Engster 2001: 47.

(94) Smith 1915.

(95) Craig 1703: 354.

(96) *Ibid.*: 161.

(97) Craig 1909: 299.

(98) Jonstonus 1602: 1.

(99) Sommerville 1983: 242. サマヴィルは、通常言われているより、エリザベス期後期にはボダン的な絶対的王権理論が広く擁護されていたと主張する。その例として、サラヴィアの著作『統治の権威について』が、女王により出版の認可を得ていたが、フッカーの著作は認可を得ていなかった点を挙げる。一方、サマヴィルは、イングランドの思想においてフッカーの理論がむしろ保守的で、サラヴィアの絶対的王権の正当性や政体に関する理論が、新たな視点を提示していたと結論づけている(*Ibid.*: 245)。

(100) Hayward 1603: 31.

(101) *Ibid.*: 31.

(102) *Ibid.*: 33.

(103) Starkey 1989: 77.

(104) サラヴィアはノルマン征服を根拠に国王に王国の所有権を与えた。Saravia 1593: 223.

(105) Bodin 1955: Introduction: xx, xxiv. ここではボダンは『旧約聖書』のみから引用している。

(106) *Ibid.*: 28.

(107) ここから通常、ボダンは国王が神の法以外、全ての実定法に拘束されないと主張していたように理解される傾向がある。しかし、他方で、ボダンは「地上にいる全ての君主は、神の法および自然法、さらには全ての諸国に共通した実定法にさえ服従する」とも明記しているため、ボダンは実は神の法や自然法のみならず、国王が一定の実定法にも拘束されることを明示していたといえよう。

(108) Bodin 1955: 12.

(109) *Ibid.*: 25.

(110) *Ibid.*: 36. 市民法に関してボダンは、バルトロスらの権威を用いた。*Ibid.*: Introduction, x.

(111) Engster 2001: 48.

(112) Spellman 1998: 59. 他方で、ペニントンによると、ボダンは単に中世の立法学者たちが既に述べた内容を体系的に提示したにすぎないため、「本質的というよりも概念的な」主権論の構築に貢献したとことになる。Pennington 1993: Epilogue. これに対して、エングスターは、ペニントンのボダンに対する評価は「非常に保守的」であると批判し、むしろボダンの理論が政治思想史の中で立法者としての国王という存在へと転換したため概念的な突破口となったと評価する。Engster 2001: 48.

(113) Church 1941: 243–271.

(114) Salmon 1991a: 233–234.

(115) Merbury 1581: 41.

(116) *Ibid.*: 44.

(117) Smith 1962: 49. 後続の例としてアーブロース宣言やブキャナンの言説がある。スコットランドの封建制にもその要因がある。イングランドとは異なり、スコットランドでは地理的に領地が狭く、王権よりも領主の権力でもって共同体を支配していた。MacQueen 1993: 41.

(118) Fortescue 1997: 22; Fortescue 1949: 32.

(119) Major 1892: 165–166.

(120) Williamson 1979: 87.

(121) Leslie 1888: i, 118–124, esp. 120.

(122) ケネディ国王とは、おそらくケニス・マカルピン国王のことを指す。

(123) Parker 1983: 1. 秩序維持とは、王国の基本法と国王の義務を意味する。

(124) Salmon 1980: 318.

(125) Smith 1982: 78.

(126) *Ibid.*: 85–88.

(127) Hooker 1989: 87.

(128) *Ibid.*: 91–92; Allen 1960: 191. アレンの解釈では、フッカーの理論は曖昧で、最初法は存在せず、統治者の意志のみある。そして統治者をとりまく統治体が法律を作成し、それらの法律が統治者を拘束する。政府の形態は認識により創造されることとなる。

(129) Hooker 1989: 93.

(130) 'The King is *major singulis universes minor*'. Hooker 1989: 143.

(131) Cf. 例えば、セネカは、個々の人民は各自の私有権により所有しているものの、国王は主権の権威によって人民の諸個人のあらゆる事柄を所有すると主張した。セネカ 1989: 691.

(132) Nenner 1995: 27.

(133) ジェイムズは一五九五年まではイングランド王位次期継承についてさほど懸念していなかったという指摘もある。Doran 2006.

(134) ジェイムズは30、セシルは10、エリザベスは24という暗号でジェイムズとセシル側と書簡のやり取りが行われ、エリザベスの晩年の健康状態などがジェイムズに報告されていた。*Correspondence of King James VI*: 49.

(135) ピーター・ウェントワースの生涯については、仲丸 2010を参照。

(136) Wentworth 1598a: 29–30.

(137) Wentworth 1598b: 8–9.

(138) *Ibid.*: 9–17.

(139) *Ibid.*: 31

(140) *Ibid.*: 36, 71.

(141) Nenner 1995 : 14-15.
(142) Hayward 1603 : C3v, Dr, D2v. ヘイワードが後にチャールズ一世に捧げた作品『ウィリアム一世、ウィリアム二世、ヘンリ一世の三名のイングランドのノルマン国王たちの人生』では、征服による王権成立後、世襲制が適しているため慣習となったと記されている。Chibnall 1999 : 32.
(143) Hayward 1603 : 38.
(144) Allen 1960 : 257.
(145) Craig 1703 : 96-106.
(146) *Ibid*. : 107-112.
(147) *Ibid*. : 133.
(148) *Ibid*. : 111. クレイグは「王国の基本法によると、国王と彼の人々との間におけるある種、神聖な契約があったかのように、国王が王位に就く限り、人々が自らの財産や土地を有し、他方で、人々が存在し、共に生きていく限り、彼らは国王と彼の子孫の諸権利、そして普遍的な継承権を維持し、擁護する」と主張する。
(149) Craig 1703 : 112-119.
(150) *Ibid*. : 29-32.
(151) *Ibid*. : 50.
(152) *Ibid*. : 130.
(153) *Ibid*. : 133.
(154) *Ibid*. : 410.
(155) Craig 1909 : 228. これらのクレイグの作品にはボダンの影響が見られる。Allen 1960 : 260.
(156) Merbury 1581 : 40.
(157) *Ibid*. : 19.
(158) Saravia 1593 : 62.
(159) Sommerville 1983 : 239.
(160) Hooker 1989 : 144-146.
(161) Starkey 1989 : 72.
(162) Figgis 1994 : 82.
(163) Burns 1996 : 45.
(164) Major 1892 : 212-215.
(165) *Ibid*. : 165-166.
(166) Buchanan 1827 : i, 306-309.
(167) Buchanan 1680 : 79 ; 1579 : 61-62.
(168) Buchanan 1680 : 82 ; 1579 : 64.
(169) Buchanan 1680 : 133 ; 1579 : 102.
(170) Leslie 1584 : 10.
(171) Leslie 1888 : i, 294-301.
(172) Bodin 1955 : 114.
(173) *Ibid*. : 202.
(174) Hotman 1972 : 221.
(175) Mariana 1948 : 130.
(176) Nenner 1995 : 61.
(177) *Stuart Royal Proclamations* : i, 1-4.
(178) Mason 1998a : 237.

第4章　ルネサンス期の「君主の鑑」と道徳論
――有徳な王――

ありのままの「世界と人間の発見」を特徴とする知的潮流、いわゆる人文主義により、一五世紀フィレンツェの人文主義者たちは、全ての行動を神の恩寵に起因させたアウグスティヌスの人間本性論を否定し、自ら運命を切り開く能力、すなわち自由意志をもつ人間像を描いた。それは政治世界にも適用され、一五～一六世紀の人文主義者たちの多くは、自らの意思でもって社会的調和を目指した[1]。彼らは、君主の内面的資質により統治が左右されると認識し、その理想的な資質をプラトン、アリストテレス、キケロ、セネカ、クウィンティリアヌスなどの古典の作品に求め、君主に向けて進言書を書いた。こうした進言書の生産は、一五世紀のイタリアで流行し、後に「君主の鑑」と称される文学的ジャンルを生む[2]。この流行はフランス、ドイツ、スペインなど他のヨーロッパの国々にも伝播し、中世末期のスコットランドにおいても確認され[3]、次の世紀にも継承されていった。

一六世紀前半の「君主の鑑」ジャンルの作品には、若きイングランド王ヘンリ八世のために書かれたスティーヴン・バロンの『高貴な君主の統治について』、フランス王フランソワ一世のために書かれたギョーム・ビュデの『君主の教育について』、ロレンツォ・デ・メディチに捧げられたマキァヴェッリの『君主論』など数多い。とりわけ、後の神聖ローマ皇帝カール五世に謹呈されたエラスムスの『キリスト教徒君主の教育』は、「政治理論に関する最も正式な作品」[4]で、一六世紀の進言書の中で強い影響力をもった。

同じ世紀の終わりには、ヨーロッパの北方に位置するスコットランド王ジェイムズ六世が、「君主の鑑」ジャンルに属する作品『バシリコン・ドーロン』を執筆する。学問に精通して君主を補佐する役割を担う人文主義者ではなく、幼少期に英才教育を受けて政治の第一線に立つ国王自らが、約一五年間に及ぶ政治の実体験をもとに統治に関する進言書を書いた点で、この作品は他と比べて非常に重要であるといえよう[5]。本章では、ルネサンス期の主要な「君主の鑑」作品の特徴と比較しながら、ジェイムズが描いた理想の君主像の一つである「有徳な王」について考察する。最初に、君主に必要な内面的資質、その資質を育むための教育論、そして君主に必要な外面的な振舞いについて考察し、こうした資質を備えた君主を支える家臣の条件と理想的な関係について検討する。

1　枢要徳

(1)「節制」「正義」「知恵」

一五世紀後半のイタリア人文主義者、そして彼らに影響を受けたアルプス以北の北方人文主義者は、理想として掲げた統治形態は異なるものの[6]、「政治的成功の鍵は徳の促進である」[7]と信念を抱き、君主に向けた進言書の中で「運命《フォルトゥナ》」を支配するのに必要な君主の内面的資質として、プラトンやキケロなどの古典古代のモラリストが列挙した四つの枢要徳を重視する[8]。それらは、「思慮」(「知恵」)「正義」「勇気」「節制」(「中庸」)であった[9]。ジェイムズも『バシリコン・ドーロン』の第二巻で、国王は「従者が有徳な道を歩むことができるよう足元を照らし、彼らが努力して模倣する価値のある資質を示しながら、あなた[君主]が従者の鑑となるべきである」(B136)と主張し、人文主義者の「君主の鑑」作品に特徴的な「四大枢要徳」の重要性を説く。しかし、ジェイムズが同箇所で実際に説明した徳目は、そのうちの「節制」と「正義」であった。

ジェイムズによると、「節制」とは、アリストテレスが主張したように「他の徳の中でも最も重要な」徳である。しかし、ジェイムズの解釈では、それはアリストテレスの『ニコマコス倫理学』、あるいはアクィナスの『神学大全』に見られるように[10]、「肉や飲み物に関する節制にのみ適用される節制の低俗な解釈」を意味しない。むしろ、それは「(女王のように) 最初に自らを支配する賢明な節制により、あなた［君主］の精神の全ての愛情や情念が抑えられ、そして (内科医のように) それに従い、あなた［君主］の行動が賢明に行われる」ことを指し、専ら精神的な節制を意味した。ジェイムズは、「(あなた［君主］の愛情や情念だけではなく)、最も有徳な諸行動においても、中庸を主要な支配者とさせなさい」と記し、この精神的な節制を感情的部分のみならず、政治的行動にも適用するようにと助言する。そして再度、彼は「君主の外面的行動全てを適度に行う」よう、将来の君主に訓戒するのであった (B136, 138)。

統治において、節制、あるいは中庸であることを理想とするジェイムズの姿勢は、『バシリコン・ドーロン』の他の箇所でも見られ、ジェイムズは聖書のダヴィデに言及しながら[11]、「富者だけを愛したり、あるいは貧困者だけを哀れむことのないよう、左右に偏らないように統治することを覚えていなさい」(B68) と主張していた。ジェイムズは、アリストテレスのように節制を重視するものの、その解釈に関してはむしろアリストテレスを批判する。彼の節制に関する解釈は、教師ブキャナンが『スコットランド人の王権法に関する対話』の中で「放縦なものを中庸にし、極端なものを衡平にし、怒れる者を正しい精神へと導く[12]」国王を理想としたように、精神的な節制を意味した。それは何事にも動じない堅忍不抜の精神を重視したストア学派的思考[13]、特に一六世紀後半以降から一七世紀にかけてイングランドの支配者層が理想とした感情を表に出さないという態度にも共通するものであった[14]。

「節制」の次に、ジェイムズは「国王の職務に適切に属する最も偉大な徳」として、「正義」の徳目を取り上げる。

彼は「専制政治に転じないよう節制を用いて」正義を行わなければならないと主張し、中庸、あるいは節制を用いた正義の行使を強調する。第3章第3節でも先述したが、ここでジェイムズは、さもなければ「最高の法が最高の不法となる」という、キケロの『義務について』に記されている格言を引用するのであった（B138）。ジェイムズは、この格言が該当すると思われる具体例として二つの事例を挙げる。一点目は、誠実な男が金銭目当ての山賊たちに襲われ、自分の身を守るために山賊の一人を殺害した場合、目撃者がいないとしたらその誠実な男は罪をつぐなうのかどうかという事例である。二点目は、法律によると「人間は、金銭上の刑罰に従い、近隣者や境界を侵略したり、妨害することを禁じられている」が、馬が頭絡を壊し、近所の牧草地で草を食べたら、手に負えない馬のために、あるいは頭絡が弱っていたせいで、二〜三千ポンドの賠償金を支払うべきだろうかという事例である。二つの事例に対するジェイムズの答えは躊躇せずに否であった。ジェイムズによると、「法律は、額面通りにではなく、その内容状況に従って解釈されなければならない」のである。従って、ここでジェイムズは、行為の結果のみを判断材料として、正義を行使することの危険性を説いているのであった（B136, 140）。

ジェイムズは、このキケロの格言「最高の法が最高の不法となる」を他の著作『自由なる君主政の真の法』の中でも引用している[15]。この格言は一六世紀の人文主義者エラスムスの書簡の中でも[16]、ブキャナンの『スコットランド人の王権法に関する対話』でも引用され[17]、当時、君主にとって非常に重要な格言であった。しかし、もともとキケロは、ある法に対して様々な解釈が生じる危険性を指摘するためにこの格言を用いており[18]、法解釈の際に状況も視野に入れるというジェイムズの解釈は、まさにキケロが恐れた解釈の多義性に該当する。

枢要徳の箇所ではないが、ジェイムズは「知恵」の徳に関しては、後続する「君主の徳」の箇所で取り上げている。ジェイムズによると、真の「知恵」とは「真実と虚偽の報告を賢明に見分ける」徳である。彼は最初に「報告する者の本性」を知り、次に「その報告者が報告の対象とする人物にとって、幸福、あるいは邪悪のどちらから利益を得るのか」を見分け、そして「その目的自体の傾向」について、最後に「非難された人の本性や過去の生活」(B158)について考慮すべきであると忠告する。ジェイムズが解釈した「知恵」とは、アリストテレスなどの古典古代の作品で定義されていたように、事柄を認識する能力であり、感覚的な判別能力、あるいは知識を意味しなかった。

(2)「君主の鑑」と枢要徳

ジェイムズが提示した「節制」「正義」「知恵」という徳目の解釈は、ルネサンス期の「君主の鑑」作品に見られる解釈と類似している。これらの徳目の列挙の順番については、作品によって相違はあるものの、当時の「君主の鑑」作品は古典に依拠して枢要徳を定義づけたのである。

例えば、イングランドの官吏職に就いていたトマス・エリオットの『統治者の書』によると、正義とは「最も卓越した比類なき徳」で、「公共の安寧の統治者には不可欠で必要」[19]なものである。勇気は「人間に属する最も適した徳」で、そこには「死や嘆きに関する憤り」が含まれ、「理性や誠実が欠けている頑丈な精神や暴力は勇気に当てはまらない」のである。[20]エリオットも節制の定義について、アリストテレスの解釈を批判し、プラトン学派のプロティノスを引用した。節制の「特性、あるいは役目とは、後悔することをむやみに切望するのではなく、凡庸の領域を超えることでもなく、欲求を理性の束縛のもとで維持すること」[21]である。そして知恵の実践、あるいはより洗練された呼称では「叡智」と呼ばれる徳目は、「公平且つ完璧な安寧のために各統治者にとって必要な」[22]ものであった。

北方人文主義の批判者のボテロも『国家理性』の中で、国家の維持が臣民の服従に基盤をもつと主張し、服従を得るために必要な君主の資質を列挙する。第一類に属する資質は「優しさ、礼儀、慈悲」などの「恩恵」や「正義と寛大」であり、第二類に属するのが「剛毅と思慮」であった。[23]そしてボテロは「宗教とは母のようなものであり、中庸とは全ての徳の養母のようなものである。中庸がなければ、思慮は隠れたままで、剛毅は弱くなり、正義は堕落し、全ての良い質がその権威を失う」[24]と主張し、中庸を最も重視し、これらの有徳な資質を促進する源を宗教に求めるのであった。

スペインのイエズス会士ペドロ・デ・リバデネイラの『キリスト教君主の宗教と徳に関する論文』の中でも、国王に必要な資質として伝統的な枢要徳が取り上げられている。リバデネイラも同様に、節制を最も重要な徳目と理解し、「この徳が欠けると思慮が失せ、勇気が弱まり、正義が腐敗する」[25]と主張した。[26]

当時の「君主の鑑」作品には、伝統的な枢要徳の徳目を列挙せず、その変型を国王の資質として重視した作品もあった。[27]エラスムスは『キリスト教徒君主の教育』の中でプラトンの説く哲人王を理想とし、君主が最も有徳であるべきと主張するが、[28]古典古代の典型的な枢要徳を列挙していない。彼は、君主に必要な資質として「知恵、正義、節制、洞察力、公共的安寧に対する熱意」[29]といった枢要徳の変型を挙げた。また、彼は「真の名誉とは、徳と正しき行動の自然の結果生じる」[30]ものであり、素晴らしい君主であることを示すためには他の人よりも「知恵、寛大、抑制、誠実」[31]の点で秀でていなければならないと主張した。

さらに、後述するが、一六世紀の新たな知の潮流の代表的存在リプシウスは『政治学六巻』の冒頭で、市民生活を導くには「思慮」と「徳」が必要であると主張する。その徳の構成要素は「敬虔」であり、「敬虔」とは「信念」と「崇拝」からなる。「敬虔」に従属している他の要素が、「運命」と「良心」である。「善良」も「敬虔」の要素となる。[32]次に、リプシウスは『政治学六巻』の第二巻で、君主に必要な徳として「正義」と「慈悲」をとり挙げる。[33]「慈悲」とは、「全ての徳の中で最も人間に適するものであり」[34]、この徳を君主ほど行使する機会を有するものはいない。リプシウスによると、この「慈悲」から「中庸」が生じる。そして彼は中庸とは、「理性によって調節された理解で、自らのいかなる行為でもっても、あるいは我々に属するいかなる行為によってでも誇示されてはいけない」[35]と道徳的に訓戒を示すのであった。このように、リプシウスは「正義」「慈悲」「中庸」を君主の資質として強調した。

統治者に必要な有徳な資質については、北方人文主義が批判の対象としたマキァヴェッリも『君主論』の中で、有していたら望ましいとする性質として「誠実、心くばり、人間味、寛容」[36]を列挙している。しかしながら、周知のとおりマキァヴェッリは、表面的にはこうした性質をもっていることが重要であるが、見かけの性質と実際の性質に相違が生じることを明確に容認しており、その点で北方人文主義者の主張とは異なる。

スコットランドでも同様に、国王の資質として有徳さが重視された。中世末期にスコラ哲学に傾倒したジョン・アイルランド（John Ireland, c. 1440-c. 1497）は、スコットランド王ジェイムズ四世に向けて「君主の鑑」に属する作品『知恵の鑑』を書き、その第二巻第九章の中で、神の四人の娘にそれぞれ「慈悲」「真実」「正義」「平和」という名をつけ、彼女たちを国王の顧問官として登場させることにより、国王に必要な枢要徳を示した。[37]アイルランドによると、「慈悲」とは「謙虚な嘆願を行うため」に、「真実」とは「公平で正しい情報」を意味し、「正義や衡平」とは「廉直な判断を行うため」に、そして「平和」とは「有利な協定を結ぶため」に必要な資質であった。[38]

ブキャナンも「スコットランド王ジェイムズ六世の生誕の祝賀」の詩の中で、平和のために必要な国王の資質として正義と徳を挙げる。[39]彼は、正義という理念の中で「徳という神聖な愛」（l. 19）を君主に吹き込む重要性を説く。常に政治的・宗教的義務と敬愛を君主に教え、[40]その義務と敬愛が早い段階で「彼［ジェイムズ］の精神に形成されるようにし、［それらが］身体と共に成長するよう」（l. 21）にとブキャナンは願うのであった。厳しい処罰から生じる恐怖を用いて人々を統治するよう助言したマキァヴェッリの『君主論』とは異なり、ブキャナンは「純粋の徳という名声」（l. 27）が広まり統治するようにと幼王ジェイムズに進言した。また、ブキャナンは、国王が徳の模範者として臣民の手本となり「臣民の魂を名誉ある生活方式に変える」（1.29）ようにとも助言する。というのは、お手本を見ながら「人々は国王に憧れ……国王の生活を模倣し……彼ら［臣民］は、まるで国王が彼らのために手本となっているかのように、鑑［手本］をもとにして、自らの性格を形成するよう努める」（1.38-41）からである。完璧な徳を有する者は「自然に国王となる」が、そのようなことは不可能であるため、人民が社会の中から「本性が最も卓越した人物」（22:18）、すなわち「衡平さと思慮深さ」（19:15）に最も優れた人物を国王として選ぶのである。ここでブキャナンは、国王の資質として「節制」を重視していた。かくして国王には、人民のために有徳な模範者像が求められた。こうしたブキャナンの理想像は、一六世紀中葉に人気のあったディヴィッド・リンジィの『三身分の風刺』の内容に影響を受け[41]、ルネサンス期の「君主の鑑」作品にも共通したものであった。

幼王ジェイムズに有徳な資質を有するようにと説いたのは、ブキャナンだけではなかった。一五六〇年のスコットランドにおける宗教のプロテスタント化の際に、新旧対立軸の調停を試みようとした重要な官吏の一人で、控訴裁判所裁判官や玉璽保管官という重要な職に就いていたリチャード・メイトランドは、スコットランド中世の詩を熱心に収集していたが、六〇歳を過ぎた頃から自らも積極的に時局的で政治的・社会的・道徳的な幅広いテーマの詩作に講じた[42]。いつ執筆したかは不明であるが、自作の詩「ジェイムズ国王へ」の中で、国政を司る際に、有徳な資質、とりわけ「正義」を用いるよう幼王ジェイムズに進言する[43]。また、「モラルに関する詩」の中でも、メイトランドは「正義に基づいて徳に従い、悪徳を避けるよう[44]」にと訓戒し、同じ主張は他の詩「良き助言」の中でも見られる[45]。興味深い点として、一五世紀後半以降のルネサンス人文主義では、君主が有すべき徳と、顧問官を含め他の市民が有すべき徳は区別されていたが、メイトランドは、両者を区別せず、より普遍的に徳の重要性を述べていたといえよう。というのは、彼がジェイムズに記した進言と、国政を担っていた自身の息子に記した助言がほとんど同じであったからである。

イングランド同様にスコットランドでも、君主に必要な資質というのは演劇作品の中で重要なテーマの一つであった。ウィリアム・アレグザンダーは、『クロイソス』『アレグザンダーの悲劇』などの四つの作品から構成されている『君主の悲劇』の中で、国王が備えるべき道徳観について示している。(46)

こうした君主に必要な資質は、出版された作品のみに限定されておらず、第2章第4節で考察したように、国王の入市式という国家儀礼においても「活人画」や「聖史劇」などを用いて示された。(47)これらが意味したことは、宗教と枢要徳、そして他の道徳的徳を身につけるようにという人々の国王に対する願いであった。スコットランドにおいてもギリシア・ローマの知の潮流が花開き、(48)古典古代のモラリストたちが挙げた徳目が、君主に必要な徳として理解されていたのである。

ルネサンス期の思想家たちは、第2章および第3章で考察したように、異なる王権の起源や王権の属性を主張したが、王の理想的な内面的資質に関しては、古典古代に依拠した枢要徳、あるいはその変型の徳目を重視した。彼ら同様に、ジェイムズも君主に必要な資質として、枢要徳のうち「節制」「正義」「知恵」の徳目について従来の解釈を提示した。

他方で、ここで注目すべきは、一六世紀中葉から後半にかけての知的潮流では、枢要徳の二つの徳目である「勇気」、そして実践的な知恵としての「思慮」に関して重要な変化が生じたことである。しかも、興味深いことに、ジェイムズは枢要徳に関する助言の箇所で、それらの徳目について言及していないのである。

(3)「勇気」の観念の変化

一点目の変化として、北方人文主義の潮流では、騎士道精神と連動していた勇気の観念が衰退していった。(49)従来、「勇気」という徳目は、プラトンの『国家』に見られるように常に死を恐れないことを意味し、中世においてもそれは騎士道精神の「武勇」と結びついた重要な徳目であった。一六世紀前半の最も有力なルネサンス君主とみなされた神聖ローマ皇帝カール五世、フランス王フランソワ一世、イングランド王ヘンリ八世は、[50]「キリスト教徒の統治者、寛大であるが識別できる保護者、そして成功した戦士[51]」として描かれ、理想の国王として賞賛された。騎士道的な武勇像は、君主の資質の一つとして非常に重要な理想像とみなされ、それを象徴する娯楽としてヨーロッパでは馬上槍試合が流行し、王や貴族は危険を伴うこの娯楽に夢中になった。スコットランドにおける同時代の理想の君主像も同様であり、ジェイムズ四世は「強壮で、武勇で、敬虔[52]」であり、理想的な中世の国王として讃えられ、ここでも「武勇」という騎士的資質が国王の重要な資質となっていた。[53]

しかし、一六世紀の北方人文主義では、こうした武勇と関連した中世的騎士道精神を君主に求めることに対して批判が生じた。戦争を肯定したイタリア・ルネサンスとは異なり、北方人文主義者は武装市民や軍事職を批判し、彼らの作品では、騎士道精神に特徴的な武勇と一対となっていた勇気の観念を批判する傾向が著しく見られた。[54]例えば、エラスムスとも親交のあったイングランドの人文主義者トマス・モアは『ユートピア』の第一巻で、騎士道精神、すなわち勇敢・剛毅・大胆な精神を有し、戦場で戦う際に軍の根幹をなす貴族たちに批判的態度を示している。[55]エリオットは『統治者』の中で、理性や誠実さもなく単に戦いに従事する者は、野獣の行為をしていることを意味し、勇敢な人とは、必要なときに必要なことをし、時には辛抱強く耐えることのできる人を指すと定義し、武勇を強調する中世的騎士道精神を批判する。[56]

一方、エラスムスは『キリスト教徒君主の教育』の中で、明確に騎士道精神の武勇について批判することはないが、常に流血や戦争を避けることが良いと表明していたため、暴力的行為を賞賛し、正当化するという意味での勇気の徳目については否定的であったと結論づけられる。[57]また、ビュデは、人々が死と関連した名誉を欲していないと指摘し、学問から名誉と栄光が生じると主張しており、[58]彼も武勇の追求には否定的であったといえよう。他方、戦争と関連した勇気の徳を批判するだけでなく、リバデネイラは『キリスト教君主の宗教と徳に関する論文』の中で、勇気とは道徳的徳であると主張し[59]、勇気と騎士道精神の武勇を結合させてはいない。

かくして、戦争に象徴される暴力、あるいは武勇に批判的だった北方人文主義者は、「平穏なストア学派と超然としたプラトン主義がヨーロッパの戦士的貴族階級を緩和する」と期待した[60]。にもかかわらず、実際は、騎士道精神が戦争行為を正当化するのに役立ち、多くは依然としてその理想像を追い求めた。従って、当時、伝統的な騎士道精神全てを否定することはできず、そこから主に二つの潮流が見出された。一つは騎士的規範の理想を復活させる試み、もう一つは戦士を文明化あるいは洗練化する試みである[61]。人文主義の潮流では、特に後者が重要な意味をもち、人文主義者は騎士を理想とする貴族たちに、名誉、栄光、名声という適切な観念を教え、洗練した作法や知識を身につけた「ジェントルマン」になるための学問の追及が、武勇にとって不利にならないことを確信させようとした。これまで中世の騎士は、武勇に象徴されるように個人的な偉業を成し遂げることによって名誉を与えられており、政治的暴力の行使はこの名誉という観念によって正当化されていた。しかし、人文主義と宗教改革の動きの中で、聖書により服従と法の遵守が強調され、教育がより広い社会層に普及していくにつれ、暴力を助長する側面をもつ騎士道的武勇と、それに関連した勇気の徳に対して批判が生じ、キケロ的な公的奉仕に従事したジェントルマン的な市民に名誉が与えられるようになっていった[62]。そこから一七世紀初頭までに、名誉の観念の転換、すなわち「政治の道徳化」が生じたのである[63]。次節で詳細に取り上げるが、こうした戦士の文明化への過程に伴い、一六世紀に幼少の教育が重視されていくことになった[64]。

ジェイムズ自身は、騎士道精神と関連した勇気の徳目について公然と批判することはなかった。先述したように、枢要徳に言及するものの、ジェイムズが『バシリコン・ドーロン』の第二巻で実際に説明した徳目には勇気の徳目は含まれていない。しかし、同書第一巻で、国王たるものは「必要な時が来たとき、死という名誉を決して恐れずに、真の勇気という徳を獲得する」（B46）とジェイムズは記述しており、それは騎士道的精神に特徴的な、プラトン的英雄の死の賛美という従来の「勇気」の解釈であった。

他方、それとは対照的に、ジェイムズは、暴力的な騎士道精神を想起させる勇敢さや武勇に批判的であった点も確認できる。『自由なる君主政の真の法』の中でジェイムズは、騎士道精神の表れである個人的な武勇に関連して「決闘や個別の戦闘は認められない」（T78）と述べ、『バシリコン・ドーロン』でも「古来の法を犯していることになるので」「いさかいを決闘で決めてはいけない」（B98, 100）と助言する。実際、決闘は当時の深刻な社会的問題となっていた。[65]

こうしたジェイムズの両義的な解釈を検討すると、「勇気」の徳目に関するジェイムズの解釈は伝統的ではあったが、彼は争いごとに関連した個人的な戦い、またはそれに伴っていた名誉の観念と勇気には批判的であったといえよう。ジェイムズが勇気の徳目について枢要徳の一覧の中で取り上げなかったのは、そうした武勇の資質をあまり重視していなかった、あるいは当時の北方人文主義の知的潮流に見られた勇気の観念の衰退に応じていたとも考えられる。

(4)「思慮」の観念の変化

一六世紀後半の人文主義の潮流に生じた二点目の変化は、中世的な神学体系、あるいはその影響を強く受けた北方人文主義とは異なり、枢要徳の一つである「思慮」の世俗的な側面が強調され、「政治的思慮」としてその価値が高められたことである。[66] もともとギリシア哲学では「思慮」は実践的な知恵とほぼ同意語で、それは「智慧」、あるいは「知慮」の語で表されるが、アリストテレスは『ニコマコス倫理学』で実践的知恵を意味する言葉として「知慮」という語を用いて明確に区別していた。[67] 用いる語の相違はあるが、ギリシア哲学では、思慮とは生活上の究極的な善、すなわち幸福を目的とした意志決定をする知恵を意味し、それが道徳的規範から逸脱することはなかった。

こうした哲学はローマ時代にも影響を与え、キケロなどの古典古代のモラリストの知的遺産でも、知恵は道徳的観念を含意しており、キケロはプラトンを引用して「正義を欠く知識」は、「英知よりむしろ狡知といわれるべきである[68]」と指摘している。またキケロは「あらゆる徳の第一位にあるのは、ギリシア人がソフィアと呼ぶある英知である」と述べ、「思慮」を最も重要視する。[69]キケロにとって事物の実践的知恵は、行われるべき事柄と避けるべき事柄の区別をするものであり、そこには具体的行為が伴い、思慮深い人間と雄弁家とは同義語であった。

枢要徳として「思慮」を取り上げることはなかったジェイムズが、「思慮」に対しどのように理解していたかについては第5章で詳しく考察することにして、ここでは、北方人文主義の潮流がこうした倫理的徳としての「思慮」の伝統を受け継いでいく一方、一六世紀後半の新たな知的潮流では、学術的なスコラ哲学を批判して、君主自らの利益、あるいは共同体の利益を最優先するために政治世界における知恵の功利主義的適用、すなわち「政治的思慮」に重きが置かれるようになった点を指摘しておく。いまや「思慮」は政治と密接な関係をもち、それは利益の実現のためには従来の道徳観に縛られることはなく、世俗化されたより実践的な思慮を意味した。かくして一六世紀後半に、枢要徳の一つである「思慮」は「政治的思慮」へと転換していったのである。

2　君主の徳

一六世紀の人文主義において枢要徳の一部の徳目の解釈に変化が生じる一方、貴族や市民と区別して、君主のみが有すべき「君主の徳」という概念が発展していった。[70]それらの徳目は「寛大」(「気前の良さ」)「慈悲」「誠実」であった。もちろんプラトンやキケロなどの古典作品もこれらの徳目について扱っているが、「君主の徳」として一覧表の中で取り上げていない(71)。

ジェイムズは『バシリコン・ドーロン』の第二巻の後半において「慈悲」「壮大」「寛大」「恒心」「謙虚」(B140)を「君主の徳」として列挙した。しかし彼は、実際には「壮大」「謙虚」「恒心」「寛大」の順にそれらの徳目について説明している。

（1）「壮大」

ジェイムズによると、「壮大」とは「世の腐敗した判断が真の寛大となると考える」のではなく、「反対に、違反者があなた［君主］の復讐に値しないと考え、自らの情念を完全に支配し、許すよう自らに命令することにより克服され、あなた［君主］の勇気と激怒の結果に責任をもつこと」を意味する。ここでジェイムズは、寛大を怒りの感情と連結させ「国王の激怒は、吠えているライオンのようである」(B152)ため、許容する性格をもつようにと君主に助言する。

（2）「謙虚」

ジェイムズは、「謙虚」について「神に対してのみならず……あなた［君主］の両親に対しても、自尊心を払いのける」(B152)ように訓戒する。彼は、母親を尊敬し、最初の戦争が母に関することから生じないようにし、母の祝福を得るよう真摯に努力するようにと助言している。彼は、ここで自らの幼少期に貴族たちの間で生じた母である前女王メアリとの内戦に対して批判的である。また、おそらくジェイムズは、幼少の頃に教師ブキャナンから教えられた母メアリに対する批判に対しても反論していたと考えられる。この後、著作の中でジェイムズは、両親に対して敬意を表するようにと執拗に説くのであった。というのは、親という身近な構成単位の長である権威に対して忠誠であることは、王国の長である王に対しても忠実であろうとみなされたからである。

（3）「恒心」

「恒心」とは、「誠実な人間に対して親切にすることだけでなく、全ての敵対者に対しても不屈の精神をもつこと」を意味する。ジェイムズが示したこの解釈は、一五七〇年代以降のヨーロッパで流行したストア的思考の特徴を帯びているが、「傲慢で気まぐれなリプシウスが、自らの『恒心論』の中で説得している無関心で愚かなストア学派」[72]（B156）と明記し、むしろ新ストア哲学に属する当時の代表的な作品を批判する。[73]おそらく、ストア的精神に関して、ジェイムズはリプシウスが主張する内容を支持していたと考えられるが、ジェイムズはリプシウス自身が政治的状況によって自らの信仰をカトリックからルター派、カルヴァン派、そしておそらく最後には再度カトリックへと容易に改宗し、堅忍不抜の精神を有していなかったことを非難していたと考えられる。[74]従って、ジェイムズは、リプシウスの作品に見られる内容とリプシウス自身の実際の行動との乖離を批判していたといえよう。

（4）「寛大」

一方、君主の徳の一つである「寛大」について、ジェイムズは政治的思慮と関連した解釈を提示しているため、この点については第5章第3節で詳細に取り扱うことにする。

本節では、ジェイムズが理想とした国王の内面的資質について考察してきた。ジェイムズが『バシリコン・ドーロン』の徳の箇所で取り上げた君主に必要な内面的資質、すなわち「正義」「節制」「知恵」「壮大」「謙虚」「恒心」は、人文主義の潮流で見られた「君主の鑑」作品のそれと概ね共通し、道徳的規範を伴っていた。しかし、他の二つの徳目である「勇気」と「思慮」についてジェイムズは、一六世紀人文主義に見られた知の変化に対応してか、徳に関する助言の箇所で言及することはなかった。

3　君主の教育

一五世紀のイタリア人文主義者やその知的潮流に影響を受けた北方人文主義者たちは、「堅実な学習と健全な統治は非常に緊密な関係をもつ」と理解し、(75)前節で考察した内面的資質を国王に備えさせるために「ストゥディア・フーマーニタ―ティス」という教育カリキュラムを君主の教育の要とした。この教育カリキュラムは、文法、修辞学、歴史、倫理学、そして詩を含めた古典文学の学問から構成され、君主のみならず、当時の裕福な子弟の教育にも奨励された内容であった。(76)特に、古典作品としてクインティリアヌスの『弁論者の教育』、キケロの『弁論者』などが人気であった。(77)人文主義者たちは、このようなカリキュラムでもって君主の内面を磨くことにより、統治の悪癖・苦悩・困難が改善されるという確固たる信念を抱いていたのである。前節でも触れたが、一六世紀のヨーロッパでは、君主の教育について記した進言書が数多く出版された。先述したエラスムスの『キリスト教徒君主の教育について』、ビュデの『君主の教育について』の他に、イタリアのサドレトの『少年たちの正しき教育』、スペインのビーベスの『教育について』、マリアナの『国王と国王の教育』などが当時の著名な教育論の作品である。(78)

スコットランドの隣国イングランドでは、同世紀に大陸の著名な教育作品が英訳された。トマス・ノースはゲバーラの『君主の羅針盤』を一五五七年に、トマス・ホビはカスティリオーネの『宮廷人』を一五六一年に、ロバード・ピーターースンはカーサの『ガラテーオ』を一五七六年に翻訳出版した。これらの翻訳出版のみならず、イングランド国内ではアスカムの『スクールマスター』、ギルバードの『エリザベス女王のアカデミー』も出版された。まさに「人文主義的概念は、ヘンリ八世とエリザベス一世の治世にまたがる半世紀の間に、イングランドの教育において不可欠で効果的な役割を担った[79]」のである。

一六世紀後半のスコットランドでは大陸の著名な教育作品が翻訳されることはなかったが、人文主義に基づくこの教育カリキュラムは、スコットランドの大学においても大きな影響を及ぼしていた。特に、メルヴィルは、長老派の指導者として改革教会の中で活躍するだけでなく、グラスゴウ大学およびセント・アンドルーズ大学において人文主義に影響を受けた大学改革に着手したのである。[80]実際、ジェイムズは幼少の頃、こうした人文主義に即した一流の教育を受けて育ったことは、第1章で示したとおりである。本節では、ジェイムズが構築した教育カリキュラムについて考察する。

(1) ジェイムズの教育論

エラスムスが「将来の君主の精神は、（言われているように）ゆりかごのときから健全な思想ですぐに満たされなければならない[81]」と主張したように、ジェイムズも幼少期の自らの体験を踏まえて、国王に必要なあるべき姿を身につけるために教育を重視した。

ジェイムズは『バシリコン・ドーロン』の第三巻において、国王は人々を統治するために「全ての徳のほかに、学芸に精通するよう学びなさい」と将来の国王に助言する。ジェイムズは学芸の教育として「全ての合法的な事柄の知識を読み探求する」ように勧めたが、その際「二つの規制」を設ける。一点目は、自らの職務遂行に邪魔にならないよう「学習には暇な時間を使うこと」、二点目は「ありのままに知識を勉強するのではなく、職務に応用するという第一の目的のために勉強すること」（B142, 144）であった。こうした留意点と共に、彼が教育のカリキュラムとして挙げた科目は、聖書、自国の法律、そして歴史の三本柱であった。

第一に、ジェイムズは「自らの救済に関する知識のためにも、聖書に記されていることを良く学びなさい」（B144）と具体的に助言する。既に、第2章第3節において神に対する君主の義務との関連で、ジェイムズが聖書のどの箇所を読むよう薦めていたかについては考察した。ジェイムズにとって「パウロが言うように、聖書全体は、神の御霊によって与えられており、また正しさを教え、正確にし、指導するのに有益である」（B28）ため、有徳さを養うためには何よりも格好の教科書であった。

学ぶ分野として聖書を第一に挙げたジェイムズの助言には、古典古代の世俗的教訓とキリスト教とを融合した北方人文主義の影響が強く見られる。その潮流の代表的存在のエラスムスは『キリスト教徒君主の教育』の中で、キリスト教神学の三つの重要な特徴として「全ての権能、全ての知恵、全ての善良」[82]を挙げ、これら三点を習得するよう助言する。そのためにエラスムスは、第一に「ソロモンの進言、伝導の書、知恵の書」、次に「福音書」、第三にプルタルコスの『格言』と『モラリア』、あるいは『英雄伝』、セネカの作品、アリストテレスの『政治学』、キケロの『義務について』などを列挙してこれらを読むよう薦めた[83]。このようにエラスムスは、純粋な聖書の教えと純粋な古典主義とを結合した[84]。しかし、彼は古典の作品を読む際に、作者が異教徒であり、君主はキリスト教徒であることを忘れてはいけないと付言しているため[85]、彼の精神の布地の経糸はキリスト教的なもので、古典作品からは倫理的内容についてキリスト教的理想と調和する要素だけを抽出して学ぶよう勧めていたといえよう[86]。

聖書に重きを置いた傾向は、カトリック信者が書いた教育論にも多く見られた。マリアナは『国王と国王の教育』の中で、君主とは宗教の行いを広めることであると説いており、神の法に従うこと教育の中で重視する[87]。リバデネイラも『キリスト教君主の徳と宗教に関する論文』の中で、マキァヴェッリのように宗教を政治に利用することを非難し、宗教によりコモンウェルスが維持されるためには、聖書の学問が教育に最適であると主張した[88]。但し、ここでリバデネイラが真実の宗教と挙げるのはカトリックであったことを指摘しておく[89]。

このように北方人文主義者、あるいはカトリックの著述家は、一五世紀後半のイタリア人文主義と異なり、古典の学問と並んで聖書の習得も教育内容として勧め、国王の資質として敬虔さの徳を強調したが(90)、聖書の学びを重視したジェイムズの『バシリコン・ドーロン』は「このような種類の指南書の中で、本質的に聖書に依拠した最初の書物(91)」であった。

第二に、ジェイムズは「聖書の次に自らの法律をよく学ぶよう」(B146) に勧めた。なぜなら「国王の職務の大部分は、臣民の間の所有に関する問題を解決することにある」(B68) からである。法律を勉強することにより、君主は「正義と衡平との間を区別する」(B146) ことができ、政治的生活において適切な判断を行うことができるのである。ジェイムズによると、「正義が、各人に自らの所有を与える。そして衡平が、恣意的な事柄に関して人に最も適したものを与える」(B148) のであった。

図4－1　ベーズの著作『イコネス』(1580) の中にあるジェイムズ六世の肖像画

出所：Alastair Cherry, *Princes, Poets & Patrons: The Stuarts and Scotland*, Edinburgh, 1887, p. 69.

当然のことながら、統治には自国についての知識が要求された。エラスムスは著作『キリスト教徒君主の教育』の中で、平和を維持する技として自国を知るために「地理、歴史の学問、そして町や領土をしばしば訪問すること(92)」の三点を挙げる。また、自国の法律ではないが、セセルも『フランスの君主政』の中で、統治者は自らの行動を第一に国、その機関、そして社会構造と全般の人々の必要性に関する知識に基づいて行わなければならないとして、自国の統治形態について精通するよう助言した(93)。

第三に、ジェイムズは教育カリキュラムとして「正真正銘の歴史、特に他の諸国の年代記」（B148）を学ぶよう勧める。「正真正銘の歴史や年代記を読むこと」により、君主は「理論を通じて経験を学び、過去の事柄を現在の状況に応用する」ことができ、同様に「全ての大使や異国の人々の国の状況に関して会話をしながら、彼らに対してどのように行動すべきか」（B150）学ぶことができるので、外交上、歴史書を読むのは重要であった。

第3章で指摘したように、ブキャナン以外にも、中世後期から一六世紀後半にかけてスコットランドでは多くの年代記や歴史叙述の作品が出版された。しかし、ジェイムズはそれらの歴史書ではなく、古典の名著であるクセノポンの『キュロスの教育』を「キュロスという名のもとで若き国王の教育について適切な模範を記している」（B190）として、歴史のテクストとして薦めた。クセノポンの『キュロスの教育』は、どれほどキュロス王は道徳的にすばらしい人物であったか、そしてキュロスがいかにして味方の勢力を魅了し、勢力基盤をより一層と強化拡大し、しかも誠実さと知恵でもって敵たちも自らの陣営に取り込み、自国の拡大に成功したかについて詳細に記されている叙述的な書物であり[94]、「君主の鑑」ジャンルのように進言、あるいは対話的な構成をとっていない。この作品は、物語の読み物として統治の成功過程を示している大作として、当時多くの人々によく読まれた。

当時、歴史は、人文主義的教育カリキュラムの科目の一つであり、当然のことながら多くのイタリア人文主義者や北方人文主義者も、道徳的、あるいは公的な義務について教訓を学び、知恵を養うための重要な手段として歴史を挙げる[95]。例えば、ビュデは『君主の教育』の中で歴史学問を重視し、文学や歴史の知識から思慮を獲得することができると主張する[96]。とりわけ、彼は『君主の教育』で「君主に必要な王の徳」を取り上げ、歴史的事例を挙げて説明した。ビュデによると、オクタウィアヌス皇帝は良き信仰と誠実の模範であり[97]、アレグザンダー大王は寛容に富み、ポンペイウスは全ての君主の徳の模範となった[98]。

エラスムスも「歴史のページをめくると、そこに君主の人生を反映しているその時代の道徳観を見出すことであろう」[99]と主張し、歴史の学問と道徳観の促進を結びつけ、彼は「歴史家の作品を読むことにより、非常に多くの知恵を学ぶことができることを否定はしない」と歴史の学問を奨励する。しかし、一方で彼は、「同じ歴史家から最も破壊的な考え方も学んでしまう」と憂慮もしていた[100]。

同様に、ボテロは『国家理性』の中で、思慮を促進するために歴史教育の重要性を説いた。彼によると「歴史とは最も想像可能な劇場で、そこでは他の者たちを犠牲にして人間は自分のために学び、また恐怖なくして難破船を見て、危険なくして戦争を見て、費用をかけずに多くの国の慣習や政体を見ることができる[101]」のであった。

リプシウスも『政治学六巻』の中で政治学の基礎を学ぶために経験と歴史を重んじた。というのは、経験と歴史により思慮が生じるからである。経験とは「見たり、対処した世俗的事柄に関する知識」であり、歴史とは「聞いたり、読んだりした世俗的事柄に関する同じような知識」である[102]。彼は歴史叙述に際して、その実践的価値に絶えず着目し、出来事の原因を探求し、人間の決断の根拠を解明しようとした。つまり、その原因と目的をたずね、そのような原因や決断の諸原則を解明するために歴史叙述を読もうとしたのである[103]。

このように人文主義者は歴史の学問を奨励し、エラスムスなど彼らの多くがクセノポンの『キュロスの教育』を歴史書として薦めた[104]。彼らは、キュロスの過去の英雄的偉業を模範とし、そこから統治のあり方に必要な思慮を学ぶよう助言したのである。

しかしながら、一六世紀後半には、学問としての歴史は英雄的偉業を学び、思慮を育むテクストではなく、「政治的思慮」を学ぶためのテクストとして奨励されるようになった。その典型的な例は、マキァヴェッリの『君主論』に見出せる。マキァヴェッリもクセノポンの作品を『君主論』の第一四章の中で、また『ディスコルシ』では幾度もキュロスを偉大な王として言及して読むように薦める。というのは、軍事訓練との関連で精神的訓練にも効果的であるからである。マキァヴェッリは『ディスコルシ』の冒頭で、従来の歴史の扱い方について批判し、彼にとって歴史を学ぶことは手本となる事例を学ぶことであった。彼はクセノポンの『キュロスの教育』のみならず、賢者と暴君の会話形式の作品である『ヒエロン』も策略を学ぶために君主に薦めた。[105]

当時、クセノポンと並んでタキトゥスの『年代記』も人気のある歴史書であった。[106]エラスムスやビーベスなどは、タキトゥスの作品には優雅な弁論術や文法構造の模範が示されていると理解しこの作品を薦めたのに対し、エリオットは歴史的読み物として、ビュデなどはローマ法の勉強にとって格好の書物であるとしてこの作品を薦めた。[107]第5章で後述するが、一六世紀後半にタキトゥスの作品はまさに「政治的思慮」を学ぶための格好のテクストとして用いられた。ここで興味深いことに、ジェイムズは著作の中でタキトゥスを引用するものの、直接的にタキトゥスの作品を推薦することはなかった。

これまで考察してきた三点の主要な教育内容の他に、ジェイムズは「他のたくさんの自由な学芸や科学」にも適度に精通するよう助言した。しかし、「あまり勉学に力を入れすぎて、自らの義務を怠るようになってはいけない」と再度忠告する。他の学芸の中で、ジェイムズは「要塞や突破口などを築く際、軍隊の技には必要な知識」として特に数学を勧めた。そして「このあなた［君主］の知識が成果も無く廃れないようにさせ」、「日々の会話の中やあなた［君主］の生活の全ての行動の中で表れる」（B150, 152）ようにすることが大事であると結論づけるのであった。

以上、考察してきたように、ジェイムズの教育内容は、敬虔さを強調した北方人文主義者の教育論に強い影響を受けていた。しかし、ジェイムズが主張した教育カリキュラムと人文主義のそれには顕著な相違があった。ジェイムズは、何よりも先に聖書を学ぶように勧めるものの、人文主義的教育カリキュラム「ストゥディア・フーマーニタ－ティス」の科目である古典の作文、文法、レトリック、詩、音楽などは学問科目として挙げていない。

聖書を学問科目として重視したエラスムスも、先述したように、著作『キリスト教徒君主の教育』の中では教育カリキュラムを明示していないが、古典作品を列挙して薦め「君主の精神は、実践よりも理論から知識を得る方法で、確立された原則や観念でまず第一に教育される[108]」と主張していることから、当時、確立されていた人文主義的教育カリキュラムを支持していたのは明らかである。しかも、彼は「あなた〔君主〕が哲学者でなければ、あなたは君主になることができず、単に専制君主となる[109]」と主張しており、彼はプラトン的な哲人王を理想の君主像としていたのである[110]。

しかしながら、ジェイムズは自ら詩作を好み、一五八四年に詩作における注意書き『神聖な作詩法についての見習いの小品集[111]』を書いたにもかかわらず、彼が古典古代の作品、詩などを教育の一環として奨励していないのは特徴的である。おそらくジェイムズの教育論では、キリスト教の教義がその中核となり、古典古代の学問はそれを補完する位置を占めていたと考えられる。そういった点からジェイムズの教育論には北方人文主義の影響が強かったといえよう。また、ジェイムズは、当時の教育指南書によく見られた君主の教育を担当する教師に関する注意書きも提示していない。当時の多くの教育書では、君主の資質に影響を及ぼすのは、教育カリキュラムの内容の他に、教育を担当する教師の資質の問題であると信じられていた[112]。しかし、ジェイムズはあえて言及することを避けていたのか、教師を重要な存在とみなしていなかったのか不明であるが、教師について言及することはない。このような事柄からジェイムズと師ブキャナンの微妙な師弟関係が垣間見られるのであった。

（2）　君主の作法

ルネサンス後期のヨーロッパでは、宮廷社会の発展や新興勢力の台頭に伴い、中世的な騎士道精神に象徴される武勇像の追求に替わって、人文主義的教養の習得や内面の資質だけでなく、外面に表れる洗練された振舞いや作法が求められ、趣味や行為の面で洗練された文化的な人々、すなわちロネットム（*l'homête homme*）が理想とされた。当時、教育論の他に、良き振舞いや作法に関するコンダクト・ブックが流行し、数多くの作品が生まれた[113]。こうしたコンダクト・ブック文学は、両親からの助言書、上品な振舞いの書、政治に関する書、礼儀に関する書の四種類に区別される[114]。

一六世紀後半に隣国イングランドで人気のあったコンダクト・ブックは、カスティリオーネの『宮廷人』、カーサの『ガラテーオ』、グアッツォの『市民の会話』というイタリア人の三大作品であり、中でも、カスティリオーネの作品は他に類を見ないほど人気が高かった[115]。このような翻訳書の流布のみならず、エリオットがカスティリオーネの作品を模範として『統治者の書』を書き、ウォルタ・ローリは息子に向けて作法の助言書を書いた。また、作法やあるべき振舞いを示す傾向というのは、有識な支配層の著述家が書いた作品だけでなく、シェイクスピアの『ハムレット』などのルネサンス文学作品にも共通して見られた[116]。

こうした知的潮流の中、ジェイムズは『バシリコン・ドーロン』の第三巻全てを「日常における国王の振舞い」の助言に費やした。

国王が組立舞台に登場したかのように、人々は皆、国王の些細な行動や振舞いを凝視する。国王は自らの職務を行う際に完全に正確であることは決してなく、外面的部分のみを見る人々は、状況を視野に入れた本質を判断することができない。そして外面的振舞い（王の行動が軽率か自堕落であるか）に従って、国王の内面的意図を偏見的な気まぐれで理解する。

時が経てば正しき行いであることは証明されるが、「［その間に］偏見的な見解が、軽蔑を生じさせ、それが反乱や無秩序の原因となる」。これらの振舞いは、悪徳、あるいは徳のどちらかの意味合いがあり、その中間はない。従って「あらゆる平凡な行動や外面的振舞いが、あなた［君主］の有徳な資質の促進となり、基盤となるように、行動するよう注意しなければならない」（B162, 164）のである。このようにジェイムズは、外見に表れる君主の作法も政治的な意味をもつと考え、『バシリコン・ドーロン』の中で国王の外面的振舞いについて詳細に助言する。

ジェイムズは、最初に人間の平凡な振舞いを「必須な事柄」と「（便宜的で合法的ではあるが）必須ではない事柄」という二つの事柄に分類する。「必須な事柄」には「食べ物、睡眠、衣服、話し方、書法やしぐさ」という自らの行為にのみ関わる内容が、「必須ではない事柄」には「娯楽、あるいは運動、レクリエーションにおける仲間への接し方」（B164）という他者との行為に関わる内容が含まれている。

「必須な事柄」の箇所で、ジェイムズは「最も公である国王の平凡な行動」としてテーブルマナーを取り上げる。ジェイムズによると、国王はしばしば公に食事をする必要がある。同席者を悩ませるのではなく、隠れて大食を満たすのでもなく、「あなた［君主］の食卓が威厳あるように給仕され、（若きキュロスがしたように）あなた［君主］の食欲を少ない食事で満たす」ことが大切である。というのは、そうすることにより悪徳を避けることができるからである。本章第1節の枢要徳に関する考察では、ジェイムズによると中庸の徳自体は精神の徳を意味したが、ここではアリストテレスのように徳と食事の量が関連している。食事に関するジェイムズの助言はさらに続く。

身体を強くし、遠方への移動の際に耐久性をつけるようにするには、質素で通常の肉を食べる……［ソースを用いると］肉というよりは薬のようになるので、あなた［君主］の食事は混ぜたりソースを用いたりせず、質素にするのが良い。

ここで、ジェイムズはローマ人、特にローマの美食家アピキウスを批判する。そして「過剰な肉と飲み物には注意しなさい」「特に泥酔に注意しなさい」とジェイムズは諌めるのであった。肉を食べる際には「（太ったキニクのように）無作法」、あるいは「（抑制された夫人のように）気取って気難しく」ではなく、「男らしく、ありのままに、そしてつつましい方法で」食べるのが良いとした（B164, 166, 168）。

次に、ジェイムズは睡眠について取り上げ、それも中庸であることを勧める。ジェイムズによると、生活を四等分すると三つの部分は「食べる、飲む、そして眠る」ことに費やされる。「あなた［君主］の食生活があなた［君主］の業務に適応するようにし、業務を食生活に適応させてはならない」のである。また「休息時にあなた［君主］の部屋に群がったり、共有されたりしないようにし……信頼でき、機密に」しなければならない。というのは、国王は、多くの事柄において秘密に事を進めなければならないからである（B168, 170）。

服装についてもジェイムズは中庸を勧める。「（放蕩にふけっているろくでなしのように）過度に贅沢にならずに、（惨めな行商人のように）極端に下品にならず、（宮廷人のように）気取って装ったり、着飾ったりせず……適切に、清潔に、見苦しくなく、質素な」服装を勧める。衣服の目的は「裸体と羞恥心を隠すこと」「その結果、より見苦しくなくなること」、そして「暑さや寒さの害から身を守ること」の三点である（B170, 172）。特に、混乱の前兆となるので、宮廷には銃などの仰々しい武器をもち込んではならないとジェイムズは忠告するのであった。

次に、ジェイムズは「演説と言語」の作法について記す。これら二つの関係は「言葉が耳に語りかけるのに対し、振舞いが聴衆の目に語りかける」ことである。言語は「明瞭で、偽りなく、自然に、見苦しくなく、すっきりした、短く、金言的な表現の多い」方が良い。雄弁さは「自然に、すっきりした、分別のある形式」が良い。また、演説の際の振舞いについても同様で「自然に、重みのあるように、そしてあなた［君主］の国の流儀に従って」行うのが良い。さらに、ジェイムズは「論理的に考える言語の形式」と、「判断において判決を言い渡すとき、あるいはあなた［君主］の意志を表明するとき」との相違を強調する。前者では「国王のようにではなく、私的個人や学者のように快活に忍耐強く論理立て」、後者においては「判決を言い渡す前に、矛盾なく、あなた［君主］の威厳を減少させずに、その過程を絶え間なく」（B178, 180, 182）行うのが良いとされた。

雄弁法、あるいは修辞法は、人文主義者の教育カリキュラム「ストゥディア・フーマーニタ一ティス」の中で重要な学問であった。既に考察したように、ジェイムズは教育カリキュラムの中でこれらの科目について列挙していないが、人文主義者同様にこれらの科目が重要であることは十分認識していたのである。

とりわけ興味深いのが、書法についてのジェイムズの助言である。ジェイムズによると「布告や公文書において、明確で、短く、威厳のある様式を用いる」のが良い。一方、詩や散文を書く際、「自らの職務の邪魔にならないよう、長い作品を手にかかえてはいけない」とジェイムズは忠告し、「最初にそれらを内密にその技に長けている者たちに判断してもらう」のが良いと助言する。ジェイムズは、文書が「あなた［君主］の心の真の象徴である」（B184）と主張し、ローマの詩人ホラティウスの『作詩法について』に言及する。エリザベス女王もこのホラティウスの『作詩法について』を、女王自らが一五九八年に翻訳していたことからも、当時、この作品が重視されていたのがうかがえる。

他方、ジェイムズは自ら作詩を好むばかりか、詩作における注意書き『神聖な作詩法についての見習いの小品集』の中の『諸規則や注意事項を含んだ小論文』では、韻、音律、スタンザ（連）などの詩の技法について詳細な規則を提示したように、[117]「作詩において重要なことは、正しく韻を踏み、多くの美しい言葉で満たして書くことではなく……散文においても詩の輝きを保つように敏感に創作と詞華で豊かにする」（B186）ようにと助言する。

ヨーロッパの潮流同様に、一六世紀スコットランドにおいても貴族社会の理想は、洗練さ、あるいは優雅さと結びついていた。特に、詩はジェイムズの宮廷において洗練さや優雅さを促進する主要な要素であった。[118]本書の序章でも触れたが、一五八〇年代に国王自らがスコットランド語による詩の文化を奨励する目的で、フランスのプレイヤードの集団に匹敵するようなカスタリアン集団という有能な詩人の集まりを宮廷で形成し、そこには、アレグザンダー・モンゴメリ、ウィリアム・ファウラ、ジョン・ステュアート、プロウワースなどの優れたスコットランドの詩人が名を連ねた[119]。また、詩は、文化の象徴のみならず、政治的意味合いを帯び、そのメッセージを伝えるのにも効果的であった。例えば、ジェイムズの『不死鳥』の作品は、スコットランド貴族の反発によって寵臣エズメ・ステュアートと別れることになったジェイムズの傷心が表されており、『レパント』という詩には、自ら政治的権力を掌握したという政治的意味合いが強く表れている[120]。

さて、ここで重要な点は、ジェイムズは文を書く際、母国語で書くよう勧めている点である。というのは「ギリシア語やラテン語でこれ以上表現し残されているものはない」（B186）からである。ジェイムズによると、「国王は全ての臣民の前に出るので、母国語を洗練させ、知らせるようにすることが国王にとって最善であり」（B186）、まさに「母国語を発展させるのは国王の義務であった」（B252）。実際、ジェイムズは、著作『悪魔学』や『バシリコン・ドーロン』を中期スコットランド語で執筆した。但し、出版の際には言語が英語に転換されている。おそらくこれは、ジェイムズが、出版物としてスコットランド内だけでなく、より幅広い読者層を想定したためであるといえる。また、ジェイムズは一五八四年に『神聖な作詩法についての見習いの小品集』、そして一五九一年に『国王陛下の余暇における詩作訓練』を書き、前者の作品に含まれている『諸規則や注意事項を含んだ小論文』の中で、スコットランド語での詩作において必要な注意事項について示している。彼は詩作の際にも中期スコットランド語を用い、それはフランス人の詩人デュ・バルタスのフランス語の詩「怒り」を翻訳する際にも同様であった。また、ジェイムズはイングランドに移ってからも書簡でスコットランド語特有の「quh」を「w」の代わりに用いていた[121]。

しかし、他の作品では、このように母国語の使用が積極的に奨励されていなかった。例えば、マキァヴェッリは自己利益、野望、そして権力の手段として言語を使用することを君主に助言したが、特に母国語の使用に重きを置いていたわけではない。一六世紀のイングランドでは古典への興味が復活し、教会のプロテスタント化が進展していく中、レトリックや表象として言語が重視された。[122] 例えば、宮廷人フィリップ・シドニーは『詩の弁護』の中で、思想の伝達手段として詩が政治的に極めて有益であると指摘する。[123] しかし、ここでも言語の使用は母国語に限定されてはいなかった。他方、ビーベスは教育における母国語使用の重要性を説くが、それはむしろ生徒が慣れ親しんでいる母国語でもって最初に教育する方が生徒の理解力も向上する、という理由から教師が母国語に精通すべきであると主張しており、[124] ジェイムズとは異なる理由であった。ジェイムズは、言語やレトリックが統治において重要な役割を担うと理解し、しかも母国語の使用により、国王の言説を国内で幅広く人々に伝達することができるため、母国語の使用に注目したといえよう。それは、まさにプロテスタントが母国語での聖書の使用を普及しようとしていた背景と共通していたのである。

次に、「必須ではない事柄」に関するジェイムズの助言を見てみよう。最初にジェイムズは「身体の運動」を勧める。運動は「怠惰を取り除き」「移動に適し、持続するよう身体を鍛える」ために効果的である。しかし「手荒な暴力的運動」である「フットボールやタンブリング」を禁止し、むしろ「ランニング、跳躍、レスリング、フェンシング、ダンスやテニス」を奨励する。そして「最も名誉で高貴な」遊戯として、彼は狩猟を推奨する（B186, 188）。彼が狩猟を好み、それは騎士道的な振舞いの名残としてマキァヴェッリやエリオットなどによっても奨励された。

また、ジェイムズは娯楽についても言及し、トランプやサイコロなどはある種の賭け事であるため、それらを「非合法的」として厳しく禁じる。というのは、それらは不明確な事柄において「真実の審理」のために用いられるくじ引きと同じため、預言の一種でもあるからである。但し、もしカード遊びなどをする場合「気晴らしのために行うこと、そして遊びにおける全ての損失を賭けるような」ことをしてはいけないこと、そして「小姓の間で遊ぶ以上の賭け事をしないこと」、最後に「常に正確に公平に行うこと」という三つの規制を敷いた（B192, 194）。

こうした助言は、ジェイムズ独自のものではなく、他の振舞いや作法に関する作品にも共通していた。例えば、エリオットは、「サイコロ遊びや非合法的な他のゲーム」は制定法で禁止されていると記している。[125] 最後に、ジェイムズは以下のように振舞いの助言を締めくくり、振舞いの政治的有効性を指摘し、自らの王国の拡張を暗示した。

神があなた［君主］にこの王国以外の王国も与えるということを確信しているため……日常の事柄において、あなた［君主］自身およびあなた［君主］の宮廷の外面的振舞いによって、平和になるよう努力し、そして最も文明化され、統治されやすく、法律に最も従順である王国の流儀に従い、残りのあなた［君主］の諸王国が平和となるよう努力しなさい。外面的および日常の事柄は、徳あるいは悪徳の反映であり、それらをひきつけるからである（B198, 190）。

しかしながら、ジェイムズ自身の作法は「話し方、食事、服装、娯楽、そして女性たちとの会話において攻撃的で非常に野蛮である」[126]と母メアリが派遣したフランス人の使者フォントネーによって一五八四年八月に記録されていた。また、ジェイムズがイングランド王になってからのことではあるが、元宮廷職に従事していたアンソニー・ウェルダンも著作『国王ジェイムズの宮廷および特徴』の中で、ジェイムズの特徴について以下のように記す。

彼は中間の背丈で、身体というよりは衣服によって太って見える。……彼は本性的に臆病な性格で……彼の舌は彼の口には大きすぎて、それにより、口に物が入っているようにしゃべり、飲み物を食べているかのようにぶざまに飲む。……彼は手を洗うことは決してなく、ただ湿ったナプキンの端で指をぬぐうだけである。[127]

ジェイムズが示した振舞いの助言と、彼の実際の振舞いにどれほどの相違があったとしても、これまでジェイムズが理想とした君主の振舞いの内容は、当時、流行していた身分の高い者への作法書が扱った項目や作法内容と共通点が多く見出され、それは国王にのみ限定されるものではなく、身分の高い者にとっても有益な助言であった。

ジェイムズ自身が振舞いの箇所の冒頭で示したように、国王の内面が外面的振舞いに反映され、人々は国王の内面よりも外面から判断する傾向があったため、作法は非常に重要とみなされていた。イタリアの著述家グィッチャルディーニが、表面上の儀礼によって惑わされてはならないが、人間というのは「だれかれの区別なく丁寧なしぐさや耳障りのいい言葉に惑わされてしまうのは、信じられないくらいである(128)」と指摘しているとおりである。換言すれば、外面的な振舞いによって政治が左右されうることを意味した。

それだけでなく、礼儀作法は国王にとって臣民との距離を保持するための道具でもあり、臣民を支配するための道具でもあった(129)。第一に、国王が良き作法や振舞いを提示することにより、臣民との差別化をはかることが可能となり、王権、あるいは「政治的身体」を特別なものとして位置づけられる。第二に、臣民が国王の模範的な振舞いに近づこうとして模倣するようになる。作法書の普及によって自己意識を喚起された読者は(130)、徐々にある特定の模範的作法を身につけ、特定階層内のアイデンティティーを形成する。それにより、同一階層内での社会的規範の一元化が可能となる。その一方で、異なる社会的階層間の差異化も明確となる。各階層間での社会的規範が形成されると、一度に多くの者たちを監視することが可能となり、しかも秩序を乱す者を容易に確認できるため、差別化された社会の階層制秩序全体を維持するのにも役立つのであった(131)。

さらに、理想的な社会規範が均一化されることにより、礼儀と文明が促進された。一六世紀から一七世紀にかけて振舞いが著しい変化を遂げ、「丁寧な礼節」という概念から「洗練された礼儀・良き作法・秩序」の概念へと移行し発展した(132)。「封建的礼節」よりも「礼儀」という概念が多く使用されるようになり(133)、人間の振舞いが普遍化されたのである。その結果[134]、礼節が「社交にふさわしい[135]」振舞いを意味するようになった。ジェイムズにとっても、洗練された振舞いは「野蛮」と反対語の「文明性」（T70）を意味していた[136]。ヨーロッパの潮流では、貴族社会の理想は洗練性と関連していたのである。

理想的な振舞いを示したジェイムズのこの作品は、他の作法書と比べて量的には短いが、コンダクト・ブックと共通した項目を取り上げており、当時流行していた人文主義の作法書の特徴を有し、彼の知的潮流への関心の深さが伝わってくる。実際、ジェイムズの作品は次の世紀に至っても、コンダクト・ブック文学で影響力をもち、特に「息子への助言」のジャンルに影響を及ぼした[137]。W・ウィリマットは、ジェイムズの『バシリコン・ドーロン』をもとに作法書『鑑を参考に』を書き、また『完全なるジェントルマン』を書いたヘンリ・ピーチャムも『バシリコン・ドーロン』の文言を引用して解説した[138]。こうした作法書は、教育論と並んでますます政治領域において重要となっていくのであった。

本節で考察してきたように、ジェイムズは、様々な特徴をもつルネサンス人文主義の知的潮流に精通し、それらの要素を取り入れ、他の著名な作品に匹敵する教育カリキュラムおよび振舞いの書を書いた。彼の作品は後世に名を残すほど影響力をもった進言書となった。当時の作法書同様に、ジェイムズの作品でも礼節から礼儀への変化の影響を受け、学芸の教育のみならず、礼儀作法も教育の一環として重視されたのである。

4　王を支える家臣

ルネサンス人文主義者は、王国を統治するのに必要とされる有徳な資質を幼少の教育を通して国王に身につけさせることを説く一方で、完全ではない国王の資質を補うために顧問官の役割にも重点を置いた。国王に対する顧問官の助言が、王国を良き方向へと導くと理解した人文主義者の多くは、様々な角度から顧問官としての条件について論ずる。とりわけ「真の高貴性」という主題は、顧問官となるための重要な条件であった[139]。ジェイムズは顧問官という職だけを重要視したのではなく、より普遍的に君主を支える理想的な家臣像について助言した。ジェイムズが掲げた理想的な家臣の条件、そして国王と家臣との関係について考察する。本節では、

（1）家臣の条件

人文主義者が論じた「真の高貴性」という主題は、古典古代に由来し、家柄が良く富があることを特徴としたアリストテレスに対し、有徳な資質を備えていることを特徴としたキケロといった二人の古典的議論に見出せる。この二つの議論は、戦争や紛争が繰り広げられる中、強固な統治を構築していく過程で重視され、特に一五世紀後半のイタリアや一六世紀後半のイングランドの作品において頻繁に論じられた。

ジェイムズが「真の高貴性」をどのように捉えていたかは、後述するイングランドの人文主義者の議論と比べると明確ではないが、彼の家臣や宮廷人の選び方から家臣の条件について理解できる。ジェイムズは『バシリコン・ドーロン』の中で、家臣を「未成年」と「成年」の二種類に分け、前者には「真に誠実な家柄出身」の者を選び、後者には「汚点がなく良き名声を得ている家柄出身」の者を選ぶように勧める。両者の本質的な相違はほとんどなく、むしろ共通している点というのは「古くからの家臣」の忠誠心であり、ジェイムズは王家に対して過去に謀反を起こした家系を自らの家臣から排除するよう忠告する。というのは、君主の「両親を嫌う者たちはあなた「君主」を愛するはずがない」という理由からである（B108, 110）。ジェイムズのこの言説はある程度、家臣であったメイトランド家に当てはまるといえる。母であるメアリ前女王派と幼王ジェイムズ派に分かれて王位をめぐって争った一五七〇年代の内戦の際、リチャード・メイトランド（Richard Maitland of Lethington, 1496–1586）の息子

ウィリアムが一五七三年のエディンバラ城陥落まで前女王に対する忠誠を誓い、最後は自ら命を絶った。内戦後、当時の政府側がメイトランド家に対して厳しい措置をとったが、後に、メイトランド家の財産は回復し、リチャードのもう一人の息子ジョンは、ジェイムズ主導の政府内で重要な役割を担った。(140) 従って、おそらくジェイムズは母メアリに対する忠誠心をもっていたメイトランド家に対してある種の信頼を寄せていたとも考えられる。一七世紀始めに至っても、スコットランド王は、国内の反乱などを鎮圧する際、軍事面で貴族たちに頼らなければならなかったため、王家に対して忠実で由緒ある家柄は、家臣として重要な条件であった。

他方、ジェイムズは家臣選定の際、「家臣の欲望ではなく、質を重視し、偏らずに全ての土地から選ぶ」必要があるとも主張する。特に、外国人は「自国の人民の心を掻き乱し、彼らに嫉妬心を生じさせる」ため、主要な役職に外国人を起用することは避け、土着の者を選ぶよう勧めた（B114, 116）。これは彼の実体験、「リヴェンの襲撃」事件から得た教訓であった。また、一六世紀に台頭してきた新しい勢力であるレルドと呼ばれる中間層が、国王の新たな支持者となったことを踏まえて、ジェイムズは「バロンとジェントルマン階層の誠実な者たちをよく知る」（B84）ようにと教示するのであった。ジェイムズは由緒ある家系を重んじたが、家柄にのみ重きを置くだけでなく、有能な家臣を登用することも重要であると説いた。実際、彼が登用した役人には、伝統的な貴族の家系の出身者だけでなく、レルド出身の教養深い平信徒や自治都市民出身の者たちも含まれていた。こうした傾向の典型的な例として、先のリチャード・メイトランドの息子で、ジェイムズ統治下で国務長官にもなったジョン・メイトランド（John Maitland of Thirlestane, 1543-1595）は、レルド出身で一五八七年には大法官に昇格した。(141) また、後にジェイムズの妻アン女王の秘書となるウィリアム・ファウラも、エディンバラ市の自治都市民出身であった。ジェイムズが資質を重視して家臣を役職に登用していたことは、他の者の目から見ても明らかだった。先述したように、ジェイムズの宮廷から罷免された後、ジェイムズを酷評する内容を含む『国王ジェイムズの宮廷および特徴』と題した小冊子を発表したウェルダンでさえも「ジェイムズは自発的に誠実な者たちを好んだ」と指摘していたほどである。[142]

ジェイムズは著作の中で、顧問官に限定して取り扱うことはなかったが、宮廷人や従者に対して、彼らの有徳さが人民を統率する際に有益となると認識し、君主同様に、彼らの有徳な資質を重視した。ジェイムズによると、「人々を統治するために良き法を施行する」だけでは、統治の成功を実現するには不十分であり、「国王自身と、国王の宮廷と仲間が有徳な生活を送る」必要があると主張する（B102）。国王が道徳者として良き模範となるだけでなく、彼の臣民も徳を愛し、悪徳を嫌悪するよう人々に示すことが王国を巧みに統治するには不可欠であった。そのためにジェイムズは、「全ての人々は、自然と君主の模範に従うので……人々に対してあなた［君主］の生活を規範書とし、鑑とさせなさい」と、何よりも先に国王の有徳さを強調した。ジェイムズによると、「あなた［君主］の宮廷と家来が恭しく徳を有するよう統治すること」、そして「あらゆる有徳な資質でもってあなた［君主］自身の心を覆い、豊かにすること」（B104）が、統治の成功の鍵を握るのであった。

ジェイムズは、狩猟を行う人材と、国政を担う人材は異なるとして、より詳しく家臣像を提示した。国政については、「猟師に助言させたりせず」、「特に日々仲間として、おどけ者やバラード詩人をはべらしてはいけない」と助言した（B196）。ジェイムズの宮廷では、宮廷文化は花開いたが、娯楽の領域を担う人材と統治を担う人材は区別されていた。

さらに、ジェイムズは宮廷と王室に関して二つの点に留意するよう助言する。「人々は喜んでどんな宮廷人の例にも倣う」ので、国王たる者は「賢明に宮廷人を選ぶこと」、そして「あなた［君主］が選んだ宮廷人を注意して支配すること」の二点に配慮しなければならない（B106）。有徳である家臣は、統治において重要な武器となる一方、その武器を国王の支配下に確実に置かないかぎり、統治は成功しない。第2章および第3章での考察から、ジェイムズが求めた家臣というのは、国王の政策通り忠実に任務を遂行する、すなわち王権に対する忠誠心と服従、そしてその強化を目的として、国政を担う有能な家臣であった。

(2)「真の高貴性」論

それでは、ジェイムズが主張した家臣の条件と比較して、「真の高貴性」とはどのような特徴を有するのかについて次に考察する。イングランドの人文主義者エリオットは『統治者の書』の中で、[143] 統治する者の本質的な資質として「感じのよさ」「温和」「慈悲深さ」「博愛」「恩恵」「寛容」を重視する一方、こうした資質ばかりでなく「報酬を得ずに生活することができるだけの十分な財力を有する」ことにも重きを置き、統治に携わる者の経済的地位を強調する。その理由として、裕福な者たちは「自らの生活をまかない、子供たちに学問や徳を身につけさせることができる[144]」からである。当時、裕福な家臣とは、伝統的な家柄や高貴な血筋を有することを意味した。こうしたエリオットの資質と富との折衷的な理想像には、アリストテレスの影響が強く、顧問官に適するのは伝統的な家系の血筋と富をもつ「世襲制の地主エリート[145]」であった。

他方、スミスは、『イングランドのコモンウェルスについて』の第一巻第一七～一八章の中で、イングランドのジェントルマンを大貴族と小貴族の二種類に分類する。[146] 大貴族は公・侯・伯・子・男の爵位を有する者を指し、そこでは通常、長子相続が行われている。他方、小貴族は、偉大なる奉仕などに対して騎士としての身分を与えられた者である。前者では由緒ある家系が重要となり、後者では個人の資質が重要となる。このようにスミスは、貴族を二種類に分けたが、少なくとも作品の中ではエリオットのように折衷的な要素は見られなかった。

これらの両義的な議論とは対照的に、モアは『ユートピア』の中で、アリストテレス的「真の高貴性」論を否定し、むしろキケロに見られる道徳的な絶対性を強調していた。[147] モアのように、資質のみを重視する傾向は、北方人文主義者エラスムスの著作にも確認される。エラスムスは、『キリスト教徒君主の教育』の中で「最高の高貴性を持つ者が君主となる」と主張し、その高貴性を以下の三種類に分ける。すなわち「有徳や良き行動から生じた者」「最善の訓練を受けた者」「先祖の描写、家系、あるいは富によって判断された者」である。中でも、最初の種類が最も高貴であり、最後のは最も低い高貴性となる。[148]このように、エラスムスは家系や富よりも、有徳な資質のみに重きを置いた。同様な主張は、以下の為政者の選び方においても明らかである。

為政者は、彼らの富、家系、あるいは年齢によってではなく、知恵や誠実さによって選ばれなければならない。しかし、この種の職には年配の人たちを任命するのが良い。……というのは、年配の人々は経験でもって思慮を得て、そして欲望に関してより節制であるばかりか、彼らの重ねてきた年齢が、人々の心の中に彼らに対する威厳のようなものを与えるからである。[149]

ここでエラスムスは、プラトンを引用して、法の監視者には五〇歳から七〇歳の為政者が相応しく、聖職者には六〇歳以上が望ましいと付言する。エラスムスは有徳な者で、しかも年長者が為政者に相応しいと考えた。他方、真の高貴性の特徴として有徳さが重視されても、暗黙の了解として、有徳さは貴族に見出されるとも理解されており、[150]それが、社会の階層秩序を支持する通常の保守的観念であったと指摘されている。[151]

同様な主張は、北方人文主義を批判したリプシウスにも見られた。彼は、『政治学六巻』の中で「君主は多くの目と耳をもたなければならない」として、国王を補佐する者を「顧問官」と「為政者」に区別する。彼によると、顧問官には、「誠実で、世俗の事柄や人間関係に経験豊富で和平時あるいは戦時に良き助言を与える者」、特に年配者が良く、外国人を性急に顧問官として採用してはならない。良き助言をするには、「敬虔」「言論の自由」「恒心」「中庸」「秘密主義」という五原則が必要となる。それに対して顧問官には、「頑固な依怙地」「不和」「情熱」「強欲」を避けるのが良い[152]。為政者については、リプシウスは公的領域を司る「統治者、長官、財務府の役人、裁判官」と私的領域を司る「宮廷人」との二つに分類し、彼らを「誠実な家系、あるいは家柄の出身」「生活の礼儀作法」「気質」の観点から選ぶことを良いとした[153]。リプシウスも顧問官の条件に関しては、家柄が重要な選定要素となる為政者とは異なり、内面を重視したのである。

ジェイムズ同様に、国王という立場から「息子への助言」の手紙を記した神聖ローマ皇帝カール五世は、誠実で知的な大臣を採択するよう以下のように強調する。

大臣に必要とされる三つの主要な資質は、健全なる感覚、君主に対する愛情、そして高潔である。健全なる感覚は、彼らに行政能力を生じさせ、愛情は彼らの主人の利害を深く心にかけることを確信させ、そして高潔は彼らが統治を効率的に行うのを助ける[154]。

ジェイムズが育ったスコットランドでは「真の高貴性」について、他のヨーロッパほど熱心に論じられていなかったが、ある程度の知的潮流が確認できる。例えば、メイジャは、真の貴族とは、先祖ではなく徳という資質の結果そうなると主張しており[155]、先祖の血筋と高貴性を一切関連づけてない。

リチャード・メイトランドは、ジェイムズ六世に書いた教訓的な内容の詩「ジェイムズ国王へ」の中で、顧問官の選定に細心の注意を払うよう君主に進言している。彼は、「いかにして国王が平和に安泰に国を統治すべきか国王に忠実に助言する……良き公平な人物を顧問官として選ぶこと」が大切であり、そして選ばれた「賢明な顧問官が昼夜［絶えず］、国王を導く」よう助言することを理想とし、また「モラルに関する詩」の中では「誠実な仲間をもつ[156]」ようにジェイムズに助言する。

他方、メイトランドは、君主に対する助言だけでなく、選ばれた顧問官が国王に仕える際に心得るべき点についても「息子への助言」の中で記し、顧問官として「知恵という導きを常にもつ」こと、そして「統治において賢明で注意深くある」[157]ことを訓戒した。また、メイトランドは、話すことより聞くこと、お世辞や軽蔑を慎むこと、思慮によって仲間を選ぶこと、浪費しないこと、トランプやサイコロ遊び（博打）をする際には適度に行うことなど、コンダクト・ブックの内容としてはどれも馴染みのある助言を記しており、前節で見たジェイムズの作品『バシリコン・ドーロン』の振舞いにも共通した内容である。メイトランドの顧問官に対する助言から、彼もおそらく顧問官が富や血統ではなく、キケロのいう知恵や深慮という徳の質から「真の高貴性」に到達できると考えていたのであろう。メイトランドは、国王が王国を単独で統治するのではなく、常に顧問官の助言を得て統治するという「顧問官と国王による統治」を理想とした。このように、顧問官の役割を重視した助言は、エリオットなど当時のイングランドの人文主義者たちの作品によく見られた進言内容と類似していたのである。

ジェイムズの治世以前にも、ローダーの『国王の任務および職位に関する包括的な簡明な論文』では、国王がどのような家臣を選ぶべきか、具体的に記されている[158]。ローダーによると、牧師を選定する際、国王は血筋や富に関係なく「慎慮、知恵、注意深さ」(l. 288) の資質に留意して選ぶこと、牧師は、「受容力があり、神聖、良き且つ慇懃、慈悲深く、中庸で、柔和」(l. 303-306) であるのが望ましい。また、裁判官を選定する際には、「謹直且つ忍耐」「口が堅く且つ深慮」「賢明且つ有徳」「良き且つ慇懃」「任務に油断しない」「市民法として、司法と教会法両方の知識を備えている」ことである (l. 443-449)。ここでも血筋について言及されることはなく、専ら資質のみが重視されているのであった。

これまで考察してきたように、スコットランドでは、イングランドの人文主義者のように、アリストテレスとキケロの二つの古典的議論を用いた活発な「真の高貴性」論は見られなかったが、顧問官あるいは家臣には有徳な資質のみが強調される傾向があった。スコットランドでは王権の神授的起源よりも、有徳な国王が人民によって選ばれるという知的伝統が根づいているため、有徳さの資質が重視されていたのも不思議ではない。

こうした自国の知の伝統とは異なり、ジェイムズが提示した家柄と徳の両方を重視する思考というのは、当時、イングランドの人文主義者が論じた議論を反映していた。しかし、実際には、ジェイムズは家臣の条件として有徳さよりも、おそらく家柄の方をより重視していたと考えられる。[159] ジェイムズが「古くからの家臣」の忠誠心を重視した理由は、先述したとおりである。また、ジェイムズは『バシリコン・ドーロン』の中で、「徳というのは、しばしば高貴な血筋に生じる」(B86) とも主張している。家柄を重視することは、第2章第4節で取り上げたように、伝統的な秩序を維持するためにも効果的であった。というのは、王権への服従による秩序維持が、結局は統治の安定にもつながるからであった。それでは次に、こうした条件をもつ家臣を得た後、国王と家臣はどのような関係を育むのが望ましいとされたのか考察する。

(3) 王と家臣との理想の関係

エリオットが『統治者の書』の中で、君主は「アリストテレスが言うように、目となり、耳となり、手となり、足となって働く下級為政者を選ぶべきである」[160] と主張したように、ジェイムズも貴族が「あなた［君主］の腕となり、あなた［君主］の法律の執行者とならなければならない」(B86) と理解した。しかし、そのような理解はエリオットら人文主義者と異なり、家臣が自主的に積極的な役割を担うことを意味するのではなく、第3章第3節で考察したように、国王の指示に従順に従う手足となることを意味した。

こうしたジェイムズの姿勢は、彼が作成した詩『不死鳥』でも見られ、彼は家臣の助言を拒否する内容を示唆した。[161] この詩は、「リヴェンの襲撃」事件の結果、ジェイムズの寵臣エズメ・ステュアートがスコットランドの貴族たちの反感を買い、国外追放に処せられた後に作られたもので、国王自身が寵臣の失脚を嘆いている内容である。この詩のみならず、第3章で考察したように、ジェイムズは、「国王は議会の助言や諸身分からの助言がなくても、国王が適したと思えば……制定法や法令を発布できる」(T71)と主張していることから、イングランドの人文主義者のように、家臣、特に顧問官に統治における積極的な役割を見出していなかったといえよう。ジェイムズにとって、国王と家臣との理想的な関係とは、プラトンが言うような対等な関係を指すのではなく、むしろ国王の路線を巧みに実現する国王に従順である関係を意味した。従順な家臣が、国王に対する忠誠心をもつことにより、階層秩序がより一層維持されるのである。

対照的に、イングランドでは顧問官の存在について積極的な役割が見出され、モアやエリオットは、キケロ的な友人同士の関係を理想とした[162]。時のイングランド女王エリザベスもジェイムズに宛てた書簡の中で、「最も固い基盤となるのは、従って、あなたの信頼に適していて、キケロの友情の原則にあるように、……きちんと対応することである[163]」と記し、キケロ的な友情に重きを置いている。一五八〇年代にエリザベスとジェイムズは書簡を交換しながら、ジェイムズの母メアリの処刑後も互いに友情を維持していくことを確認している[164]。

キケロによると、友情が成り立つためには、当事者たちがまず最初に徳を備えていなければならない。というのは、「友情とは、神界および人間界のあらゆることについての、好意と親愛の情に裏うちされた意見の一致に他ならない……徳の中に最高善を見る人たちは立派であるが、まさにこの徳が友情を生み、保ち、徳なくして友情は決して存在しえない[165]」からである。従って、「秀れた人々の中にしか友情はありえな[166]」く、また「友情には些かも作り事や見せかけはなく、あるのは真実で自発的なもの」なのである[167]。まさに、顧問官の条件である有徳な資質が、友情を育むには必要であった。特に、「友情において最も重要なのは、目下の者と対等になること[168]」であった。イングランドの人文主義者たちは、このようにキケロを範として国王と顧問官との理想的関係を描いたのである。

イングランド以外でも国王と顧問官の関係について論じられた。リプシウスによると、君主は顧問官の助言を聞く際、「遅れずに報告させ」「判断をしながら聞き」「頑固であることを避け」「決断を守秘し」「顧問官が胸の内を自由に率直に話すようにさせ」「公平に聞くように」しなければならない[169]。ここにはキケロの「友情」という言葉自体は出てこないが、それはある程度、対等に率直な意見交換ができる君主と顧問官の関係を示唆していた。

スコットランドでもジョン・アイルランドが、『知恵の鑑』の第二巻の中で、国王を補佐する四名の神の娘、すなわち「慈悲」「真実」「公平」「平和」を挙げたことは既に指摘した。ここでは、アダムとイヴの原罪から続く人間の堕落した状態を改善するために、四名の娘たちが「秘書、あるいは賢明な顧問官」として機能し[170]、顧問官の役割が重視されていた。

こうした顧問官の積極的な役割を認める傾向は、ジェイムズの言説には見られなかった。むしろジェイムズは、第2章および第3章で考察したように、権力は常に君主から家臣に与えられるもので、彼らに服従の観念を浸透させることに重きを置いていた。家臣の中でも国王の側近となる顧問官との関係においても、国王と対等になることはなく、ジェイムズが目指した世俗界における最高権威としての王に従順に補佐する役割が家臣に与えられていた。

しかし、実際には、ヨーロッパ同様に、一六世紀スコットランドにおいても政治の領域で顧問官の役割が重要となってきていた。ジェイムズが幼少の頃、スコットランドは有能な摂政モートン伯や重臣メイトランドにより統治され、彼らの政治的リーダーシップのもと王権が強化され、近代的な統治機構が確立されていった。彼らの有能な政治運営を見ながらジェイムズは政治のあり方を学んでいったのである。一六〇三年にジェイムズがイングランドを統治するようになってからも、スコットランドの国政は国王不在のもと、有能な貴族や官吏によって比較的大きな衝突もなく平和裏に統治されていた。また、イングランドの国政では、豊富な知識を有するフランシス・ベイコンが、ジェイムズの助言者として活躍していた[171]。

従って、自らの作品では、イングランドのように王と対等な存在として顧問官の重要性について言及しなかったジェイムズではあったが、自らの政策を実行する際に、独断的な裁量では統治することができず、顧問官の政策実行力が重要となっていった。おそらくジェイムズは、顧問官に対する国王の支配こそが重要な鍵となるということを十分認識していたといえよう。詳細には第5章第1節で取り上げるが、一五九八年からジェイムズは枢密院を再編成し、イングランドとは異なり、枢密院に多大な立法権力や司法権力を与え[172]、しかも枢密院を自らの政策路線に合わせて操作することを可能としたのであった。

こうしたジェイムズの家臣に対する考え方とは対照的に、スコットランドでは、伝統的な慣習として、貴族は下級家臣と親密な関係を保ち、信頼関係を築いていた。そこでは、社会的階層の相違はあるものの、異なる階層の者たちが形式的ではない交流を保っていたのである[173]。従って、おそらくスコットランドでも「国王と家臣の関係」は、キケロ同様に階層間の相違を強調するのではなく、様々な階層の者たちとの交流をもち、家臣から信頼を得ていることが理想とされていたと考えられる。

他方、これまでの国王と家臣との対等な関係とは対照的に、ルネサンス期に利害関係からなる君主と側近との関係に重きを置く考え方も生じていた。マキァヴェッリは『君主論』第二二章で秘書の選び方について取り上げ、秘書に「身にあまる栄誉を与えて、もうそれ以上の名誉を望まないようにすること、望外の財産を与えて、それ以上の富を望まないように、過ぎた職責を与え[174]」、君主なくしてはどうにもならないことを知らしめるのが良いとして、利害による君主と側近の結束の強化を肯定した。同様に、ボテロも『国家理性』の第二巻で、「君主によってなされた決定において、利益が常に他の議論よりも優先する」ため、「君主と交渉する者は、友情、血縁関係、同盟、あるいは利益に基盤をもたない他のあらゆる絆にも信頼を置いてはいけない[175]」と明示した。こうした助言は、実は当時の人文主義者が好んで用いた『キュロスの教育』にも確認される。キュロスにとって第一の懸念は、自らの身体を敵から守ることであり、そのために自分の利害に深く関与する、利害をもつ関係者たちを従者として選ぶことが重要であった[176]。そしてキュロスは積極的に寵臣政治を用いていた[177]。一六〇三年以降、ジェイムズのイングランド統治でも寵臣政治が著しく行われていくこととなる。エリザベスは、パトロンとしての権限を利用して宮廷内で派閥同士を競わせて仕事の能率を高め権利の濫用が起こらないようにしたが、ジェイムズ治世下ではむしろパトロン制度を利用して専門家に政策の助言をさせ行政を合理化しようとし、その運用方法には優れた面もあった[178]。

本章では、『バシリコン・ドーロン』を中心にジェイムズが理想とした徳のある君主像について考察した。幾つかの例外は見られるものの、概して、ジェイムズは古典古代のモラリストに影響を受けた人文主義、特に北方人文主義の潮流に即して、有徳な資質を有する国王を理想とした。その資質を養うための教育、そして洗練された振舞いも道徳的模範者としての国王には不可欠であった。また、国王を支える家臣との関係も政治に影響を及ぼした。こうした理想像は、ルネサンス人文主義に特徴的なキケロ流の古典的人文主義に大きな影響を受けたものであった。しかし、それとは対照的に、一六世紀後半には、ボテロやマキァヴェッリの作品のように、より実践的な「政治的思慮」に重きを置いた知的潮流が顕著となっていった。そうした側面もジェイムズの理想とした君主像に反映されていた。

注

（1） Skinner 1978: i. 235. 共和主義的人文主義者（一三世紀から一五世紀前半）が人々の自由の維持を政府の目的として掲げたのに対して、ルネサンス人文主義者は、むしろ良き秩序、調和、平和を維持するための社会を目的とした。

（2） 古代の「君主の鑑」作品には、イソクラテスの『ニコクレスに与ふ』、プルタルコスの『キリスト教徒の無学の君主』、クセノポンの『キュロス王の教育』、中世の作品にはローマのジャイルズ、トマス・アクィナス、クリスチーヌ・ド・ピザンなどがある。古代から中世にかけての「君主の鑑」作品の文献目録に関しては以下を参照。Erasmus 1936; Born 1928a: 540–543, n. 4; Born 1928b; Born 1933; Kelso 1929: 169–277; Carré 1994: 183–193; Montandon 1995; Smith 1927.

（3）Mapstone 1986 ; Mapstone 1989 ; Broadie 1990.
（4）Erasmus 1936 : 26.
（5）他には、神聖ローマ皇帝カール五世が統治に関する進言書を手紙に記した。娘ファナへの手紙についてはKamen 1965 : 78-79、息子への手紙についてはBrandi 1965 : 485-493、その詳細についてはWormald 1991a : 281, n. 27を参照。ジェイムズの作品は海外で翻訳された。そのフランス語訳についてはフランソワ・オトマンの長男ジャンが初めて翻訳した。Smith 1917.
（6）フィレンツェ人文主義では共和政の文脈で論文が書かれたのに対し、一五世紀後半の人文主義では、マキァヴェッリやパトリッチなどは君主政よりも共和政を支持するものの、君主政の文脈で論文が書かれた。Skinner 1978 : i, 116.
（7）*Ibid.* : 228.
（8）スキナーは、一五世紀前半の人文主義（フィレンツェの市民的人文主義）と一五世紀後半の人文主義との間に、ウィルトゥースの概念が変化したと指摘するが、一五世紀後半の人文主義と北方人文主義の徳の観念についてはほとんど類似していたと論ずる。一五世紀後半の枢要徳についてはSkinner 1978 : i, 125-128を、北方人文主義の枢要徳については*Ibid.*: 228-229を参照。他方、北方人文主義の特徴は、政府の改善の目的、キリスト教的、政治的知恵、キリスト教共同体の実現の四点である。Bradshaw 1991.
（9）キケロによると、枢要徳の順序は重要性からこの順になる。ピーパー 2007 : 256.
（10）Aristotle 1976 : 135-138（1971 : 上, 120-123）; James VI 1950 : ii, 240 ; フィルハウス 1992 : 246.
（11）一六〇三年版ではダヴィデではなくモーセが述べたことになっている（B69）。
（12）Buchanan 1680 : 59 ; 1579 : 47.
（13）エストライヒ 1982.
（14）Ustick 1932b.
（15）James VI and I 1982 : 72.
（16）Erasmus 1936 : 19.
（17）Buchanan 1680 : 42 ; 1579 : 34.
（18）キケロは、悪意を持って法を解釈することによる欺瞞から不正義が生じると主張した。Cicero 1991 : 14（1961 : 24）.
（19）Elyot 1962 : 159.
（20）*Ibid.* : 186-187.
（21）*Ibid.* : 209.
（22）*Ibid.* : 218.
（23）Botero 1956 : 15-16.
（24）*Ibid.* : 69.
（25）Ribadeneyra 1949 : 314.
（26）Truman 1999 : 265. スペインのトーレスも『君主の道徳哲学』（*Philosophia Moral de Principes*, 1602）の中で、君主に必要な枢要徳として正義、思慮、勇気、節制の順に列挙する。Höpfl 2004.
（27）Skinner 1978 : i, 230. 例えば、ビュデは『君主の教育について』の中で、アリストテレスの『ニコマコス倫理学』を挙げ、配分的正義を擁護する。Budé 1966 : 20-24. ゲバーラは『君主の羅針盤』の第三巻で君主が必要な資質として、正義、平和、寛大を挙げる。Guevara 1919 : 95-216.
（28）Erasmus 1997 : 92.
（29）*Ibid.* : 5.
（30）*Ibid.* : 14.
（31）*Ibid.* : 16.
（32）Lipsius 1594 : 1-10. リプシウスは、第二巻第七章で同じように、君主が合法的にかつその役目を十分担うには「思慮」と「徳」が重要であると主張する。*Ibid.* : 24.
（33）*Ibid.* : 27.
（34）*Ibid.* : 31.
（35）*Ibid.* : 36.

(36) Machiavelli 1988 : 54 (2002 : 89)
(37) Ireland 1926 : i, 106 ; Burns 1996 : 19–39.
(38) Ireland 1926 : i, 108.
(39) Buchanan 1995 : 154–157. この詩は四つの内容に分類される。君主自身のあるべき姿、臣民との関係における君主のあるべき姿、外交政策における君主のあるべき姿、そして君主の教育である。引用文中のl. の後の数字は、詩の行数を示す。クレイグやアダムスンもジェイムズに向け「生誕の祝賀」を作詩した。
(40) 敬愛とは、共同体に対する義務や尊敬の精神を指す。*Ibid.* : 318.
(41) *Ibid.* : 5.
(42) Lee 1959 : 22. リチャード・メイトランドに関する論文については Lee 2003 : 25–39を参照。メイトランドの詩集は *The Maitland Folio Manuscript* (Folio, Quarto) および Bannatyne Club で編纂されたもの、またピンカートンが編集した *Ancient Scottish Poems* からも入手できる。本書では Folio 版を参照した。
(43) Mason 1935 : 29.
(44) *The Maitland Folio Manuscript* : i, 44.
(45) *Ibid.* : 48.
(46) Alexander 1921 : i, cxci.
(47) Gray 1998.
(48) M'Crie 1819 : i, 241–246. 大学はギリシア・ローマの影響を受けた。
(49) 騎士道精神に特徴的な武勇が、名誉や貴族としてのステイタスという観念と切り離されていき、暴力的な決闘や戦争は否定された。Kaeuper 1999 : 298–310.
(50) ヘンリ八世のルネサンス君主の特徴については、小林 2012bを参照。
(51) Richardson 2002 : 5.
(52) Macdougall 1984.
(53) Mason 1998a : 88 ; Brown 1986 : 184–214. 一方で、中世スコットランドの進言は、ヨーロッパのそれと異なり、「統治者自身の誠実さ」「賢い助言者への信任」「正義の公平な裁き」が伝統的であった。Lyall 1991. 特に、貴族の役割は軍事的リーダーシップと専門性を提供することであった。Brown 1993.
(54) Skinner 1978 : i, 243–248. キケロやセネカなどの古典古代のモラリストに影響を受けた人文主義者は、新たな徳の観念を導き、騎士道的貴族や宗教的な黙想的な特徴ではなく、活動的な神聖な平信徒を求めた。Cf. チャールズ一世は、騎士道の名残である馬上槍試合の慣習を停止し、武勇な軍人像ではなく平和の保護者へと騎士道的理想像を再定義した。Adamson 1993 ; Todd 1987 : 28.
(55) More 1989 : 17 (1957 : 23–24)
(56) Elyot 1962 : 185–187.
(57) Erasmus 1997 : 100, 103 ; Heath 1996.
(58) Budé 1966 : 112. 概して、一六世紀後半のプロテスタントの聖職者も「戦士」の理想像に否定的であった。フランスでの騎士道的精神の議論については Hallowell 1974 : 177を参照。スペインのビーベスもこうした貴族社会の理想を批判する。Burke 1995 : 18.
(59) Ribadeneyra 1949 : 322–323.
(60) シュミット 2003 : 276 ; Bradshaw 1991 : 99–100.
(61) Skinner 1978 : i, 247. イングランド宮廷社会における騎士道の「模擬的」な復活については、木村 2003 : 67–73を参照。
(62) Ferguson 1986 : 110 ; Stevenson 2006 : 190. 同様な点はリバデネイラの作品にも指摘されている。Ribadeneyra 1949 : 288–291.
(63) James 1978 : 58–72.
(64) 一四～一五世紀のイギリスの支配者層の多くが学問を軽蔑していたと指摘されている。三枝 1989.
(65) Ferguson 1986 : 144. 中世から近代にかけての決闘の歴史的変遷については、山田 1992を参照。しかし、山田は、ジェイムズが決闘に「きわめて前向きな姿勢でのぞんでいた」と指摘しており、筆者とはジェイムズの決闘に関する解釈が異なる。ペルトネンによると、決闘は、一五八〇～九〇年代に急増し、一六一〇年代にピークに達した。ペルトネンは、近世イングランドでは独自の騎士道文化として決闘が発展したという従来の解釈に対し、それはイタリアルネサンスにおける宮廷の礼儀がイングランドに輸入されて発展したと主張する。Peltonen 2006.

(66)　詳細については第5章第3節で考察するが、「政治的思慮」については、佐々木 1986; 山内 1985; 塚田 1991 : 66-71; 木村 2003 : 11-16を参照。

(67)　知恵と思慮に関する定義については、ギリシア哲学者の間でも多様な解釈が存在する。例えば、アリストテレスは『ニコマコス倫理学』第六巻第五～七章で、プラトンが知恵と同じ意味で思慮を用いていることに異議を唱える。アリストテレスの『ニコマコス倫理学』によると、「知慮《フロネーシス》とは、人間にとっての諸般の善と悪に関しての、ことわりを具えて真を失わない実践可能の状態」であり、「知慮《フロネーシス》」のある人とは、「思量にたけた人」を指す。「智慧《ソフィア》」は、「もろもろの学のうち、最も厳密なもので」、それは「本性的に最も尊貴なものを取り扱うところの学でもあるし、直知でもある。」Aristotle 1976 : 209-213（1971 : 上, 223-231）.

(68)　Cicero 1991 : 26（1961 : 40）.

(69)　Cicero 1991 : 59（1961 : 83）.

(70)　一五世紀後半のイタリア・ルネサンスの君主の徳については、Skinner 1978 : i, 127-128を参照。北方ルネサンスのそれについては、*Ibid.* : 229-231を参照。北方ルネサンスの作品は特にこの君主の徳を強調し、徳目の一覧を列挙する傾向があった。*Ibid.* : 125. また、北方ルネサンスはこれ以外に「敬虔さ」の徳も強調する。Bradshaw 1991 : 101-106.

(71)　例えば、アリストテレスは『ニコマコス倫理学』の中で、枢要徳の他に、「知的徳」（intellectual virtues）があることを認識し、知的徳が道徳的徳よりも優先すると説いたが、「君主の徳」として挙げていない。

(72)　一六〇三年版ではこの記述は削除されている（B157）。

(73)　Bradford 1983; Salmon 1991b.

(74)　リプシウスの生涯については以下を参照。山内 1985 : 57-59.

(75)　Skinner 1978 : i, 213. 北方人文主義者は、一五世紀の先人たち同様に徳を育むためにはストゥディア・フーマーニターティスの教育が重要と考えた。*Ibid.* : 122, 241-243.

(76)　他方、中世的な騎士道を理想とした多くの支配者層から人文科学に対する強い反発も見られた。例えば、一五一七年のオクスフォード大学コーパスクリスティコレッジがそうである。Simon 1966 : 82-85. フランスでも武術の習得を重視した武家貴族から人文主義教育に対して反発が生じた。Supple 1991; Supple 1984.

(77)　奨励された作品には、プルタルコスやクセノポンの作品があった。Simon 1966 : 103. Cf. メイジャは、純真さや知恵を学ぶためにペトルス・ロンバルトゥスの作品『金言』を薦めた。Durkan 1950 : 134.

(78)　君主に対する教育論に関する作品の詳細はSkinner 1978 : i, 213-215を参照。当時イングランドで出版された教育論に関する作品目録についてはWatson 1967; Charlton 1965を参照。

(79)　Caspari 1954 : 279.

(80)　スコットランドにおける大学カリキュラムについては以下を参照。Morison 1899 : 23-30; Kirk 1994; Smout 1972 : 81-87; Durkan 1953; MacQueen 1990; Cowan & Shaw 1983; 田口 1993.

(81)　Erasmus 1997 : 5.

(82)　*Ibid.* : 22.

(83)　*Ibid.* : 61-62.

(84)　ビュデも聖書に基づく、人文主義的教育を重視しており、彼によって霊・俗が混合した哲学が生み出された。de La Garanderie 1988; McNail 1975.

(85) Erasmus 1997 : 60.
(86) ホイジンガ 2001 : 171.
(87) Mariana 1948 : 198, 242.
(88) Ribadeneyra 1949 : 330-333.
(89) *Ibid.* : 256.
(90) Skinner 1978 : i, 231.
(91) Woodward 1906.
(92) Erasmus 1997 : 65.
(93) Hale 2000 : 231.
(94) 一方で、『キュロスの教育』の内容には、マキァヴェッリが賞賛しそれを模倣したように、有徳と悪徳の二つを使い分ける功利主義的要素が見られるという解釈もある。Nadon 1996.
(95) Skinner 1978 : i, 225.
(96) Budé 1966 : 42. ビュデはレトリックと歴史を結合させてキケロを用いた。Salmon 1980 : 311 ; Hampton 1989.
(97) Budé 1966 : 144.
(98) *Ibid.* : 188.
(99) Erasmus 1997 : 21.
(100) *Ibid.* : 62.
(101) Botero 1956 : 37.
(102) Lipsius 1594 : 12.
(103) エストライヒ 1993 : 22 ; 山内 1985 : 160-161.
(104) Elyot 1962 : 37 ; Erasmus 1997 : 72. エラスムスは幼少期の適切な訓練によって王国が上手く統治されるとことを示しているとしてクセノポンの作品を薦める。
(105) Strauss 1970 : 12.
(106) プルタルコスとリウィスの作品は、一六世紀後半にその人気が衰退し、代わってポリュビオスとタキトゥスの作品が人気となる。Burke 1966.
(107) Schellhase 1976 : 102-103 ; Smuts 1993.
(108) Erasmus 1997 : 20.
(109) *Ibid.* : 15.
(110) 他方、先述したように、ビュデは『君主の教育について』の中で、名誉と偉大なる栄光は良き学問から生じると主張し、特にギリシアおよびラテン文学の知識が君主に必要だと進言するが、ギリシア語がラテン語よりも優れていると明示する。Budé 1996 : 25-29.
(111) これはブキャナンの教えの方向性を示したもの。Buchanan 1827 : i, xxxi.
(112) Erasmus 1997 : 7-8 ; Elyot 1962 : 19-20.
(113) Carré 1994. 裕福な家系の青年男子意外にも様々な指南書が出版された。女性のあるべき行動を指南したコンダクト・ブックについては、Hull 1996を参照。
(114) Mason 1935 : 5.
(115) Burke 1995. 一方で、宮廷を批判した作品がフランスでは数多く見られた。Smith 1966. 同様に、イングランドでもカスティリオーネの『宮廷人』を批判した作品はあった。Starkey 1982.
(116) 三枝 1989 : 241 ; Fowler 2003.
(117) ジェイムズの詩の技法に関してはJack 1967を参照。
(118) Daiches 1982 : 1-34.
(119) Shire 1969 : 67-116. 一六〇三年以降には、エイトンやドラモンドなどの著名なスコットランドの詩人が輩出された。
(120) Herman 2002 : 78 ; Herman 2010. ジェイムズの詩には国王としての立場が表れている。
(121) ジェイムズの書き方の特徴については以下を参照。*Letters of King James VI & I* : 26-32.
(122) Sharpe 2000a : 127.
(123) 川口 1989.
(124) Vives 1913 : 103.
(125) Elyot 1962 : 42.

(126) *James I by His Contemporaries* 1969: 2.
(127) Weldon 1650: 177–178.
(128) グイッチャルディーニ 1998: 64.
(129) エリアス 1981: 190.
(130) バーク 1992: 315.
(131) エリアス 1981: 214. カレによると、儀礼指南書は「本質的に、男性と女性の外見的諸行動と、当時の基本的な道徳的社会的諸価値との間の調和を構築することを目的としていた」。Carré 1994: 2.
(132) Bryson 1998.
(133) エリアス 1977: 上, 171. 一六世紀の末期頃、「礼節」という概念は消滅しなかったものの、「礼儀」という概念が次第に優位に立ってくる。*Ibid.*: 409–410.
(134) *Ibid.*: 139–151.
(135) *Ibid.*: 156.
(136) 「文明」「礼儀」「作法」を意味するシヴィリティ（civility）の訳、定義、その概念の発展の歴史については、木村 2010を参照。
(137) Ustick 1932a: 410; Latham 1959. 一七世紀の助言というジャンルの本については Bets 1937を参照。
(138) ヘンリ・ピーチャムの以下の作品では『バシリコン・ドーロン』の一文が引用され、それに対する挿絵が導入されている。MS. Royal 12A. lxvi.
(139) Skinner 1978: i, 236.「真の高貴性」の他にイングランドの人文主義者が取り扱った政治的言説には「活動的生活」と「観想的生活」の議論、そして「国の最善の状態」がある。*Ibid.*: 123–157. エリザベス期の顧問官の概念の概要については以下を参照。McLaren 1999; Peltonen 1995; Tuck 1993; 木村 2003; 塚田 1986; 塚田 1991; 塚田 1997.
(140) *RPCS*: iii, 632–633.
(141) Lee 1959.
(142) Weldon 1650: 183.
(143) エリオットの顧問官の概念については、小林 2005を参照。
(144) Elyot 1962: 14.
(145) Guy 1995; Simon 1966: 154.
(146) Smith 1982: 65–70. 厳密には、スミスは *nobilitas minor* という語を用いるが、*nobilitas major* は作品の中で用いていない。
(147) Skinner 1987: 137–138.
(148) Erasmus 1997: 16.
(149) *Ibid.*: 91.
(150) Skinner 1978: i, 81–82. カスティリオーネについては以下を参照。Anglo 1977a: 43.
(151) *Ibid.*: 238–239.
(152) Lipsius 1594: 44–49.
(153) *Ibid.*: 53–55.
(154) Charles V 1968: 126.
(155) Williamson 1979: 98.
(156) *The Maitland Folio Manuscript*: i, 45.
(157) *Ibid.*: 22.
(158) Lauder 1869: 12, 16.
(159) Brown 2000: 5.
(160) Elyot 1962: 13. 同様な点は他の箇所でも指摘されている。*Ibid.*: 157.
(161) James VI and I 2003: 7, 44, n. 74.
(162) Conrad 1992; Guy 1995.
(163) *Letters of Queen Elizabeth and King James VI of Scotland*: 175.
(164) Mueller 2000.
(165) キケロー 2004: 25.
(166) *Ibid.*: 22.
(167) *Ibid.*: 31.
(168) *Ibid.*: 60.

(169) Lipsius 1594: 51-52.

(170) Ireland 1926: i, 107.

(171) 木村 2003.

(172) Croft 2003: 42.

(173) ジェイムズ・クリーランドの『高貴な若者に対する教訓』(一六〇七年)は、当時スコットランド貴族が下級家臣に対してよそよそしい態度を示していることに批判的であった。Stevenson 1997b: 143, n. 8.

(174) Machiavelli 1988: 81 (2002: 136).

(175) Botero 1956: 41.

(176) Xenophon 2001: 227-228.

(177) Nadon 1996.

(178) ペック 2000. 古文書研究家、商人、役人からなる専門家集団が、スコットランドとの統一などの政策、特に海軍、関税局、造兵局に関する調査で助言をした。中でもロバート・コットンと商人で後に大蔵大臣となるライオネル・クランフィールドは、中心的な助言者だった。

第5章　ジェイムズ六世とマキァヴェッリの統治論
——統治する王——

第4章では、有徳で教養のある君主像について考察したが、一六世紀後半にはそうした理論的な理想像だけでなく、国王の新たな資質として実践的な知恵から派生した「政治的思慮」が注目されるようになったと指摘した。従来、思慮は、理性的秩序と緊密に結びついていたが、その紐帯は失われ、それは権力や利益の実現能力と同一視されるようになり、思慮の世俗的領域の価値が上昇して「政治的思慮」と呼ばれるようになった。[1]いまや政治の世界では、この「政治的思慮」を駆使した「統治する王」の理想像も求められるようになったのである。

この新たな知的潮流の発端となったのがマキァヴェッリの思想であった。[2]マキァヴェッリは『君主論』の第一五章の冒頭で、執筆目的とは「物事について想像の世界のことより、生々しい真実を追い」「読む人が役に立つものを書くこと」[3]であると明言し、現実の政治において君主に必要な統治術を提示し、彼の思想は常に、政治の実践を優先する政治的リアリズムと連動して解釈されてきた。[4]従来の人文主義者たちの進言を非実践的と批判したマキァヴェッリを始めとして、[5]一六世紀の多くの著述家は、実際の政治に「役に立つ」具体的な処世術の書を著した。例えば、グィッチャルディーニの『リコルディ』、カスティリオーネの『宮廷人』、ボテロの『国家理性』、リプシウスの『政治学六巻』などが出版された。道徳的規範の優位を説き、内面の資質を重視した一五世紀後半以降から続く人文主義の伝統、特にエラスムスに代表される北方人文主義とは異なり[6]、マキァヴェッリらはむしろその北方人文主義を批判し、王の利益、あるいは社会全体にとって偉大な利益となる場合、従来の道徳観に縛られず、ときには徳を無視して行動することを容認する処世術を示した。こうした「役に立つ」処世術の書が流行するにつれ、政治的理論と実践の相違が浮き彫りとなり、政治に対する懐疑的態度も蔓延し、一六世紀後半に「新ストア主義」と称される新たな思想史的潮流が生まれた[7]。

スコットランド王ジェイムズ六世も、前章で考察した理論的な道徳観のみならず、こうしたマキァヴェッリ流の政治的リアリズムの知的潮流に影響を受け『バシリコン・ドーロン』の第二巻で、実践的且つ具体的な統治術を示す。そこには政治の領域および宗教の領域において必要な処世術が含まれていた。それはスコットランドだけでなく、他の国の統治にも適用する実践的な統治術であった。本章では、ジェイムズが示した実践的な統治術を考察することにより、彼が理想とした「統治する国王」像の特徴を描く。

1 政治の領域

（1） 貴族に対する統治術

ルネサンス期の進言書では、概して、政治における残酷な処罰、あるいは厳格な処罰は、伝統的な道徳観やキリスト教的倫理観に反し、悪徳の一つであると考えられていたが、ジェイムズは厳格な措置を政治的に有効性があるとしてその行使を認める。

ルネサンス人文主義において圧倒的な影響力をもっていた古典古代のモラリストのキケロは、『義務について』の中で「残酷はいかなる場合にも有利であるはずがなく、残酷さほど人間の本性とかけ離れているものはない[8]」と主張する。但し、キケロは交戦の権利として「論争」と「暴力」という二種類の方法を認め、「前者は人間に特徴的なもので、後者は野獣に特徴的なものであるが、人は言葉による行使に失敗した場合にのみ暴力の行使をすべきである」[9]と条件をつけ、暴力の適用を容認する。しかしながら、キケロは残酷を伴う恐怖による統治が破滅的な悪循環を生むとして、残酷さの政治的運用に一貫して否定的である。[10]同様に、ルネサンス期に人気のあったセネカも『慈悲について』の中で「残酷は全く非人間的である」[11]と記し、残酷とは寛容の反意語にあたり「残酷な処罰から国王にはいかなる名誉も与えられない」[12]と主張する。セネカによると、名君と暴君の典型的な相違とは道徳観であり、慈悲を有するのが名君となり、有しないのが暴君に該当した。

こうした道徳観に影響を受けた北方人文主義の代表的な人物エラスムスも、古典の権威的作品同様に残酷さに基盤を置く恐怖政治を批判し、『キリスト教徒君主の教育』の中で「専制君主は恐れられるように努力し、国王は愛されるように努力する」[13]と明示した。「尊敬は……良き判断、誠実、抑制、穏健、機敏によって達成される」[14]ため、エラスムスは、君主が人々から愛されるに値する人物であることを示し、人々に愛される努力をすべきであると、常に愛という価値観を重視した。ここでエラスムスは、君主と人々の間に愛情を培うことが重要である理由を提示する。神は人々に自由な意志を与えており、奴隷のような統治を意図していないからである。すなわち、「もしあなた［君主］が恐怖によって人々を自分に従わせるのなら、彼らのうちの半分［の支持］も得ることはできない。あなた［君主］は［彼らの］肉体的身体を得ても、彼らの精神はあなた［君主］から離れている」[15]からである。国王が恐怖心から人民の服従を引き出すと、それは単に見せかけの服従となり、真の服従の精神を導くことはできない。エラスムスによると、人々の愛情を得るには、専制君主に最も欠けている「慈悲、感じのよさ、公明正大、丁重、親切」[16]という性格が君主に必要となる。こうした彼の助言は、古典古代の道徳観とキリスト教的な倫理的価値観を融合した北方人文主義者の典型的な助言であった。

このような主張は他の一六世紀の作品にも共通に見出された。例えば、エリオットは「慈悲の反対が残酷と呼ばれる悪徳で……他の悪徳の中でも最も忌まわしいものである」と記している。[17] キリスト教的倫理観についてほとんど著作で触れることはなかったが、ブキャナンもエラスムス同様に恐怖政治を批判し、「君主が臣民によって恐怖心で包まれるより、愛されるように望む」(52: 42) と強調した。モンテーニュも同様に、『随筆集』の第二巻第一一章で「残酷」について取り上げ「他の悪徳の中でも、私は本性上、そして正義の点からも残酷さを、全ての悪徳の中で最悪なものとしてひどく嫌悪する」[18] と記している。

こうした古典的道徳観とは異なり、ジェイムズは実体験で得た政治的経験や知識をもとに残酷な処世術を貴族に対して容認するのであった。第1章でも確認したが、再度、ジェイムズが処世術を育んでいった当時のスコットランドの政治的状況を振り返ってみよう。

外交政策や教会のプロテスタント化に伴う貴族間の対立により、政治的・宗教的・社会的に不安定な状況に加え、一六世紀後半のスコットランド北部は、ハントリ伯ジョージ・ゴードンとマリ伯ジェイムズ・ステュアートとの間の私闘に代表されるように、貴族間の権力争いや領土をめぐる紛争が原因となり、非常に不安定であった。[19] 北西部ではケルト社会の影響で各氏族の伝統的な慣習や規則が根強く残っていたため、国王が断固たる措置でもって彼らの闘争に介入する余地はあまりなかったが、むしろ政府側は彼らの領域内で彼らの慣習に従い解決されることを望んだ。また、当時スコットランドではイングランドのように中央集権化が十分に発達しておらず、国王は政策上、常にローカルネットワークをもつ地域の氏族や有力貴族に頼っており、[20] 彼らの支持によって王国の安定が左右されたといっても過言ではなかった。

こうした不安定な政治状況を反映して、幼少期にジェイムズは実の祖父で摂政職に就いていたレノックス伯が、対抗勢力の襲撃で刃に倒れた現場に遭遇した。そればかりでなく、第1章で言及したように、自らも一五八二年の

「リヴェンの襲撃」事件によって約一年間監禁され、一五九〇～九一年にはボスウェル伯フランシス・ステュアートを中心としたノース・ベリックの魔女による脅威など幾度か身の危険にさらされる事件に遭い[21]、対抗勢力の貴族や不平分子を抑える必要性について身をもって体験していたのである[22]。

こうした経験を踏まえて、ジェイムズは政治の不安定要因の一つである貴族を「威厳さや権力の点において傲慢な自惚れ屋」（B82）であると非難する。しかし、貴族が実質上、国王の「腕となり、あなた［君主］の法律の執行者」（B86）となることを心得ていたジェイムズは、傲慢な彼らを「中間層の者と同じように正確にあなた［君主］の法律を守らせるよう指導」（B. 84）する必要性を説く。その上で、ジェイムズは貴族に不穏な動きが見られる場合、武力を用いて「神、国王、あるいはコモンウェルスを気にしないで、彼［反抗貴族］と彼の親族もろとも厳しく打倒する」（B82）ことを勧めた。さらに、彼は北部の領土争いについて「他の人々の例となるように、彼らの野蛮な反目に対して、私［ジェイムズ］によって作成された法律を適切に施行し……これらの野蛮な争いを根こそぎにする」（B84）ようにと助言した。このようにジェイムズは反抗者の一族郎党を鎮圧して、これを見せしめとして二度と謀反が起きないように阻止する強権的な統治の必要性を強調した。その上で、彼は「服従者には愛情を示し、頑固なものに対しては厳格に処罰」し、「法に従順であるものに名誉を与える」統治が望ましいとした。それにより「彼ら［貴族］の名誉とは、中間層の者たちと一緒に謙虚に国王に仕え、あなた［君主］の法律を遵守することにある」（B86）と教えることができるとジェイムズは確信していたのである。

王権の安定のために謀反を起こした者を処罰することは正義の行使とみなされ、ここでジェイムズは首謀者のみならず、彼の親族にもその厳格な処罰を拡大して適用させ、しかも将来起こりうる他の謀反者に対する見せしめのために、この厳格な処罰を用いることを勧めていた。

ジェイムズのこの助言は、自らの体験に基づいたものといえよう。ジェイムズは、先述した「リヴェンの襲撃」

図5－1　ガウリの陰謀事件

出所：Alastair Cherry, *Princes, Poets & Patrons: The Stuarts and Scotland*, Edinburth, 1987, p. 68.

事件の監禁から解かれた後、首謀者である初代ガウリ伯をすぐに処刑し、その一八年後の一六〇〇年にリヴェンの子孫である第三代ガウリ伯ジョン・リヴェンと弟アレグザンダーを、反逆罪のかどで十分な証拠や審議も行わぬままその場で殺害した。これは「ガウリの陰謀」事件として知られている。約一八年かかったが、これはリヴェン家に対するジェイムズの厳しい処罰を象徴する出来事であった。[23]

他方、隣国イングランド女王のエリザベスは先の「リヴェンの襲撃」事件に関してジェイムズとは異なる見解を抱いていた。エリザベスはリヴェン事件の際、監禁されたジェイムズに対して書簡を送り「そのような不都合な現在の状況に関して、あなた［ジェイムズ］が適切にすべきであろうことと我々が考える最善の助言や忠言を述べましょう」と、以下のように助言した。

あなた［ジェイムズ］の王国内でどの党派にも傾かないようにしなさい（あなた自身、あるいは他の君主が陥りやすい最も危険で不都合なことです）。しかし、臣民に対して君主且つ主権者としての配慮をもち、彼らに対して公平に正義を行い、君主に対する義務を怠った者たちを見つけたら彼らを罰しなさい。そうすることによって、あなたはあらゆる危険や不都合なことを取り除き、一掃することができるでしょう。[24]

エリザベスの助言は、貴族に対する残酷な措置ではなく、国王が党派への傾倒を避け、中道路線をとるようにという内容であった。ここでエリザベスは、むしろジェイムズ監禁の契機となった、ジェイムズの寵臣である初代レノックス公エズメ・ステュアートに対する王の行過ぎた贔屓を諫めているといえよう。

（2）役立つ統治術

これまで考察したように、ジェイムズは政治において厳格な処罰の適用を容認しており、エラスムスなどの北方人文主義の助言とは異なっていた。後述するが、むしろジェイムズの進言と、マキァヴェッリやリプシウスなどが記した実際の政治に「役立つ」統治術には多くの共通点を見出すことができる。

例えば、リプシウスは「残酷」という語を用いてはいないが、『政治学六巻』の第四巻の中で、国家の基盤として権威の適用を強く勧めており、その権威を構成する要素の一つが「厳格さ」であると主張する。というのは「通常の日々の寛大な処置が、まさに疫病で政府転覆となる侮辱を引き起こす」からである。リプシウスによると、「厳格さ」とは、「コモンウェルスにおいて用いられるべきで、それなしではどんな都市も巧みに統治することはできない」のであった。ここでリプシウスは「壊疽が腕に生じる前に、指を切断した方がましであることを我々は知っている」と主張し、社会の不平分子を壊疽に例え、厳格な処罰が社会の統率のためにはやむをえないことを示すのであった。但し、リプシウスは時期を見て小休止しながら厳格な対応を行うようにと付言している。彼によると、「罰は少数の人に教訓を与え、恐怖は全員に伝わる。そして邪悪な人間一人を正すことにより、多くの悪影響や危害を抑制することができる」[25]のである。彼は、特に反逆罪について厳重に罰し「誰もそのような狂気のさたを模倣しないよう、後々のために事例を作る」[26]よう助言しており、まさに、ジェイムズが主張したように一例となる厳しい処罰の実行の有効性を認めるのであった。

一方、ボテロは、政治における残酷さを一見批判するが、『国家理性』の中で国が没落する原因として統治者の残酷さと放縦という二つの性質を比較し、残酷さから恐怖と嫌悪が生じるのに対し、放縦から嫌悪と軽蔑が生じ、放縦により国が滅びるという理由から、残酷さの適用を容認する。(27)

グィッチャルディーニも『リコルディ』の中で「恐ろしいという評判」に関しては「厳格な態度や刑罰を少ししか用いずに、しかも恐ろしいという評判をたててこれを維持していくことのできる為政者を賞賛(28)」しており、統治における残酷さの適度な行使を認めるのであった。

こうした残酷な統治術をより体系的に示したのは、周知のとおりマキァヴェッリの『君主論』であった。(29)マキァヴェッリは『君主論』の第一七章で「愛されるよりも恐れられた方がはるかに安全である(30)」と、エラスムスとは正反対の助言を示し、政治における残酷性を積極的に勧めた。マキァヴェッリは、そこでヴァレンティーノ公チェーザレ・ボルジアの例を挙げ、彼の冷酷さがロマーニャ地方の秩序を回復させた原因として高く評価した。マキァヴェッリによると、ボルジアは自らの領土を維持するために、自分が奪った「国の君候たちの血統を全て根絶やしにし(31)」、生き残った子孫からの将来起こりうる復讐の危険を回避するのに成功した。また、彼の残酷な処罰は、将来生じるかもしれない反抗者に対して見せしめにもなったのである。そこから人間本性の綿密な観察に基づいて、マキァヴェッリは「君主たる者は、自分の領民を結束させ、忠誠を誓わすためには、冷酷だなどの悪評をなんら気にかけるべきではない(32)」と結論づける。従って、「君主にむかって危害におよぶ、あるいはその可能性のある輩を抹殺すること(33)」が重要となる。彼によると、「民衆というのは頭を撫でるか、消してしまうか、そのどちらかにしなければならない(34)」、そして「君主は、どこまで味方であるとか、とことん敵であるとか、いいかえれば、この人物は支持し、あの人物は敵視するということを、なんのためらいもなく打ち出すこと、それでこそ尊敬される」のである。(35)但し、ここでマキァヴェッリは残酷さが「へたに使われること」と「立派に使われること」の区別をし、後者の適用を勧める。マキァヴェッリのいう残酷さが立派に使われる場合とは「自分の立場を守る必要上、いっきょに残酷さを用いても、そののちそれに固執せず、できるかぎり臣下の利益になる方法に転換した場合」[36]を指した。

以上の考察から、貴族に対する残酷の適用を勧めたジェイムズの助言は、残酷さを否定した伝統的な道徳観、またそれを擁護した北方人文主義とは異なっており、むしろそこには、「役立つ」処世術を特徴とする政治的リアリズムの影響が強かったといえよう。ジェイムズは、マキァヴェッリのように人間習性の分析から恐れられる統治が良いと主張するほど、明確に体系的な統治術を提示してはいないが、少なくとも政治においてマキァヴェッリ流の残酷さの適用を容認したのである。多くの北方人文主義者は「政治的権力の重要性」を強調しなかったが、ジェイムズは、政治的リアリズムの潮流に即して処世術における「権力の効率的適用」に着目したのである[37]。

(3) 法的機関に対する統治術

ジェイムズは、貴族を統率するために残酷さの政治的適用のみを主張したのではなかった。彼は狡猾的な術を用いて公的機関を利用し、名実共に法による支配でもって自らの政策を達成しようと試みた。先述したように、ジェイムズが幼少の頃は摂政制がしかれていたが、その基盤は脆弱であり、摂政職に就いていた者が対抗勢力に殺害されて幾度か入れ替わっていた。しかしながら、第1章で確認したように、一五七二年に摂政職に就いたモートン伯は、王権を強化して一時的にではあるが秩序と平和をもたらすことに成功した。その際、モートンは、コンヴェンションという議会とは異なる中枢機構における非公式な会議を利用して法律の制定を操作することにより、自らの目的を達成したのであった[38]。後述するが、コンヴェンションとは、国璽ではなく王璽のもと召集されるため、短期間の告知で会議を開き、議会と同様な領域について決定する権限をもっていた機関である。政治の近代化が進展していく中、一六世紀後半のスコットランドでも法による支配が効果的になってきたため、法律の制定や施行が統治に不可欠となった。[39] 換言すると、法律を制定する機関の操作によって法が制定され、統治することが可能となった。

こうしたモートン流の政略を幼少期に観察していたジェイムズは、一五八四年に親政に乗り出すと、側近としてジェイムズを補佐したジョン・メイトランドと共に公的機関を巧みに利用して、法という新たな武器を用いて対抗勢力を鎮圧した。[40] むしろ、モートンよりもメイトランドの方がその能力に長けており、ジェイムズに政治的教育をほどこしたと指摘されている。[41]

ジェイムズとメイトランドの体制下では、一五八〇～九〇年代に議会の業務を管理する努力がなされ、主に教会の政策に対して法による統制が行われていき、ここで利用されたのが枢密院、コンヴェンション、そして法案作成委員会という三つの公的機関であった。

スコットランドの枢密院は、国王によって任命された顧問官で構成され、一五九八年には三二名の顧問官が所属した。スコットランドの顧問官の多くが民事控訴院の裁判官も兼ね、多岐にわたる業務を担っており、[42] スコットランドの枢密院は、イングランドとは異なり、多大な立法権や司法権を有したため、国王の家臣を配置することができ、国王にとっては大変有益な機関であった。[43]

議会自体も徐々に国王側にとって操作しやすくなっていた。スコットランド議会は当初、一院制で三身分、すなわち聖職者、貴族、自治都市民が代表者を送っていたが、[44] 実質的には三身分に属さず爵位を保有しない地主階層であるレルド層も参加していた。彼らは一五八七年には各州から二名ずつ選出された州代表として正式に議会に出席する権限を得て、スコットランド議会は新たに四身分制となる。当時台頭してきた新興勢力でイングランドのジェントリに相当するレルドとの友好的な個人的な交流も、国王の統治の成功には重要な要素となる。また、議会の一身分である聖職者は、宗教のプロテスタント化の後、コメンデイタという貴族出身の平信徒で教会の職や身分を得た者たち、すなわち世俗領主たちに地位を奪われたため、議会における教会の霊的代表としての出席権や発言は大幅に減少し、貴族の権力が強化されていった。

さらに、コンヴェンションという非公式な機関が国王の操作方法として効果を発揮していった。通常、議会の召集には四〇日前に告知する必要があり、開会期間は短く、二～三日で閉会した。これに対して、ジェイムズは四〇日前の告知を必要としないコンヴェンションを頻繁に召集し、そこでは議会同様に課税や制定が行われた。実際、ジェイムズは一五八八年から一六〇三年までに議会を五回開くのに対して、コンヴェンションをその約八倍の四九回も召集した。[45] コンヴェンションは、中世末期以降に見られた「総評議会」[46]に相当し、霊的身分（八名の主教と八名の修道院のコメンデイタ）、貴族代表（九名の伯爵、一一名の領主と彼らの内の息子二名）、州代表（九名の市民代表）から構成されていた。[47] 枢密顧問官はこのコンヴェンションにおいても重要な役割を担ったのである。

また、コンヴェンションでは長老派の聖職者よりも、主教たちが国王により任命されていたため、改革教会の発言はほとんど反映されていなかったと推測して良いだろう。一五九七年に改革教会の教会総会側からの議会出席の権利に関する請願は認められたが、それは実際、ジェイムズを支持する主教職に就いている者たちにその権利が与えられることになり、長老派教会の代表者ではなかった。一六〇〇年には三名の「議会主教」が生まれたが、やはり彼らも同様に改革教会の長老派の意見を反映する者たちではなかった。

それに加えて、議会を管理するために用いられたのが、法案作成委員会であった。スコットランド議会が開会されるときに、慣例として各身分から選定された法案作成委員会が発足し、議会に提出される前に法案を厳密に調べ、議題を決めた。従って、議題を操作するには、この委員会を国王の支配下に置くことが重要となる。ジェイムズは、会議の管理を強化するために、国家官吏[48]と枢密顧問官を法案作成委員会の非選定構成員として定め、一五八七年には三〇名の委員のうち一二名が枢密顧問官で、一五九二年には三一名のうち一七名という約過半数が枢密顧問官を兼任していた。[49] 従って、議題を決める法案作成委員会が国王の支持派に独占されており、議題の操作が容易となっていた。しかも、ジェイムズ自身、法案作成委員会に頻繁に出席しその過程を観察していたのである。同時に、ジェイムズは、請願書の手続き過程にも介入した。一五九四年以降、議会への請願書は公文書保管人に三日以内に提出され、そして各身分四名から構成される委員会は議会開会の二〇日前に集まり、議題事項に相応しくない請願書を排除した。議題には適切ではないとみなされた請願書は法案作成委員会に提出されることはなかった。しかし例外として、国王はいつでも議題を提出できたのである。このように、議題提出の抑制という方法を用いて[50]、法の制定過程を操作することが可能であった。

それでは、次に、法を制定するための組織を整えたジェイムズが、議会を用いてどのように操作するよう助言したのか見てみよう。ジェイムズは「議会とは法律を作成するよう定められたため、特定の者たちに牛耳られないようにし、その組織を濫用してはならない[51]。議会とは、良き法律を制定し、良く利用されると、(国王の最高法廷であり)この王国で最も名誉のある最高司法機関となる」(B58. 60)と主張した。このように彼は、一見もっともらしい助言を提示する。しかし、ジェイムズが意図する「良く利用された」議会というのは、例えば中世イングランドの法律家フォーテスキューの「政治的・王政的統治」のようなイングランドにおける議会と国王との協調関係を指すのではなく、既に考察したように、議会における国王の施策が可能となる状況を意味した。

ジェイムズの議会に対する助言はさらに続き、彼は、議会を「新たな法を作成する時のみ開催しなさい」と教える。というのは、「なるべく少ない数の法律が巧みに施行されることが、王国を上手く統治するには最善である」(B60)からである。こうした少数の法律による統治というのは、額面どおりに捉えると、エラスムスも助言した内容であった。エラスムスは『キリスト教徒君主の教育』の中でプラトンに言及し、法の解釈が多岐にわたって生じる可能性や混乱を回避するために、なるべく少ない法律によって統治されることが良いとする[52]。第4章で指摘したように、これはキケロが『義務について』の中で悪意を持った法律解釈の可能性から「最高の法が最高の不法となる」と明示したことに関連する。しかし、ジェイムズの主張はエラスムスらのとは異なる。ジェイムズは「特定の者たちに濫用されたり……通常の法律という名のもとで特定の党派に対する変更不可能な決定となる」（B60）危険を避けるために、議会を頻繁に召集しない方が良いと主張し、法律の数が少ない方が良いとした。その危険とは、自らの政治的・宗教的政策とは異なる特定の党派を指した。また、彼は「法律は徳や社会生活の規範として制定された」ため、「法は文字通りにではなく文脈上に従い解釈されなければならない」（B43）と、状況を視野に入れた法解釈を行う点も付言するのであった。

さらに、ジェイムズは「会期の最中に追跡し、彼ら［枢密院］の手続きを注意深く観察し、彼らの間で賄賂が行われないかどうか留意する」（B146）よう助言し、国王が「圧制を鎮圧する」ために「枢密院には頻繁に出席する」（B148）よう忠告する。これらのジェイムズの言説を額面どおりに捉えると、ジェイムズが狡猾な方法を提示した印象は見受けられないが、当時のジェイムズの統治の議題提出の手続きの操作や議会の操作方法を考慮すると、ジェイムズは議会の開催を管理し、議題を注意深く観察することにより、国王にとって有利となるように法律の制定を操作するよう助言したこととなる。

こうした会議の操作に関する助言はマキァヴェッリの『君主論』にも見られ、「枢機卿会議をできるかぎり自分の意のままになるように変えてしまうこと」が重要と記されている。それはチェーザレ・ボルジアが統治において実際に用いた四つの術のうちの一つに該当し[53]、こうした方策はまさにジェイムズが示した行動にも一致するのであった。かくして、議会に対する助言においてもジェイムズの実践的な統治術が確認されるのであった。

2　宗教の領域

(1)　改革教会に対する統治術

先述した法による支配および法の制定を操作するための狡猾的な方法は、ジェイムズにとってもう一つの不安定要因である改革教会の統治に対しても適用された。ジェイムズが長老派教会の構造と方針をめぐってスコットランド教会と度々衝突していた点は、第2章第2節で考察した。教会を国王の支配化に置くことはジェイムズにとって難題の一つであり、「あなた［君主］の職務において些細な点ではなかった」。ジェイムズによると、「もし、あなた［君主］が自らの領土において平和を保ちたいのなら、彼ら［聖職者たち］が宗教界の政策や財産に干渉しないようにさせ」、国王に「知らせないで、また許可なくして聖職者の間で大会や会議を開かせてはいけない」(B144, 146) のである。

ジェイムズは、親政を開始すると、法を用いた権謀術数的な政策により教会を統制していった。最初に、彼は一五八四年に「ブラック・アクツ」と称される法律を制定し「王国内の霊的および世俗的な全ての事柄に関する王権と権威」を揺るぎないものにした。この法律により、国王の許可なく教会総会を開くことが禁じられ、全ての聖職者、下級牧師補、そして神学教師は国王に服従することを表明し、国王が主教や他の官吏を任命する権限をもつと正式に定められた。同時に、ジェイムズは長老派に譲歩を示し、彼らの主張の一部であった地方長老会と年に二回の長老会の開催を認めたのである。

次に、ジェイムズは、一五八九年に発覚したカトリック信者の「スペインの白紙」事件に対する寛大な処罰に対し[54]、プロテスタントのボスウェル伯が絡んだ魔女事件に対する厳格な処罰とのバランスを考慮することも視野に入れ、教会と協調関係を保とうと教会側に歩み寄る姿勢を示した。ジェイムズは一五九二年に「ゴールデン・アクト」[55]と称される法を制定し、先の「ブラック・アクツ」を無効にした。この法により、ジェイムズは長老制を正式に認可し、教会の自由や特権を認めた。今回の制定法により長老教会の方針がかなりの程度受け入れられたかに見えたが、他方でジェイムズは、教会総会の開催場所と日時を決定する権限を得た。従って、この権限により国王が総会開催場所として長老派の少ない場所を選定し、自らの方針に賛同する聖職者を会議に多く出席させ、以前にも増して教会総会で自らが望む教会政策を通過させることが容易となり、結局は国王側に有利となったのである。

ジェイムズの教会に対する助言は教会総会の操作のみならず、その構成員に対する助言にまで及んだ。ジェイムズによると、教会を支配するには、「良き牧師ほど誰も大事にしてはいけない」し、「傲慢なピューリタンほど誰も嫌ってはいけない」(B80)のである。従って、「学識ある聖職者や穏健な牧師たちをもてなし、昇格させること」が(B78)重要となる。おそらくここでジェイムズが示唆していたのは、普遍的に有能な聖職者よりも、自らの方針に従うという意味で有能な聖職者であったといえる。こうしたジェイムズの聖職者に関する処世術は、自らが公言しているように、聖書からではなく自らの「経験」(B72)から生じたものであった。もちろん、こうしたジェイムズの助言が教会側から物議を醸したのはいうまでもない。一五九九年九月の地方の長老会で、ジェイムズの『バシリコン・ドーロン』が取り上げられ、その中に記されている教会に対するジェイムズの見解に対して一八点が列挙されて非難された[56]。

(2)　ジェイムズと宗教

こうした処世術を記したジェイムズにとって、宗教とは何を意味したのか。ジェイムズが敬虔なキリスト教徒の一面をもつことは既に第2章第3節で考察した。『バシリコン・ドーロン』の第一巻は、国王の神に対する義務について様々な角度から論じられている。既に考察したように、彼が書いた他の作品にも、聖書の註解書に関する書物が数多く含まれている。また、ジェイムズがイングランド王になってからのことではあるが、一六一一年にジェイムズ主導のもと、新しい英語訳の聖書として『欽定訳聖書』が刊行された。イングランドのエリザベス治世以降、英語で読める聖書として一五六八年から『主教聖書』の使用が命じられていたが、ピューリタン側はこれをカトリック的であるとその使用に反対し、ピューリタン的色彩の強い『ジュネーヴ聖書』(一五六〇年)を用いていた。彼らは、イングランド国教会のさらなる改革を目指して、ジェイムズがイングランド王に即位する際に幾つかの改革案を請願した。結局、一六〇四年一月のハンプトン・コート会議で、[57] 新たな聖書『欽定訳聖書』の刊行が唯一実を結んだ。ここで『主教聖書』に基づいた新たな『欽定訳聖書』が登場したことにより、『ジュネーヴ聖書』の使用は公的に禁じられ、聖書解釈学の範囲が制限されることとなったのである。[58] 聖書の出版や聖書に関する作品を表すことは、ジェイムズの敬虔さを示す一方で、王が神と臣民との媒体となる権威者であることを含意しており、[59] 政治的意味合いも強く含まれていた。

ジェイムズの教会政策から判断するかぎり、ジェイムズはスコットランドの長老派やイングランドのピューリタンの教会方針に歩調を合わせてはいなかった。また同時に、彼はカトリックも非難していたことは既に考察したとおりである。第2章で指摘したように、彼が信奉していた宗派を断定することは難しいが、彼の信仰を特定するよりもここで重要な点は、ジェイムズがプロテスタントではあったが、熱狂的な宗派の信者とは異なり、異なる宗派との調和を望んでいた点である。ジェイムズが、一六〇三年にイングランドのロバート・セシルに宛てた書簡の中で、ジェイムズは異なる宗派による流血を伴う悲惨な紛争に対して以下のように嘆いている。

私は良心に基づいて、宗教に関して異なる意見のために、いかなる者の血が流れることを決して認めない。しかし、カトリック信者の古い諸原則を私たちに押しつけることができるほど、カトリック信者が増えすぎるのは遺憾である。一枚目の石板に反する信仰上の過ちのために誰かが死ぬことを私は決して賛同しない。しかし、二枚目の石板に反する謀反の行為を行った者が許されるべきではないと考える。[60]

ジェイムズは一枚目の石板の教えである神と人間との関係については寛容的な態度を示したが、二枚目の石板の教えである人と人との関係における背信行為に対しては厳しい態度を示すのであった。後者は特に王と臣民との関係を意味した。

ジェイムズは、異なる宗派に対してもそれが極端でない場合は、厳格な処罰をせず、実際に宗派を超えた者たちを側近として登用した。例えば、初代ガウリ伯の監禁からジェイムズを解放したアラン伯はカトリックであり、彼は一五八四年には大法官にまで昇格した。また、一五九六年に財政状況を改善するために形成された八名からなる「オクタビアンズ」の一人で、ジェイムズがイングランド王を兼ねた一六〇三年以降、ロンドンに居を構えた国王に代わってスコットランドの統治を任された側近アレグザンダー・シートン（Alexander Seton, 1st Earl of Dunfermline, 1555-1622）はカトリックであり、一六〇五年にはダンファームリン伯となった。そもそもジェイムズの『バシリコン・ドーロン』は当初内密に七部のみ印刷されたが、そのうちの三部はジェイムズによりカトリック貴族に献本されていた。[61] さらに「スペインの白紙」事件が一五八九年に露呈してもジェイムズはその事件の首謀者であるカトリックのハントリ伯に対して寛大な措置をとっている。他方、ジェイムズはメルヴィルなどの強硬な長老派や急進的プロテスタントのボスウェル伯に対しては嫌悪感を抱くのに対し、パトリック・アダムスンなど穏健な監督派には信頼を寄せていた。従って、ジェイムズは極端ではなく「あなた［君主］の領域内で全ての教会が良き牧師で満たされるようにし、神の御言葉に従い、教義と規律が純粋に維持される」（B80）かぎり、さほど宗派にはこだわっていなかったことが理解できる。

異なる宗派間で残虐極まりない殺戮が展開され、信仰がモアのように死活問題となっていたヨーロッパにおいて、こうした態度は非常に興味深いといえよう。まさに、これはジェイムズが宗教を霊的なものとしてのみ捉えていなかったことを示していると考えられる。ジェイムズにとってより重要であったのが、第2章で考察したように、宗派よりも国王に対する服従の精神であり、それにより安定と秩序を王国にもたらすことであったといえよう。従って、ジェイムズの統治は、宗派を超えた政治運営のあり方を示唆していたと考えられる。

さらに、敬虔なキリスト教徒であったエラスムスの著作やリバデネイラの『キリスト教君主の宗教と徳に関する論文』などと比較して検討すると、ジェイムズの教会に対する処世術というのは、極端に聖書に基づいた内容でもなく、キリスト教の特定の宗派を偏重するものでもなかった。ジェイムズが『自由なる君主政の真の法』で主張した内容は、聖書に基づいた国王に対する臣民の服従論が主眼であったが、彼は、宗教が政治に及ぼす影響力の大きさという現実にも熟知しており、絶えず両極端の宗派に警戒していた。おそらくジェイムズは、その影響力の強さを危惧していたばかりでなく、自らその影響力の源となる聖書の権威を用いて、王権強化のために利用できると考えていたといえよう。また、ジェイムズの教会に対する一連の対策を考慮すると、ジェイムズの政治的路線は一見、強硬なものに映るが、彼は対抗者にも常に一定の譲歩を示しており、彼の統治の仕方は独断的な強権政治とはいえない。ジェイムズは常に妥協と強硬を適度に巧みに使い分け、自らの政策を実現させていったのである。こうした使い分けも彼の政治的リアリズムの特徴の一つであるといえよう。詳細には次節で考察することとして、ここでは、当時キリスト教が人々の精神を圧倒的に支配していた中、宗教の政治的利用を肯定する言説が生まれ、博学な国王ジェイムズがそれについて全くの無知でなかったであろうことを指摘したい。

(3) 宗教の政治的利用

マキァヴェッリは『君主論』で特にリウィウスを引用し、[62] ローマの貴族たちが平民の恐怖心と服従心を維持するよう宗教を利用したと理解した。彼は、ジェイムズのように国王の神に対する義務について言及することはなく、彼にとって国王の義務とは「戦いと、軍事上の制度や訓練[63]」を意味した。他方、マキァヴェッリは敬虔な君主のイメージを軽視することはなく、敬虔に見えることは何にもまして最も重要であると助言し、君主に備わっていたら望ましい五つの性格の一つとして以下のように取り上げる。

君主はどこまでも慈悲深く、信義に厚く、裏表なく、人情味にあふれ、宗教心の厚い人物と思われるように、心を配らなくてはいけない。なかでも最後の気質を実に備えているると思わせるのが何よりも肝心である。[64]

しかし、マキァヴェッリによると「国家を維持するために、信義に反したり、慈悲にそむいたり、人間味を失ったり、宗教にそむく行為をも度々やらねばならない」ため、敬虔さを内面に包摂する必要はなく、そう見えるだけで十分であった。マキァヴェッリは政治と宗教的倫理観を切り離し、『君主論』の第一八章では「なるべくならばよいことから離れずに、必要に迫られれば、悪にふみこんでいくことも心得ておかなければならない[65]」と悪の利用を公然と勧めるのである。ジェイムズは、マキァヴェッリのように宗教の政治的利用について明確に言及することはないが、ジェイムズのキリスト教徒としての敬虔な部分を示す作品と、教会統治における処世術の内容との矛盾は顕著である。

マキァヴェッリのように宗教を利用した統治術は、実際にはマキァヴェッリを公然と批判したボテロの作品にも同様に見られた。ボテロは『国家理性』の冒頭の献辞から始まり著作の至る所でマキァヴェッリを反キリスト教的であると批判し、マキァヴェッリに対抗した理論を構築しようとするが、実際はボテロもマキァヴェッリ的な見解を示していた。

ボテロは『国家理性』第二巻「宗教について」の中で、アリストテレスの『政治学』が僭主に見せかけの敬虔さを教示していた点について批判し、「君主とは、神学者や教会法学者が含まれている霊的会議に最初に案件を提出し、次に国の会議で論じるべきである」と世俗よりも霊的会議の優越を主張し、宗教を内面的万物の源として何よりも重視する。しかしながら、こうした敬虔な主張とは対照的に、ボテロは「宗教とは臣民を統治者に服従させることを可能とし、戦時には臣民を勇敢にし、危険の際には大胆不敵とさせ、欠乏のときには寛大にさせ、公的な必要性に迫られるとその準備をさせる」[66]ことが可能となるとして、マキァヴェッリのように宗教の効用を指摘している。ボテロのように宗教の効果を示す箇所はジェイムズには見出せないが、ここではジェイムズが宗教に依拠して国王への服従を重層的な構造でもって正当化した点と共通点が見出せる。

また、マキァヴェッリやボテロのように明確に宗教の利用を説いていないが、当時多くの思想家が宗教のもつ危険な影響力について危惧していた。例えば、グィッチャルディーニは『リコルディ』の中で「宗教とか、あるいは神の名にかかわりをもつように思われる事柄とは、ゆめ争ってはなるまい」と忠告し、「度をすごした宗教は、人々の意欲をにぶらせ、数かぎりない過ちに人々をおいやり、いくたの高邁で雄々しい仕事からそらしてしまうからである」とその根拠を提示する。彼は、マキァヴェッリのように宗教を利用する利点を説くのではなく、「適切な宗教と常軌を逸した宗教を識別」し、「(ほんとうの)の宗教を確立」することを説くのであった[67]。しかし、ここでは何が正しい真の宗教であるかについてはいっさい言及されていない。

かくして当時の思想家や著述家は、敬虔な信者であるよりも、宗教が秩序のある社会を形成し、維持するのに有益な要素であることに着目し、そういう意味で宗教を用いることを支持したのである。ジェイムズが聖書に依拠した主な言説は、国王の神への崇拝の義務、そして人民の国王に対する義務という二点であった。さらに、ジェイムズが示した統治術は、エラスムスのような敬虔なキリスト教徒の進言とは異なっていた。これらの理由から、少なくともジェイムズは宗教を純粋に精神世界の構成要素として捉えていたのではなく、宗教が臣民からの服従を得て、それを強化するには最も効果的な術であったと認識していたといえよう。従って、ジェイムズも宗派に固執するよりも統治の成功を優先し、宗教も政治に利用できると考えたといえる。ここでも彼の政治的リアリズムの特徴が確認されるのである。

3　政治的思慮の適用

(1)　政治的な技――「狐」と「ライオン」

これまで考察してきたように、ジェイムズは残酷な暴力の適用、そして同時に狡猾的手段の適用を統治術として勧めた。それはマキァヴェッリが『君主論』第一八章で示した格言「君主はライオンと狐の技を模倣しなければならない」という内容と一致していた。マキァヴェッリによると「君主は、野獣と人間を巧みに使い分けることが肝心であり……野獣の中でも狐とライオンに学ぶようにしなければならない」のである。(68) ジェイムズは著作の中で明確にこのライオンと狐の比喩に言及することは一度もなかったが、この比喩が意味するライオンと狐の象徴である暴力、法や礼儀などの狡猾的方法の適度な使い分けを統治術として理論上支持し、そしてまた実践したのである。

この狐とライオンの比喩は、古典作品にも見られるほどよく用いられてきたものであった。例えば、キケロは『義務について』の中で、不正義が行われる方法の二つの事例、すなわち暴力と欺瞞として狐とライオンを挙げており、マキァヴェッリのように肯定的に捉えていない。(69) しかも、キケロは後者をより忌み嫌っている。しかし、一六世紀後半には、マキァヴェッリ同様にこの比喩が肯定的に捉えられていた。例えば、リプシウスは『政治学六巻』でライオンと狐の比喩を以下のように主張した。

事柄について議論するのに十分強靭でないとき、内密にわなにかけることは不適当ではない。そして、スパルタの王が我々に教えるように、ライオンの皮でたちうちできないとき、我々は狐の顔をかぶらなければならない。(70)

リプシウスにとっても、狐とライオンの使い分けのように、「効果的な欺瞞(71)」は重要な統治術であった。また、ボテロは『国家理性』の「戦略」の箇所で、「狡猾や技が戦争において勇気を支えるのに大いに役立つ。というのは、戦略は完全に合法的であり、その戦略を用いる指揮官は賞賛されるからである」と主張する。しかも、その戦略としてボテロは「ライオンの皮が効果的でない場合、人は狐の皮をかぶらなければならない(72)」と、マキァヴェッリのように「ライオン」と「狐」の使い分けを肯定的に受容するのであった。

他方、一六世紀にこの狐とライオンの比喩を明確に否定した態度はエリオットの作品に確認できる。エリオットは『統治者の書』の第三巻で「欺瞞は狐特有の性質で、暴力や力はライオン特有の性質であり、双方は人間の本性とかけ離れている(73)」と主張し、この比喩の適用を批判していた。

エリザベスはこの比喩には言及しないが、狐の性質を象徴する「二重の取引」に対しては批判的見解を示した。エリザベスは、ジェイムズを「リヴェンの襲撃」による監禁から解放したアラン伯が、スコットランド政権でますます勢力を強めている中、スコットランドとイングランド間で行われたボーダー地方での会議中にベッドフォード伯爵の息子ラッセル卿を殺害したため、アラン伯を処罰するようジェイムズに指示し、自らの大使をジェイムズに派遣した。ジェイムズはこのとき、エリザベスの意向どおりにアラン伯を逮捕したが、数日後には釈放し、彼が再び政治世界に戻ってきたため、エリザベスがそうしたジェイムズの二重操作に対して、抗議の書簡を送ったのである。エリザベスは、ジェイムズに宛てた書簡の中で、自分に対して二重の操作を行ったことに対して、ジェイムズに以下のように忠告する。

私はあなたの栄誉を守るために喜んで意見を変えます。また、一つの弓に二つの弦を求める者［機略に富んでいる者］は強く射ることができるかもしれませんが、決してまっすぐに射ることはできないことを覚えておきなさい。もし君主の大儀が、いかなる諜報でもっても暴露されることがないほど内密に隠されると思っても、自らを偽ってはいけません。我々古狐たちは、特に、自由保有権に関することであれば、他人の悪徳を利用してうまく切り抜ける手段を見出すことができ、最大の機密情報を得ることができるのですから。[74]

換言すると、君主の大儀というのは、秘密にしているほどそう内密に行われているのではなく、古狐のような者たちは、他人の偽りを見つけることができると、最初に表向きにエリザベスに賛同したように見せ、実際は異なる政策を行ったとして、この「二重操作」をしたジェイムズを諌めているのである。

かくして「ライオン」と「狐」のモチーフは古典から用いられてきた比喩ではあるが、古典作品や北方人文主義者は通常、倫理的見地に基づき批判しているのに対し、マキァヴェッリなどは科学的分析の視点にたちその適用を勧めるのであった。[75]

このように、ライオンと狐の比喩が多くの作品で重要な内容であったのに、「最も賢明で愚かな王」と称されたジェイムズが一言も言及しなかったのは非常に興味深い点である。むしろ意図的にそれに言及することを避けていたとも考えられる。というのは、後述するが、当時、狐とライオンに象徴されるマキァヴェッリの思想は激しく批判されていたからである。実際、この比喩は、キケロが『義務について』の中で悪徳として列挙した「狡猾、隠険、奸悪、偽善、無道、譎詐《きつさ》、老辣《ろうらつ》、詭妄《きもう》」(76)に該当するのであった。ジェイムズは著作の中で一貫して、法を施行するには君主は「正義を愛さ」(B62)なければならないと、従来のプラトン的な道徳的価値を強調していた。しかし、ジェイムズの進言内容から判断すると、彼は明らかにこの比喩に影響を受けていたといえよう。

(2) 君主の徳――「寛大」

前章で君主の徳について考察した際、道徳的価値を重視した一五世紀および北方人文主義者の解釈とは異なり、ジェイムズは「寛大」「慈悲」という徳目に関して、新たな解釈の方向性を提示したと指摘した。ジェイムズは、それらの徳目に関して道徳観を維持することよりも「政治的思慮」を用いて国家統治の成功を実現させることを優先した。

　ジェイムズによると、国王は「良きことに対して［臣民に］報酬を与え、あなた［君主］の名誉や幸福のために直に贈与する」際に「［臣民に対して報酬の］獲得の仕方を示し、理由なくして取り上げることはしてはならない」(B156)のである。ジェイムズは「寛大」について、国王が常に行うべきものではなく、それを人に示すときに人々に認識させてから行うようにと進言するのであった。というのは、そうした方が効果的に王の寛大さを人々に示すことができるからである。彼が示したこの解釈は、ある程度の策略を伴っており、その行使においては政治的側面が重視されていた。

　他方、エラスムスは『キリスト教徒君主の教育』の中で「君主は公共善のために一番努力するものに対して愛情［親切］を頻繁に示し……寛大とは、気まぐれの結果生じるのではなく、徳に対する報酬でなければならない」と記し、道徳的価値に基づいた「寛大」の適用を主張し、そこには政治的戦略は含まれていなかった。しかも、彼は

「寛大」を自国の人々のみならず、キリスト教徒であればどの宗派に属していても他国の人とみなさず、彼らにも同様に「寛大」を示すようにと進言するのであった[77]。

エラスムスよりも具体的な解釈が、リバデネイラの『宗教と徳に関する論文』に見出される。リバデネイラによると、「寛大」の徳とは「［君主の］世俗的所有物を物惜しみせず分配すること」を指し、「君主は、自らの地位ゆえに、より寛大に立派であるべき」で、特に「貧者の必要不可欠な事柄やコモンウェルスの災難を助けること」にある。彼は、貧しい人に対する寛大の行為を真のキリスト教徒君主の資質として理解し[78]、それを適用する際に、策略を一切必要としていない。

エリオットの『統治者の書』の中でも「（アリストテレスが言うように）寛大とは金銭や品物の贈与や受領の目安となり」、自分の財産に応じて、必要な時に必要な所に与えるのが「寛大」であると記されている。それは、事物の量や質に関係なく、与える者の性格に関係する[79]。ここでもこの徳目の基準が倫理的立場に基づいているのであった。

これまで取り上げてきた彼らの作品に影響を与えたキケロの『義務について』によると、「恩恵」や「寛大」ほど「人間の本性に適しているものはない」のである。「寛大」の二つの側面とは「親切な恩恵を与えること」と、「それに対して恩返しすること」（恩恵に報いること）である[80]。同書の別の箇所でキケロは「寛大」を、親切、あるいは慈悲と同意語として扱っている[81]。親切の一つの形態である金銭を施す際にキケロが「よく注意し、節度を失わないように」と注意を促すのは、ジェイムズのように政治的理由から寛大の行いを勧めているのではなく、むしろ「考えもせずに気前の良い施しをして、先祖からの財産を傾けたもの[82]」に対する警告からである[83]。

このように、北方人文主義の代表的作品と、それに影響を与えた古典作品とを比較すると、ジェイムズの「寛大」の解釈は従来の道徳観とは異なっていた。ジェイムズの解釈は、後述するがむしろマキァヴェッリが『君主論』の中で恩賞のありがたみをわからせるためにそれを小出しに与えなければならないと助言した内容と類似していたのである。

（3） 君主の徳――「慈悲」

「寛大」の徳目と関連して、ジェイムズは「慈悲」という君主の徳目に対しても新たな解釈の方向性を提示した。第4章第2節で、ジェイムズが「慈悲」を君主の徳の一つとして挙げるものの、実際には君主の徳の箇所でそれについて説明しなかったと指摘した。彼は『バシリコン・ドーロン』第二巻の良き法を施行する方法を示している箇所で「慈悲」について説明する。ジェイムズは「あなた［君主］の毎日の生活とは、罰したり大目に見たりと、正義と慈悲とを混合する」ことにあると主張し、その際、「寛大」と同様に、「慈悲」の示し方について助言する。

もしあなた［君主］が最初に慈悲を示すと、犯罪がすぐに蓄積され、あなた［君主］に対する軽蔑が増大し、あなた［君主］が罰しようとするとき、罰せられるべき罪の数が罰する者の数より多くなる。そしてあなた［君主］は誰から最初に罰したら良いのか悩むことになり、（自らの意志に反して）多くの者を破滅させることになるだろう（B62）。

ここでジェイムズは、「慈悲」を示す際にはその時機を判断すること、すなわち政治的思慮が重要である点を君主に助言した。

但し、ジェイムズは「妖術、故意の殺害、近親相姦、同性間の性行為、毒殺、偽造貨幣」（B64）が重罪に値するとみなし、それらの罪については決して許さず厳重に処罰するよう忠告する。彼は、デンマークの王女アンとの結婚のために滞在したデンマークで魔女学について触れた。そして結婚式を終えて一五九〇年にデンマークから帰国すると、ジェイムズは九〇年から九一年にかけて起こったノース・ベリックの魔女事件に遭遇し、魔女によって身の危険にさらされたこともあり、一五九〇年代に魔女狩りに積極的に関与し厳重に取り締まるようになった。[84] そして後に、彼は魔女を非難するために『悪魔学』を書くに至った。

このように「政治的思慮」を用いた「慈悲」の適用は、古典の名著であるセネカの『慈悲について』[85]の中では示されていない。セネカは、慈悲とは「復讐する権力をもつ時における精神の節制である。あるいは処罰をくだす際に下位の者に対する上位の者の優しさ」であると解釈する。但し、ただ一つの定義では不十分であるとして、セネカは、それが「処罰の実行の際における寛大な精神の傾向」、また「罰するに値する相応の処罰を減刑する穏健さ」[86]も意味すると付言する。つまり慈悲とは、精神的な状態を意味する。それは「不幸な者に対する感傷的な憐れみ」とは異なっていた。そしてセネカは、慈悲を示すことができるのは国王だけであるため、なおさら過度に慈悲を示すようにと君主に助言した。他方、彼は「慈悲は統治者の名誉を高めるのみならず、統治者の安全をも高める」[87]と主張し、いかに慈悲の適用が結果的には統治者にとって有利となるかを説いており、その功利的な側面も指摘していた。

こうしたセネカの主張を引用して、一六世紀にエリオットは「慈悲」が欠けていると他の徳目もなくなり、公平な賞賛もできなくなると主張し[88]、慈悲に道徳的な価値観を伴わせる。エラスムスにとっても「慈悲」は専制君主には欠けており、それは善良なる意志を育成する資質の一つであった。それは「邪悪な意識をもつ人々が心を入れ替えるのを助け、行動を改善してそれまでの人生の過ちを償おうとしている人々に対して、それは許しの希望を与え、そして同時に、非の打ちどころのない行動をする人々にさえ人間本性の素晴らしい理想像を提供する」[89]のである。

他方、リバデネイラは『キリスト教君主の宗教と徳に関する論文』の中で、過ちを許す際には「寛大に慈悲深く」

と記しており、[90] 慈悲の特徴について明確に述べていないが、おそらくこれまでの論調からエラスムスと同様な見解を抱いていたと考えられる[91]。

これまで考察してきたように、寛大と慈悲に関して、エラスムスなどの北方人文主義者や古典古代のモラリストは、理論的に道徳的な解釈を提示したが、ジェイムズの解釈は、誰もが認める有徳な行為よりも統治の成功を優先して、統治に有利に働くかぎりその適用を勧めるもので、それは実践的な解釈であった。こうした傾向は、北方人文主義を批判した新たな知の潮流に著しく見られたのである。

例えば、マキァヴェッリは『君主論』の第一六章で「鷹揚さ」について「鷹揚な人物と見られるのは確かに良いことだろう」と述べるが、「ふつうあなたが考えているような気前の良い振舞いをするのは、かえってあなたの害になる」と指摘する。彼によると、常に鷹揚であろうとすると、いずれ自らの全財産を使い果たし、さらにそうあり続けようとすると、民衆に重税をかけるはめになるため、寛大さを示すことは自らを害することになる。従って、君主は「けちだという評判など少しも気にかけてはならない[92]」と、マキァヴェッリは結論づける。さらに、彼は「君主が金を使うにしても、自分の金や領民の物を使うときと、あかの他人の物を使うときとがある。最初の場合であれば、出し惜しみすべきだ。だが、あとの場合であれば、大盤ふるまいをする機会を少しも逃してはならない[93]」と記し、「政治的思慮」を用いて寛大を示すよう助言する。

他方、マキァヴェッリは『君主論』の第一七章で、憐れみ深さについても取り上げ「どの君主にとっても、冷酷さなどではなく、憐れみ深いと評される方が、望ましいに違いないと思う」ともっともらしい内容を提示する。しかし、ここでもまたマキァヴェッリは以下のよう思慮を用いるよう助言する。

君主たる者は、自分の領民を結束させ、忠誠を誓わすためには、冷酷だなどの悪評をなんら気にかけるべきではない。なぜなら、あまりに憐れみ深くて、混乱をまねき、やがては殺戮や略奪をほしいままにする君主にくらべれば、冷酷な君主のほうは、ごくたまの見せしめの残酷さを示すだけで、ずっと憐れみ深い人物になるからだ(94)。

ジェイムズの解釈は、こうしたマキァヴェッリの解釈ほど体系的ではないにしても、両者は寛大の適用について、常に道徳的であるべきではなく、政治的思慮を用いてある種の戦略を要することを提言しており、そういう意味で両者の解釈は類似しているのである。

こうしたマキァヴェッリ的な徳の運用は、グィッチャルディーニの作品『リコルディ』にも共通して見られた。寛大であるということで、その名も高かったアレグザンダー大王や、カエサルや、また他の人々も、自分の勝利の成果を台無しにしたり、危険に瀕したりさせることを承知のうえで、慈悲をほどこしてやるようなことは決してなかった。そんなことをしたのなら狂気の沙汰である。じっさいに彼らが寛大な態度にでたのは、自らの立場がびくともしないくらい安泰なときとか、慈悲をほどこしたら大きな名声を手に入れることができるときに限られていたのである(95)。

さらに、グィッチャルディーニは、寛大と慈悲は表裏一体で、自らの立場を有利にするために行われるべき徳であると主張する。また、彼は「恩を受けたという記憶ほどあてにならぬものはな」く、実際に与えられても「それを忘れてしまうか、実際に世話になったより過小にしか感じないか、さもなければ世話してもらうのがあたりまえだと考えてしまう(96)」ため、一部の人に恩恵をほどこすことを考えるよりも、それ以外の者たちに嫌な思いをさせないよう注意を促す方を重視するのであった。そして、グィッチャルディーニは「自分の利益をまもろうとする主人は、けちけちし……気前よくするよりはむしろ出し惜しみするようにしなければならない。……むしろ希望を抱かせることによって、その心をつなぎとめておくべきなのである」と忠告する。彼は「人間の性格などというのは、一般に恐怖よりはむしろ希望によって動かされるものだから……一人の人間が良い待遇を見せつけられることは……はるかに人々の希望をかきたてて満足を与えるものだから」であると助言するのであった[97]。

ボテロによる「寛大」についての解釈も、マキァヴェッリやグィッチャルディーニのそれと類似している。ボテロは、『国家理性』の中で「寛大」の効用を「欠乏から必要性を和らげること」、そして「徳を促進すること[98]」の二種類に分類する。彼によると、統治者が「飢饉、疫病、地震、火事、洪水、戦争惨禍や敵による破壊」などの公の災害のときに寛大を示すのが最も効果的である。というのは、悲惨な状況の時に、人々に寛大さを示すと人々の愛情や賞賛を得ることができる最も適した機会だからである[99]。ボテロが、君主に必要な資質として枢要徳を挙げたと第4章で先述したが、ボテロは、人々から愛情や賞賛を得る性格として「優しさ、礼儀、慈悲」などの「恩恵」「正義」「寛大」、他方で「剛毅」や「思慮」などの心身の偉大さや強さを挙げていた[100]。

他方、ボテロは「慈悲」について「正義や国家の損害に対しては決して慈悲を用いてはならない[101]」と助言するものの、「寛大」の徳目を適用するときと比べてある種の策略を説いていない。ボテロによると、慈悲を行うことは君主の真の職務である。というのは、判決は法に従い行われるべきであるからである。この点で、ボテロの解釈は北方人文主義のような道徳観を伴っており、彼の思想には二面性が確認される。

これまで考察してきたように、ジェイムズは「寛大」と「慈悲」という一定の君主の徳目に関してその功利主義的適用を主張した。こうした新たな方向性は、先にも触れたが、一六世紀に見られた知恵の徳目の転換と密接な関係をもっていた。同世紀後半には政治的リアリズムを特徴とする新たな知的潮流に伴い、実践的知恵である「思慮」の解釈に変化が見られ、それは自己、あるいは共同体の利益を優先にした「政治的思慮」を意味するようになった。特に、王であるがゆえに効果的な資質である「慈悲」や「寛大」には、その適用が求められたのである。ジェイムズが解釈した「寛大」「慈悲」の観念も、従来の道徳律からかけ離れ、一六世紀後半に顕著に見られた知的潮流である、国家を最優先させる「政治的思慮」の徳目の運用を意味していたのである。

4　ジェイムズと政治的思慮

(1)　公正と有用

前節で考察したジェイムズの統治術には、政治的成功という目的のためには伝統的な道徳観や宗教的倫理観と反目する行為をも容認する内容が含まれていた。第4章第1節において、従来の実践的な知恵としての「思慮」が、一六世紀後半には「政治的思慮」へと発展したことについて指摘したが、まさにジェイムズが提示した統治術には、その政治的思慮の具体例が示されている。

先述したように、この「政治的思慮」の起源は古典古代に見出される。古典古代のモラリストは、道徳的であると普遍的に信じられている観念を指す「公正」(*honestum*)と、直接的に有益であるという観念を指す「有用」(*utile*)という二つの観念を政治的領域において折り合いがつくよう試みた。[102]例えば、キケロは三巻から構成される著作『義務について』の中で、第一巻では「道徳的誠実さ」について取り上げ、第二巻では政治的利益のためには、通常の道徳的諸規則が適用されない場合もしばしばあると認め、便宜性を擁護し共通善に象徴される通常の道徳観を一見逸脱する。しかし、同書の第三巻でキケロはやはり「公正」であることこそが結局は人間社会の「功利」に適い、「醜悪さがあるところには有利さは有りえない[103]」と結論づけ、公正の優位を説いた。[104]プラトンやキケロなど古典古代のモラリストが挙げた「思慮」とは、人間の幸福のためにどのように正義が共同体内で維持されるかという正義維持の目的のための意志決定を意味していた。また、それは常に良き結果が導かれることを意味し、「公正」を含意していた。

こうした傾向は、プラトンの哲人王を理想としたエラスムスの作品において顕著に見られた。彼は、プラトンの哲学的伝統とキケロの雄弁的潮流を融合した古典の影響を受け「実存的・道徳的・実践的」な哲学を目指す一方で、キリスト教的倫理観を思想の支柱に据えた(105)。彼の実践的な知恵の適用においては、理性や徳を用いた統治が理想とされ、その理想を追求する手段としてレトリックや文学が重視され(106)、マキァヴェッリとは異なり、その倫理観を逸脱しない範囲で実践的知恵が支持された。

スペインの代表的な思想でも、古典的な価値観同様に、思慮とは道徳的に正しいこと、すなわち「公正」を意味した。例えば、リバデネイラは、『キリスト教君主の宗教と徳に関する論文』の中で、思慮とは「キリスト教徒君主の全ての道徳的徳の案内役であり女王」であると主張し、真の思慮とは「政治的ではなく、キリスト教的であり、純粋な徳であり、欺瞞的な悪知恵でない(107)」と、思慮をキリスト教的倫理観と結合して道徳的に定義した。

しかし、宗教改革や絶え間ない領土紛争に伴い、一六世紀に顕著になった新たな知的潮流では、知恵を用いてどのように共同体が維持されることが可能かという共同体保存の目的、あるいは領土拡大の手段のための知恵の適用が求められ、知恵は政治的なものに関することを意味するようになった。やがてそれは、その目的の実現を可能とする最善の手段や術を生み出す合理的思考を帯びていき、共同体の利益という大義のもと、非道徳的と見なされる行為も許容されるという「政治的思慮」という観念と同義語となったのである。古典の「公正」と「有用」が、政治というキーワードのもと接近して融合された新たな思慮の形として、「政治的思慮」が生じたといえる。

こうした特徴は、既に考察してきたように、マキァヴェッリ、リプシウス、ボテロなどの作品に顕著に見られた。むろん三者が主張した「政治的思慮」の特徴は、詳細に見ると多様である。マキァヴェッリは『君主論』の第一五

〜一八章で、徳とキリスト教的倫理観という伝統的な紐帯を破り、「事物の本質にたどり着くために」「人はどう生きるべきか」という問題を脇に置く。そして彼は、ウィル（*vir*）に語源をもち、徳を指す「ウィルトゥース」と「男らしさ」とを同定させ、『君主論』の第三章でローマの徳と思慮分別について取り扱い、有徳な行為を鼓舞する権力として古代ローマの徳を好んだ[108]。マキァヴェッリにとって、ローマの徳は政治と戦争に適用され、ギリシアの徳のように知的、あるいは観想的な徳ではなかった[109]。マキァヴェッリにとって「思慮の深さとは、いろいろな難題の性質を察知すること、しかも一番害の少ないものを、上策として選ぶことをさす[110]」のであった。マキァヴェッリが示した思慮とは、政治知識に対する経験的、あるいは科学的アプローチと関連して、近代政治世界における合理的思考の形成に貢献したものとなる[111]。

一六世紀後半に、こうしたマキァヴェッリの合理的思考は、リプシウスの作品に多くの影響を及ぼした。第4章で先述したように、リプシウスは『政治学六巻』の冒頭で、市民生活を送るには「思慮」と「徳」が必要であると二つを列挙する。ここで彼は思慮と徳とを区別しているため、古典古代のモラリストとは異なり、思慮を徳目の一つとして扱っていない。彼によると「思慮」とは、「公的、あるいは私的領域において欲したり拒否したりしなければならない時の理解や判断[112]」を意味する。それは、「全ての世俗的事柄において、特に統治において必要である。思慮なくして統治は脆弱になるばかりか……まったく機能しない」のである。ここでリプシウスは、武力のみによる統治を批判するが、力の行使を全面的に否定するのではなく、「思慮を伴った力は有益である[113]」とその適切な使用を認めた。マキァヴェッリ同様に、リプシウスにとっても統治において思慮と武力は表裏一体となっていた。自らの主張を補強するように、リプシウスは、君主に必要な「思慮」を「国家的叡智[114]」と「軍事的叡智」の二種類に分類する。前者は「平和時における日々の諸事の管理に関係し」、後者は「戦時、また無秩序で混乱状態の時に用いられる」のである[115]。平和をもたらす、あるいは王国を安定させる二つの事柄は「力」と「徳」である[116]。ここにもマキァヴェッリが示したウィルから派生した「徳」と「男らしさ」が確認できる。内政における平和のみならず、対外的にも平和を維持することを目的としてこの思慮が適用されるのであった。

このように、思慮と武力を一対として理解する思考は、マキァヴェッリを批判したボテロの作品にも確認される。先述したように、ボテロは『国家理性』第二巻の中で、統治者が愛情や賞賛を獲得できる資質を二種類に分け、第一類として「慈悲」、すなわち正義や寛大を挙げ、第二類として「剛毅」や「思慮」を挙げ、それには「頑丈、軍事的および政治的技術、忍耐力、活力、機転」が含まれると指摘する。[117] ここでボテロは、以下のように「思慮」と「剛毅」を一対として扱う。

思慮とは、統治者の眼となり、剛毅は彼の腕となる。前者なくして統治者は先が見えなくなり、後者なくして無力になる。思慮は良き助言を提供し、剛毅が力を与える。思慮は剛毅が行うことの命令を下し、思慮はその業務の際の困難さを見出し、剛毅がその困難を克服する。前者が計画を立て、後者が実現させる。思慮は、偉大な人々の判断を鋭利にし、剛毅が彼らの心をつかむのである。[118]

かくして、マキァヴェッリ、リプシウス、そしてボテロは、政治的思慮をウィル、すなわち「力」と関連づけていたが、それを徳として位置づけるか、またその特徴をどのように解釈するかにおいて多様な説明を提示していた。

（2）「国家理性」

一六世紀に、これまで考察してきた「政治的思慮」の適用を正当化するために、「国家理性」という概念が用いられた。[119] 国家理性は通常使用されている訳語ではあるが、実際には、国家の存在目的、あるいは国家の存在理由という意味をもつ。しかし、本書も、通常使用されている「国家理性」という訳語を用いて論を進めていく。一六世紀後半に、ボテロがこの国家理性という語を作品の題に用いて初めて体系的な作品『国家理性』を書き、その第一巻の冒頭で「国家理性とは国家が確立され、維持され、拡大するための諸方策についての知識である」と定義づけた。そして、「そのための行動は通常の理性の観点では説明がつかなく」、それは国家が固有の行動原理を有するという考え方に基づくのであった[120]。それは、国家、あるいは共同体全体のために有益になる手段である場合、既存の道徳観に縛られることはないという新たな「理性」の構築を意味した。この新たな「理性」によると、国家全体の利益であれば、いかなる「政治的思慮」の適用も理にかなっているとして認められるのである。国王の統治が秩序の維持という目的のために国家と一体となり、政治行動と個人倫理との間の矛盾を説明することが可能となったのである。

この概念は、ラテン語の「ラティオ・スタートゥス」から派生し、「有用」という概念同様に、もとをたどれば国家理性という語ではないが、古典作品に見出される。それはタキトゥスが『年代記』で用いた「国家の神秘」[121]、あるいはアリストテレスの『政治学』の「憶見」と同じ内容を意味した[122]。アリストテレスの『政治学』によると、「政治の神秘」に属する五つの具体的な政治的技があり、それらは専制君主が用いるものとされた。古代には「国家の神秘」が専制君主の技とみなされていただけでなく、古代の国家理性は、それが人間の意識に表れた範囲ではあくまで個人的なものにとどまり、その概念により、ある状態に強いられてやむなくとられたその時々の権力者の行動方法が是認されたが、その時々の権力者の行動と一体となった超個体的な国家人格という理念にまで高められることがほとんどなかった[123]。

古典では、道徳的に正しい「思慮」と「国家の神秘」は、直接的に連動しない概念だったが、近世にはこれら二つの概念が接近して融合した。今や「政治的思慮」という新たな概念が生じたことにより、国家における政治的な技、すなわち「国家の神秘」とも連動し、これらは国家理性を補完する要素となった。一六世紀に展開された実践的処世術とは、「政治的思慮」という名のもと、国家利益実現のための技術と実践的対処法を意味したのである。[124]

マキァヴェッリ自身は著作の中で、国家理性という語に言及することはなかった。しかし、彼が唱導した国家を維持し拡大することを究極目的とした君主の統治術は、従来の道徳的価値観を「単に濫用」したものではなく、君主にとって新たな政治行動の「規範」となった。[125]そこからマキァヴェッリによってはじめて国家理性の概念が明示されたと解釈されてきたが、近年の研究では、中世のソールズベリのジョンの思想に国家理性の概念が見出されたとする解釈もある。[126]

国家理性の概念の起源が思想史の系譜の中でどこに位置づけられようとも、一五八〇年以降、イタリア、スペイン、フランスなど他のヨーロッパ諸国において国家理性に関する作品が多く出版された。[127]中でも、ボテロとリバデネイラは、宗教や道徳観を無視した理論を提示したとしてマキァヴェッリを「偽の国家理性」論者として批判し、自らの主張を「真の国家理性」論として作品を書いた。[128]しかし彼らの作品に見出される国家理性論の一般的な特徴は、目的と手段による二分法、利害、思慮、政治的技術に分類され、[129]それらは結局、マキァヴェッリ的な思考に多大な影響を受け、その思想がより受容されやすいように外枠の部分を修正したものにすぎなかった。[130]マキァヴェッリと、彼を批判したボテロなどの顕著な相違は、後者がよりキリスト教的、あるいはより偽善的であるということでしかない。[131]

ジェイムズは著作の中で「政治的思慮」、あるいは国家理性という語を用いることは一度もなかったが、既に指摘したように、彼が示した統治術には、マキァヴェッリやリプシウスら同様に、政治的思慮を用いた国家を統治するための具体的な方法が示されていた。ジェイムズにとっても国家の統治のためには「政治」における思慮が必要であり、そこには、思慮と武力の適用が含まれていたのである。

一方、ジェイムズは「政治的思慮」の基盤となった有用と公正について書簡で記していた。ジェイムズは、イングランドのエリザベス女王に対する謀反のかどで母メアリの処刑が目前に迫った時期に、エリザベスに書簡を送り、キケロの有用と公正の相違が非常に些細なことである点について触れ[132]、エリザベスに母メアリの命を救うよう懇願した。おそらくジェイムズが意図したことは、メアリの処刑という司法の執行よりも、王国間の利益を配慮して、「有用」な判断に基づき処刑をやめることであったと考えられる。古典では明確に区別されていた公正と有用という概念は、ジェイムズによると、もはや明確な区別などなかった。「政治的思慮」のもとでは、両者の相違はほとんどなかった[133]。現実の政治の世界では、必要に応じで求められる「政治的思慮」は、その時の状況に応じて異なるのである。

一六世紀後半には、国家理性論を巡って、古代ローマのような国家拡大を目的とする「マキァヴェッリ型」国家理性と、国家の維持を目的とした「ボテロ型」国家理性という二類型の国家理性論が発展したと理解されている。ジェイムズはマキァヴェッリとは異なり、戦争による領土拡大を統治の主要目的としていなかった。第3章でジェイムズが征服による王権の起源について主張したと論じたが、それはあくまでも王権の始まりとイングランド王位継承権の正当化に理論的な整合性をもたせるためであった。従って、王国の維持を国王の重要な義務としたジェイムズの国家理性論は、ここであえて二つの型に当てはめてみると、ボテロ型に該当するといえよう。

(3)　マキァヴェッリ批判とタキトゥス主義

北方人文主義と対峙して、マキァヴェッリやリプシウスの思想を一六世紀の同じ政治的リアリズムの潮流の中で考察したが、詳細に見ると二つの思想の受容のされ方には顕著な相違があり、一六世紀後半には、マキァヴェッリに影響を受けた政治的リアリズムの知的潮流には、タキトゥス主義と称される思想の特徴があった。従来、リプシウスの思想はこのタキトゥス主義に属するとみなされている。

既に考察したように、当時、マキァヴェッリの実践的教訓は全ての者に肯定的に受容されたわけではなかった。マキァヴェッリは『君主論』を一五一三年に執筆し、彼の死から五年後の一五三二年まで公刊されることはなかったが、彼の草稿は公刊前に知識階層の間で既に流布していた。二六章から構成される『君主論』は、ロレンツォ・デ・メディチに捧げられ、その作品の主な内容は、いかにしてイタリアで領土を維持し、拡大するかという統治術である。『君主論』は、政治生活において、君主に残酷、欺瞞、操作、狡猾、道徳観の逸脱を容認するどころか、むしろそれらを積極的に勧めており、当時のヨーロッパでは無神論、不道徳、偽善、専制を具現化した「人道に背く悪徳の書」として非難の対象となる。ローマ教皇庁は一五五九年に禁書目録の中に『君主論』をはじめとしてマキァヴェッリの全著作を加えた。こうしたマキァヴェッリに対する典型的な悪いイメージは、アルプス山脈を越え、フランス、スペイン、イングランド、そしてスコットランドなどヨーロッパ各地にも広範囲に普及し、しかも彼の作品はカトリックとプロテスタントの両陣営から非難された[134]。

特に、フランスでは、マキァヴェッリに対する激しい批判が展開されていた[135]。当時、マキァヴェッリが『君主論』を謹呈したロレンツォ・デ・メディチの娘で、フランスの王太后でもあるカトリーヌがフランスで摂政として統治しており、カトリーヌが『君主論』の教えをイタリアからフランスにもち込み、その教訓を自らの子供たちに吹き込んだ結果、フランスの道徳観が退廃してきたと非難された。マキァヴェッリの死後数十年も経た一五七〇年代になっても彼の思想の邪悪なイメージはフランス国内に蔓延していた。特に、一五七二年のサン・バルテルミの大虐殺の後、マキァヴェッリの思想を激しく非難した『フランソワの目覚まし時計』『僭主に対するウィンディキアエ』、そしてジャンティエの『ニコラス・マキァヴェッリに対する反論』などがユグノー派によって出版された。他方、ユグノー派の対抗勢力にあたるリーグ派の出版物では、ポリティーク派とマキァヴェッリ的な人が並置されて批判された。[136] リーグ派にとって、両者はほぼ同意語を意味したのである。さらに、ポリティーク派とみなされるボダンも『国家論』の序章にてマキァヴェッリの理論を「暴君の術策」として非難している。かくしてマキァヴェッリに対する邪悪なイメージは一七世紀にも継承され、同世紀の前半にはフランス政治の中枢にいた枢機卿リシュリューがマキァヴェッリ的人物と称された。

イングランドでは、一五四〇年頃からマキァヴェッリの思想が流布した。[137] 枢機卿且つカンタベリ大主教レジナルド・プールが、当時のイングランドの政治にマキァヴェッリ的な思想の影響が見られると早い段階で批判し、著作『皇帝カール五世の弁論』の中でマキァヴェッリの『君主論』を「悪魔の所産」と呼び、時の最高政治顧問トマス・クロムウェルを「悪魔の手先」と名づけた。とりわけ、先のジャンティエの作品『ニコラス・マキァヴェッリに対する反論』がイングランドにおいて反マキァヴェッリ的感情を刺激し、マキァヴェッリの思想の否定的イメージをより一層広めた。[138] こうしたマキァヴェッリ的な悪漢のイメージは、シェイクスピアの『ヘンリ六世』などエリザベス期の演劇でもしばしば用いられた。[139]

カトリック大国スペインでは、リバデネイラが『キリスト教君主の宗教と徳に関する論文』の序文「敬虔なるキリスト教徒の読者への序文」の冒頭から、「神の存在も否定し、不敬虔な人物」として、マキァヴェッリに対する批判的姿勢を顕にし、続けてタキトゥス、そして三名のフランス人、ボダン、ドゥ・ラ・ノウ、そしてモルネーの名を列挙して激しく批判する。リバデネイラにとって「異端者は宗教の一部を排除したが、政治家はその全てを排除した」[140] ため、マキァヴェッリの教えに影響を受けた政治家の方が、異端者よりもたちが悪く、宗教を全て奪い取ると理解された。ここでフランスのポリティーク派、リーグ派、ユグノー派もマキァヴェッリ同様に非難されていたのである。

他方、『君主論』を生んだイタリアでは、同世紀の終わりにボテロが『国家理性』の中でマキァヴェッリを批判し、道徳観を回復する試みが見られた。しかし、既に指摘したように、ボテロの作品の内容自体は、マキァヴェッリの教訓を無視して論じることができず、むしろそこには多くの共通点が見出された。

スコットランドでも他のヨーロッパの国々同様に、マキァヴェッリの思想は否定的に受容されていた。スコットランドでは、マキァヴェッリの思想はフランスのユグノー派を経由してスコットランドの教会改革を志す者たちを通じて一六世紀中葉に普及した。(141)『君主論』の最初のフランス語訳(一五五三年)は、フランスのユグノー派に属し、シャテルローの法律家であるオーヴェルニュのギャスパーによって書かれ、それはスコットランド貴族の第二代アラン伯且つフランス領土のシャテルロー公爵でもあるジェイムズ・ハミルトンに謹呈された。(142)また、当時多くのスコットランド人が法学や医学を学ぶためにフランス、(143)ネーデルラント、イタリアに渡っており、人的交流も盛んであったため、思想の伝達は容易に行われたといえる。(144)また貿易の通商路も大陸の思想の流入を促進した原因の一つである。

このような様々な経路を通して、スコットランド人は、遅くとも一五六八年にはマキァヴェッリの思想に触れ、大陸同様にマキァヴェッリに対する否定的な見解を抱いていた。特に、メアリ女王の国務長官ウィリアム・メイトランドは、マキァヴェッリの思想を象徴する邪悪なイメージとしばしば結びつけられていた。詩人ロバート・センピルは『センピル詩集』の中でメイトランドを「この不誠実なマキァヴェッリ屋」(145)と呼び、「マキァヴェッリ的詐欺に満ちた学者」(146)、あるいは「マキァヴェッリ学派の人々」(147)などマキァヴェッリの名を欺瞞などと連結して否定的に捉えていた。改革教会の聖職者リチャード・バナタインは、メイトランドに「マキァヴェッリ的なウィリー」(148)とあだ名をつけ、一方、人文主義者ブキャナンは著作『真の貴族たちへの訓戒』の中で、メアリ女王支持派を「偽善の言葉で横柄な精神で、あるいは全ての宗教や徳を嘲るマキァヴェッリのよう」(149)と非難した。一五六七年のメアリ女王廃位後、スコットランドは前女王のメアリ派と新たに擁立された国王ジェイムズ派に分かれ一五七三年まで内戦を繰り広げていたが、その戦中に書かれた『二人の妻たちの会話』と題する詩の中でもいわゆる通常の否定的なマキァヴェッリ的理解が見出される。(150) スコットランドでも、他のヨーロッパの国同様に、マキァヴェッリの思想は「二心のある不敬虔」として捉えられていた。(151)

青年に達したジェイムズ自身、イングランド女王エリザベスの側近ウォルシンガムと対談したとき、ウォルシンガムがジェイムズに「人々の服従のために宗教を用いることさえ助言した」ことから、彼を「真のマキァヴェッリ的人物」と称していた。(152) ここからジェイムズも何がマキァヴェッリ的ということを指すのか十分把握していたことが読み取れる。しかし、他の国々とは異なり、興味深いことにスコットランドではマキァヴェッリの著作や思想に対して反論する作品が生まれなかったのである。(153)

これまで考察したように、当時の多くの著述家たちはマキァヴェッリの思想を邪悪なものとして批判した。特に、北方人文主義者は、キリスト教の倫理観やキケロ的教訓に象徴される古代の道徳観を重視し、それらを逸脱するような統治術に対して批判的であった。しかし、一六世紀には政治における理論と現実の差異に対して、人々の間に政治に対する不信感が生じ、懐疑主義が顕著となる。もはや伝統的な倫理観では政治を説明することが不十分となった。皮肉にも、彼らはマキァヴェッリの思想を無視して統治術を論じることはできなかったのである。そこで、現実の政治問題を打破しようとした人文主義者の多くは、邪悪な政治訓を示したマキァヴェッリではなく、マキァヴェッリの教訓を物語の中で描いているタキトゥスの作品に目を向けた。(154)

ルネサンス初期に、タキトゥスの作品は優雅な文体を書く手本として重用されたが、彼の反キリスト教的要素により、人々は彼の教えをさらに深く追及することはなかった。しかし、一六世紀後半の人文主義者は、徐々にタキトゥスの『同時代史』や『歴史』を読み、当時の諸問題に適用させようとし、(155) タキトゥスを政治的知恵の模範者とみなすようになった。タキトゥスのこれらの作品は、マキァヴェッリの教訓の列挙とは異なり、歴史的叙述の中に先代たちの実際の統治術を提示する形式をとる。タキトゥスの『同時代史』には奸策を用いた皇帝や政治家たちの技が詳細に提示され、残虐極まりない家族や側近の殺害についての記述が数多く見られた。描写方法は異なるが、ほぼ同じ処世術を提示した両作品は、読者によって受容のされ方が異なっていた。一六世紀後半の人たちはマキァヴェッリの作品を進言書として読むのに対し、タキトゥスの作品を歴史的事例として読み、そこに政治的教訓を見出したのである。この相違は、結果的に読者に異なる政治的思慮を育成させた。すなわち「レトリックの思慮は特定の事柄について考慮する能力であり、歴史の思慮は特定の出来事を理解し、それらの出来事を公共の安寧の利害のために人間の行動を通常の諸規則に適用」させた[156]。

政治はもはや神の業ではなく、統治者の技に左右される。政治の目的、すなわち正義や理性に基づいた良き統治の技というのは重要ではなく、政治の手段、すなわち国家を維持するための統治術が重要となった[157]。タキトゥスが属していたストア主義は人々に惨状を耐え忍ぶよう教えており、ルネサンス期の混迷とした政治的状況に当時の人々は自らの境遇を照らし合わせたことによりタキトゥスの作品が人気を博し[158]、一六世紀後半に『同時代史』と『歴史』は重版された[159]。ここに人文主義の重点が、常に道徳観を重視したキケロからタキトゥスへと転化し、「旧人文主義」から「新人文主義」への転換が見られたのである[160]。

この知的潮流の転換を作る契機となったのは、リプシウスによる一五七五年のタキトゥス作品の翻訳であった[161]。リプシウスは、タキトゥス改訂版を出版し、また著作『政治学六巻』の本文に入る前に、その著作の中で引用した著述家の名前を格づけし、タキトゥスのみが最も優れた著述家であるとして彼を絶賛した。次のランクにはキケロ、アリストテレスやプラトンなど、他の人文主義者たちも引用した古典の著述家の名が挙げられ、そこではプラトンやアリストテレスに比肩するとしてマキァヴェッリも賞賛されている[162]。リプシウスは『政治学六巻』の中で様々な思慮の形態について考察し、タキトゥスが多くの実例を示すことによって、現実に対して有益な教えをもたらしてくれると賞賛し、マキァヴェッリに欠けているのは名誉と徳という大道であると指摘する。リプシウスもプラトンの『国家』第五巻を引用し、偽装は政治的に必要であると説き、徳とは国家全体の利益となる王についての好ましい感情を指し、国家の維持と安定に貢献するための徳でしかなかった。しかしながら、彼はマキァヴェッリと異なり、政治哲学をキリスト教的枠組みの中で構築し、宗教を重視したように見える理論を提示したのである。

こうした知的潮流の転換は一六世紀後半から一七世紀初期にかけて、イングランドやフランスでも確認された。イングランドにおけるタキトゥスの流行は、一五八〇年代頃からオクスフォードで展開され、タキトゥス主義はエセックス伯のサークルで普及した。主要な人物は、エセックス伯の秘書兼ギリシア語の教授であるヘンリー・カフとマートン・コレッジの学寮長ヘンリ・サヴィルであった。一五九一年にサヴィルは、タキトゥスの『歴史』の最初の四巻を翻訳して出版し、その作品は一五九八年に再版された。一方、一五九八年にタキトゥスの『年代記』の全テクストがリチャード・グリーナウェイによって翻訳され、この版には『ゲルマーニア』も含まれていた[163]。イングランドでもタキトゥスの作品は、幅広い読者層に読まれるようになり、多大な人気を得たのである[164]。

フランスではユグノー派の間でタキトゥスの作品が流行し、多くのユグノー派の執筆家は、歴史的事例を示すためにのみタキトゥスを用い、キケロが専制君主を定義するのに適している一方、タキトゥスがその諸例を提示するのに適していると理解した[165]。とりわけ、ボダンはタキトゥスを単に歴史家としてのみならず、王権の擁護者として支持したのに対し、モンテーニュは「政治的思慮」の師としてタキトゥスを範とした[166]。このように、フランスでもキケロ主義からタキトゥス主義への転換が確認されたのである[167]。

スコットランドにおいてはタキトゥスの作品がどの程度流行したか明確ではないが、少なくともオールディスが編集した近世スコットランドで出版された文献目録には一五七〇年から一六〇三年までの範囲で見るかぎり、タキトゥスの作品は含まれていない。しかし、一七世紀前半以降から著名なスコットランド人の蔵書目録にはリプシウスによって翻訳されたタキトゥスの作品が含まれていること、[168] またセネカの影響力が強かったことから、おそらくスコットランドでもその知的潮流は認識されていたであろう。[169]

それでは、こうした当時の知的潮流は、ジェイムズの政治的リアリズムにどのような影響を及ぼしたのか考察してみよう。これまでジェイムズとマキァヴェッリとの思想史的連結は否定されてきた。J・P・サマヴィルによると、ジェイムズは注意しながらマキァヴェッリ的教訓を退けたとされる。[170]

ジェイムズはテクストの中でマキァヴェッリの名前を挙げることも、彼の著作に言及し、引用することもなかった。しかし、本章第1節で考察したように、ジェイムズの実践的統治術とマキァヴェッリの『君主論』との統治術には多くの類似点が見られた。それらは、暴力の正当性と有益性を容認した政治における残酷性、そして法律や機関を用いた政治的策略であった。彼はマキァヴェッリ同様に、政治は国王の統治術や能力によって左右されると確信し、将来の国王に対して様々な観点から、政治的思慮を用いた具体的な統治術を提示した。当時、マキァヴェッリの思想が公然と非難されていたため、ジェイムズが直接的にマキァヴェッリについて賞賛すること、あるいは言及することがなかったとしても何ら驚くべきことではない。英才教育を受け当時の知的潮流に精通していたジェイムズが、意図的にマキァヴェッリの名や彼の作品に言及しなかったとも考えられる。

しかしながら、ここでより重要な点としてジェイムズの『バシリコン・ドーロン』とマキァヴェッリの『君主論』には、文脈上のつながりがあったことを指摘しておく。[171] ジェイムズの側近ウィリアム・ファウラは、マキァヴェッリの『君主論』を英訳した。その英訳版は刊行されることはなく、しかも『君主論』の全ての章を翻訳したものではなく、その中では専制君主を示唆する内容が含まれている箇所は削除されていた。[172] しかし、ここから少なくともジェイムズがマキァヴェッリの『君主論』の内容についてファウラを通じて知っていたと結論づけることができる。あるいはジェイムズが、大陸で有名となった『君主論』の翻訳をファウラに依頼したとも考えられる。

他方、ファウラは、ジェイムズの『バシリコン・ドーロン』の執筆の支援をしていたとも言われている。興味深いことに、ファウラの甥にあたるウィリアム・ドラモンドの手稿には、『バシリコン・ドーロン』の覚書が収められている。(173)ここに、ファウラを通じて『バシリコン・ドーロン』と『君主論』には何らかのつながりがあったと推察できる。以上の理由から、マキァヴェッリの『君主論』とジェイムズの『バシリコン・ドーロン』にはテクストの類似点のみならず、『バシリコン・ドーロン』が書かれた背景には『君主論』とのつながりが推測できるため、J・P・サマヴィルが主張するように、ジェイムズがマキァヴェッリの教訓を退けたと結論づけることは適切ではない。

他方、ジェイムズは、著作の中でタキトゥスの作品については幾度か引用したが、(174)どれも道徳観を逸脱しない進言内容であった。ジェイムズが当時のタキトゥス主義の代表格とみなされたリプシウスを批判したことは既に指摘したが、ジェイムズは、人々がタキトゥスを過大評価していると考えていた。(175)少なくともジェイムズには当時のタキトゥス主義に傾倒している態度は見られなかったため、ジェイムズがマキァヴェッリにではなくタキトゥスに依拠したと結論づけることも適切ではない。しかもジェイムズの助言の提示の仕方は、叙述的方法を用いたタキトゥスの方法よりも、マキァヴェッリ的な進言方法の方が影響力をもっていたことは明らかである。次章で後述するが、ここでより重要な点として、マキァヴェッリの思想の支持者たちが主張した王権論とジェイムズの王権論には、重要な類似点があることである。かくしてジェイムズは、一六世紀後半に台頭してきた新ストア的思考の特徴である政治的リアリズムの影響を受け、道徳観にのみ縛られるのではなく、マキァヴェッリ流の政治に必要な術を駆使した「統治する王」を理想としたのである。

注

(1)「政治的思慮」について第4章注(66)で先述した文献以外には、Burke 1991を参照。

(2) 本書では、「君主の鑑」に属するマキァヴェッリの『君主論』を主に取り上げて議論を展開する。彼の思想を検討する際、彼の他の著作『ディスコルシ』を考慮する必要はあるが、『君主論』と『ディスコルシ』に見られる彼の思想の差異などについては既存の研究で指摘されているように、さらなる議論が求められる。厚見 2007；川出 2000を参照。

(3) Machiavelli 1988 : 54 (2002 : 90).

(4) Whelan 2004 : 5. マキァヴェッリの思想を含めた政治的リアリズムの特徴として下記の五点が挙げられている。(一) 理想的な理論化の拒否 (二) 衝突が多くしばしば危険な現実世界の政治についての理解 (三) 政治行為者および国家間における権力の分析的な求心性 (四) 思慮や合理性必要性の強調 (五) 政治生活の道徳的な両面性が普及している感覚。Mindle 1985. マインドルによると、マキァヴェッリの思想に見られる現実主義に関する独創性は、人間本性の悲観的な考え方にあるという。当時、リアリズムはエリザベス朝の演劇や文学でも顕著であった。Fowler 2003.

(5) Skinner 1978 : i, 248-258. 他方で、マキァヴェッリと彼が批判した一五世紀イタリア人文主義には共通点もある。第一に、彼らは中世の「君主の鑑」作品と異なり、神学的議論を用いず、政体の組織より君主の人格に焦点を当て徳目の一覧を強調し、現実的問題について取り扱った。但し、マキァヴェッリの方がその問題を深く掘り下げ、完全な現実主義者だった。第二に、彼らは君主と市民とを区別し、政治的権力の創造者として君主を捉える。第三に、彼らは作品の形式としてラテン語の見出しを用い、また謹呈を明示する点で共通性を有していた。Gilbert 1939.

(6) Burke 1984.

(7) Burke 1991 : 491-498.

(8) Cicero 1991 : 117 (1961 : 165).

(9) Cicero 1991 : 14 (1961 : 25).

(10) Cicero 1991 : 70-74 (1961 : 100-104).

(11) Seneca 1995 : 155 (1989 : 412).

(12) Seneca 1995 : 149 (1989 : 404).

(13) Erasmus 1997 : 28.

(14) *Ibid.* : 69.

(15) *Ibid.* : 41-43.

(16) *Ibid.* : 69.

(17) Elyot 1962 : 115.

(18) Montaigne 1958 : 182 (2002 : 1, 62).

(19) Brown 1986.

(20) Goodare 1999 : 254-285; Goodare 2004 : 220-245.

(21) ノース・ベリックの魔女による脅威とは、魔女裁判の記録によると、一五九〇～九一年にかけてノース・ベリックの港付近の教会に多くの魔女が現れたとされた事件である。その中には、スコットランド貴族ボスウェル伯も含まれていた。Maxwell-Stuart 2001 : 142-180. ノース・ベリックの裁判に関する供述証書などの史料については以下を参照。Normand 2000.

(22) 他には、一五七八年のマー伯 (John Erskine, Earl of Mar, 1562-1634) によるジェイムズの身柄を拘束しようとしたクーデター、一五九一年のボスウェル伯によるホリルード宮殿への侵入事件、一五九二年のボスウェル伯によるフォークランド宮殿での急襲などがある。

(23) ジェイムズは『バシリコン・ドーロン』の一一二頁で「私に対する最初の反乱」と記しているため、これは「リヴェンの襲撃」事件を指していると理解できる。

(24) *Letters of Queen Elizabeth and King James VI of Scotland* : 3.

(25) Lipsius 1594 : 79.

(26) *Ibid.*: 92.
(27) Botero 1956: 4-5.
(28) グイッチャルディーニ 1998: 236.
(29) 残酷さの適用を政治的成功の基盤とした統治術は、古代ではクセノポンの『キュロス王の教育』の第一巻の中に見出される Xenophon 2001: 22-23.
(30) Machiavelli 1988: 59 (2002: 98).『ディスコルシ』では同様なモチーフは第三巻二一章に見出される。Machiavelli 1996: 263 (1991: 353).
(31) Machiavelli 1988: 27 (2002: 47).
(32) Machiavelli 1988: 58 (2002: 97).
(33) Machiavelli 1988: 29 (2002: 50).
(34) Machiavelli 1988: 9 (2002: 18).
(35) Machiavelli 1988: 77 (2002: 130).
(36) Machiavelli 1988: 33 (2002: 57).
(37) Skinner 1978: i, 189.
(38) モートンは一五七三年以降、議会を開催せず一五七五年にコンヴェンションを一回だけ召集した。Goodare 2001: 1111.
(39) Goodare 1996.
(40) Goodare 2000: 38; 富田 1998.
(41) Lee 1959: 81.
(42) 枢密院の発展についてはGoodare 2004: 128-148を参照。
(43) Croft 2003: 42.
(44) 伝統的にスコットランド議会は六名の主教、二一名の修道院のコメンデイタ、一名の公爵、一三名の伯爵、一九名の領主や二三の自治都市からの代表者から総数八三名で構成されていた。Goodare 2001: 1106.
(45) 一五八七年から九二年までの間に議会は一度も召集されなかった。Lee 1959: 149.
(46) 貴族と聖職者階層（Baronial and clerical estates）の代表議会を指す。
(47) Goodare 2000: 36. 中世以降、議会と一般諮問委員会は区別され発展していった。一般諮問委員会は、枢密院の規模を大きくしたものに相当し、委員会で通った制定法は法の効力を有した。一六世紀には一般諮問委員会はコンヴェンションに替わった。Hannay 1990: 217-249.
(48) 通常、高位聖職者、あるいは貴族が国家官吏となった。
(49) Croft 2003: 37.
(50) Wormald 1981: 158.
(51) 同様な助言は『自由なる君主政の真の法』でも確認される。James VI and I 1982: 71.
(52) Erasmus 1997: 80.
(53) 他の三つの術は、「自分が奪った国の君侯たちの血統を全て根絶やしにし、新教皇にこの上の口実をつくらせないようにすること」「ローマの封建貴族をみな手なずけて、彼らの手で教皇の力を牽制してしまうこと」「現在の教皇の存命中に、十分な権勢を築き、独力で第一波の攻撃に耐えられるようにすること」である。Machiavelli 1988: 27 (2002: 47).
(54) 「スペインの白紙」事件とは、カトリックのスコットランド貴族ハントリ伯が、スペイン王フェリペ二世と交わしたスコットランド侵攻の密約事件と言われており、事件の由来はその際用いられた白紙に由来する。
(55) '1592 Act Authorising Presbyterian Governemnt,' *Scottish Hisotrical Documents*: 160-161.
(56) Melvill 1829: 294-295; Spottiswood 1851: iii, 80-81.
(57) イングランド教会側からはカンタベリー大主教他八名の主教、七名の副主教、二名の聖職者、ピューリタン側からはリンカーン副主教のジョン・レイノルズ他三名が参加した。
(58) Sharpe 2000a: 129.
(59) 浜林 1987: 133-135; Herman 2010: 157-195; Rickard 2006;

Rickard 2007.

(60) *Correspondence of King James VI*: 36-37; *Letters of King James VI & I*: 204.

(61) アンガス伯、ハントリ伯、エロル伯の三名であった。James VI 1950: ii, 7.

(62) Strauss 1970: 17.

(63) Machiavelli 1988: 51-52 (2002: 86).

(64) Machiavelli 1988: 62 (2002: 105).

(65) Machiavelli 1988: 62 (2002: 105).

(66) Botero 1956: 64, 66.

(67) グイッチャルディーニ 1998: 191-192.

(68) Machiavelli 1988: 61 (2002: 102-103)

(69) Cicero 1991: 19 (1961: 30); Colish 1978; Barlow 1999.

(70) Lipsius 1594: 114.

(71) *Ibid.*: 197.

(72) Botero 1956: 203-204.

(73) Elyot 1962: 168.

(74) *Letters of Queen Elizabeth and King James VI of Scotland*: 16-17. このエリザベスからの書簡に対するジェイムズの返答については以下を参照。*Letters of King James VI & I*: 64-68.

(75) Praz 1928: 9-10.

(76) Cicero 1991: 121 (1961: 171).

(77) Erasmus 1997: 77-78.

(78) Ribadeneyra 1949: 312.

(79) Elyot 1962: 130.

(80) Cicero 1991: 19-21 (1961: 30-33) キケロは、親切に接する際、当人や他者を傷つけてはならないこと、親切は自らの許容範囲であること、そして当人の身の丈に合った親切を行うことの前提を明示する。

(81) Cicero 1991: 9 (1961: 18).

(82) Cicero 1991: 83 (1961: 118). もう一つの形態は、徳や勤勉による個人的な奉仕である。

(83) 他方、セネカは『恩恵について』の中で、恩恵を「不可欠な恩恵」「有益な恩恵」「快適な恩恵」「永続する恩恵」と四種類に分け、厳格さが長く続くとその権威が失われ、常に続く過酷な恐怖は、人々を復讐へと駆り立てると記している。セネカ 1989: 467-718.

(84) ジェイムズ治世の魔女狩りについては Larner 1981; Maxwell-Stuart 2001; Goodare 2002を参照。

(85) Seneca 1995: 152-7 (1989: 377-424).

(86) Seneca 1995: 160 (1989: 418).

(87) Seneca 1995: 143 (1989: 396).

(88) Elyot 1962: 115-120.

(89) Erasmus 1997: 69.

(90) Ribadeneyra 1949: 329.

(91) マリアナも同様に人間の過ちを許すことに慈悲があると主張する。Mariana 1948: 243-244.

(92) Machiavelli 1988: 56 (2002: 93).

(93) Machiavelli 1988: 57 (2002: 95).

(94) Machiavelli 1988: 58 (2002: 97).

(95) グイッチャルディーニ 1998: 92.

(96) *Ibid.*: 63.

(97) *Ibid.*: 50-51.

(98) Botero 1956: 29.

(99) *Ibid.*: 30-31.

(100) *Ibid.*: 15-16.

(101) *Ibid.*: 28.

(102) 厚見 2007では、*honestas* は「称賛さるべきもの」、*utilitas* は「利になるもの」と訳されている。

(103) Cicero 1991: 112 (1961: 158) 他には、*Ibid.*: 105, 108, 130

（1961 : 147, 151, 185）。

(104) Tuck 1990.

(105) Bradshaw 1991 : 107.

(106) Kahn 1985 : 36–46.

(107) Ribadeneyra 1949 : 320.

(108) Mansfield 1998 : 11. 他には Colish 1978 ; Strauss 1970 ; Schellhase 1971 ; Whitfield 1971 ; Wood 1968を参照。キケロの『義務について』とマキァヴェッリは、政治における必要性や便宜性を容認している点で共通しているが、キケロは内面と表面の一致を説いており、その点ではマキァヴェッリとは本質的に異なる。Barlow 1999. 他方、タックはマキァヴェッリの『ディスコルシ』がキケロの真の意図を適切に読み取ったと主張する。Tuck 1990 : 56.

(109) 但し、マキァヴェッリはギリシアの思想家であるクセノポンについては、高く評価した。Newell 1988 ; Nadon 1996 : 361, n. 3.

(110) Machiavelli 1988 : 79（2002 : 133）

(111) Whelan 2004 : 132.

(112) Lipsius 1594 : 11.

(113) *Ibid.* : 41–42.

(114) 本書では、prudence を「思慮」と訳しているが、civil prudence を「国家的叡智」、military prudence を「軍事的叡智」と訳す。山内 1985 : 151.

(115) Lipsius 1594 : 61.

(116) *Ibid.* : 72.

(117) Botero 1956 : 15–16.

(118) *Ibid.* : 34.

(119) *ragion di Stato* の語は、イタリアの大司教ジョヴァンニ・デッラ・カーサが皇帝カール五世への書簡で用いたとされる。マイネッケ 1960 ; 厚見 2007 : 352. その語は「市民法」と対照をなし、国家の統治者は法の上に位置することを意味した。Viroli 1992 : 238–280. Burke 1991 : 479–480. 国家理性の議論については先述の文献以外に、Skinner 1978 : i, 248–254 ; Tuck 1993 ; Church 1972 ; 押村 1998 ; 川出 2000 ; 南 2007も参照。

(120) Botero 1956 : 3

(121) Tacitus 1979 : 436.

(122) アリストテレスは『政治学』第四巻第一三章で、民会、諸役、裁判所、重甲武装、体育という五つの分野において民衆を欺くための工夫について説明する。上記の重要な機関に登録しても役に就かないと罰金が科せられるが、登録しなければ諸機関に出席することもできない状況を作り、安易に登録することを防いだ。アリストテレス 1961 : 209 ; Donaldson 1988 : 118.

(123) マイネッケ 1960 : 33.

(124) 古典作品では僭主論において統治術が論じられており、理想とされた政治の中では奨励される形で論じられていなかったが、「政治的思慮」という新たな観念のもと、一六世紀には僭主に特有な処世術も理想的実践術として奨励されるようになった。

(125) Anglo 1969 : 200 ; Collins 1989 : 111.

(126) 押村 1998 : 77–78.

(127) Burke 1991 : 479, n. 1. ここでは以下の作品が挙げられている。Frachetta, 'Discoro della ragione di stato,' in *L'idea del libro de' governi di stato e di Guerra*（Venice, 1592）. Fernández-Santamaria 1983. フランスでは一七世紀に国家理性に関する作品が多く出版された。Church 1972.

(128) リバデネイラは『キリスト教君主の宗教と徳に関する論文』の中で、国家理性には「虚偽の国家理性」が存在することを指摘する。Ribadeneyra 1949 : 279–283 ; Höpfl 2004 : 165–166.

(129) Burke 1991 : 480–484.

(130) Donaldson 1988 : 113 ; クローチェ 1986 : 61.

(131) Burke 1991 : 483 ; Donaldson 1988 : 112.

(132) *Letters of King James VI & I* : 83.

(133) チャボは、中世のリアリズムが「自然的で純粋に叙述的」であったの対し、マキァヴェッリやグィッチャルディーニのが「概念的リアリズム」であったと相違を指摘する。Chabod 1958：174-185.
(134) De Pol 2010.
(135) Kelley 1970a.
(136) Beame 1982；Truman 1999：279.
(137) Raab 1964：30-76. マキァヴェッリの作品は一五七三年にケンブリッジ大学のガブリエル・ハーヴィーによって紹介された。Weissberger 1927：589, 593；Raab 1964：51.
(138) Praz 1928：6；Weissberger 1927：605.
(139) シェイクスピアの劇の中に見出される理想の君主像については以下を参照。佐竹 1971. 当時、マキァヴェッリの思想を受容した作品については以下を参照。Praz 1928：10-51；Donaldson 1988：36-85；Pocock 1975：333-360.
(140) Ribadeneyra 1949：250-251.
(141) Praz 1928：7.
(142) Anglo 2005：198-204.
(143) Durkan 1986.
(144) MacQueen 1990.
(145) *Satirical Poems*：pt. 1, 73；ix 'A Rhime in defence of the Queen of Scots against the Earl of Murray' (1568).
(146) *Ibid.*：160. xxii 'The Bird in the Cage' (1570).
(147) *Ibid.*：208. xxx 'My Lord Methwenis Tragedie' (1572).
(148) Bannatyne 1836：51-52, 110.
(149) Buchanan 1892：24.
(150) *CSP, Scotland*：iii, 139；Loughlin 1994.
(151) Purves 1938：139；Loughlin 1994：227.
(152) *Mr Secretary Walsingham*：ii, 221.
(153) 既存の研究で明らかとなっているのは、ディビッド・ヒュームが「弁明」(*Apologia Basilica*, Paris, 1626) と題する詩の中で、唯一、マキァヴェッリの『君主論』を批判していることである。Petrina 2009：45
(154) Schellhase 1971；Schellhase 1976.
(155) Tuck 1993：41.
(156) Salmon 1980：311.
(157) Viroli 1992.
(158) Burke 1991. ペルトネンは「新ストア主義」が正確にその潮流を示しているとは限らないと主張する。Peltonen 1995：124. 古典のストイシズムには、Cicero, Seneca, Epictetus, Marcus Aurelius Antonius, Pliny, Tacitus, Boetius が属し、一六世紀には Michel de Montaigne, Guillaume du Vair, Philippe du Plessis Mornay, Guillaume Budé, Joseph Hall, Justus Lipsius, Joseph-Justus Scaliger, Hugo Grotius が代表的である。
(159) タキトゥスの両作品は、一六〇〇年から四九年までの間に少なくとも六七版出版された。Burke 1966.
(160) Tuck 1990：63-65；Tuck 1993：65-119.
(161) Burke 1991：492.
(162) リプシウスはマキァヴェッリストではないと指摘されている。山内 1985：156；エストライヒ 1993：29.
(163) Guy 2002：139.
(164) Tenney 1941. ベイコンがタキトゥスの指南に影響された点は彼の『随筆集』に読み取れる。
(165) Salmon 1980：320.
(166) Schellhase 1976：132-133.
(167) Salmon 1980.
(168) 例えば、Drummond of Hawthornden の蔵書目録を参照。Allan 2000：24-25.
(169) Allan 2000：19-23. 一六世紀のスコットランドには既に新ストア主義の知的潮流が見られた。例えば、Florence Wilson, Henry-

son, Buchanan などがいる。Kidd 1993.

(170) 但し、その理由や根拠についてサマヴィルは触れていない。James VI and I 1994 : xix. 他方、ジェイムズの『バシリコン・ドーロン』にはタキトゥスとの類似点が見出されると指摘されている。Tenney 1941 : 156.

(171) Williamson 1979 : 163, n. 15. 詳細には以下を参照。Levy 1967 : 79-123 ; Kobayashi 2003 ; Petrina 2007 ; Petrina 2009.

(172) Jack 1970.

(173) Hawthornden MSS.

(174) 『バシリコン・ドーロン』の中では、次の引用が見られる。Tacit. 4. Hist : 名君と暴君の相違 ; Tacit 7 an. Mart : 三年に一度は国を訪問 ; Tacit 3. hist : 追従者を避ける ; Tacit 1 hist : 召使の統治術 ; Tacit eod. & I. An. : 召使に君主への服従を教える ; Tac. 1 hist : 自分のしてきたことを考えなさい。

(175) Smuts 1993 : 34.

終　章　近代国家形成につながる政治的リアリズム

1　四つの理想の君主像

本書では、スコットランド王ジェイムズ六世の思想を「理想の君主」という視点から、彼の著作や書簡を中心に分析し考察した。著名な人文主義者ブキャナンとヤングから英才教育を受け、その知識を十分に習得し、博学で知られていたジェイムズは、同時代の様々な知の潮流に影響を受け、それらの特徴的な要素を取捨選択し、理想の君主像を追求した。彼が描いた理想の君主像には主に四つのイメージ、すなわち「神聖な王」「領主としての王」「有徳な王」「統治する王」が見出されることを明らかにした。

第1章では、一六世紀スコットランドにおいて、ジェイムズがどのような政治的・宗教的・社会的状況の中、スコットランドで誕生し、成長したかを確認し、後続する章では王権の起源と統治に必要な王の資質に着目しながら、四つの君主像について考察した。

第2章では、近代政治思想史の系譜において、ジェイムズの思想の典型的な特徴として解釈されてきた王権の神授的起源を取り上げた。ジェイムズは、当時、ルネサンス期ヨーロッパにおいて伝統的な思考の型である、神により確立された王権の始まりを主張し、「神聖な王」の理想像を描いた。当時のヨーロッパの思想家たちは、絶対的な国王権力や制限的王権など異なる王権の属性を主張しても、王権の神授的起源については、中世から継承された知の遺産として受容していた。しかし、ジェイムズが育ったスコットランドの知の潮流では、そのような王権の起源は見出されず、伝統的に王権は人民により確立されたと理解され、それに基づいた制限的王権論が根づいていた。ジェイムズが、自国の知的潮流とは異なり、他のヨーロッパの君主や思想家たちと同様に、王権の神授的起源を主張した理由は主に次の三点であった。すなわち、師ブキャナンが論じた人民の抵抗権や制限的王権論に反論するため、メルヴィルなどのスコットランド教会の長老派が目指した二つの王国論および聖職者間の同等性といった教会構造を退けるため、そしてイングランドの次期王位継承権を正当化するためであった。王を神の代理人として位置づけることにより、ジェイムズはこれら三つの問題に対して説得的な反論を提示することが可能となった。

ジェイムズの王権神授論において重要な点は、彼は、王権の起源を神に求めても、国王が神と同様な霊的権力を有しているとは主張せず、国王に対する服従論を聖書、スコットランドの歴史観、王国の基本法を根拠に正当化しようと試みた点である。ボダンをはじめとする強固な王権を支持する思想家やイングランドの多くの作品が、王権の神授的起源から、国王に対する人民の絶対的服従のみならず、国王の絶対的権力も正当化していたのとは異なり、ジェイムズは、同様な起源から、あくまでも国王に対する服従を主張したにすぎなかった。しかも、彼は、国王が神のような神秘的な力を有することを示す行為に対しては、否定的な見解を抱いていたのである。それを裏づけるかのように、中世以来、フランスとイングランドにおいて、神のような霊的権力を国王が有することを公に示す「瘰癧さわり」という伝統的な国家儀礼が流行していたが、ジェイムズはそのような国家儀礼に積極的に関与することはなかった。ジェイムズが王権の神授的起源から演繹したことは、国王に対する人民の服従の精神であった。

王権への服従を強調することにより、ジェイムズは、伝統的な「存在の大連鎖」に示されている秩序観を維持しようと考えた。従って、従来理解されてきたように、ジェイムズの思想には、王権の神授的起源と絶対的権力の必然的な一対は見出すことはできないのである。ここでジェイムズが示した神聖な君主像とは、神の代理人であるがゆえに、臣民が服従すべき存在としての国王、そして存在の大連鎖の頂点に位置する国王であった。

第3章では、ジェイムズが主張したもう一つの王権の起源である征服論に焦点を当て、この起源から導かれる理想の君主像「領主としての王」について考察した。ジェイムズは、スコットランドの歴史観に依拠して、アイルランド出身のファーガスがスコットランドを征服したことにより、スコットランドの王権が確立されたと王権の世俗的起源を主張した。一六世紀には、スコットランドに関する年代記や歴史叙述が数多く出版されたが、ジェイムズと同様な主張は他の作品には確認されることはなく、むしろそれらの中では、ファーガスが人民によって国王に選ばれたと記されており、それが人民の抵抗権の根拠となっていた。従って、ジェイムズの征服論は、スコットランドの知の伝統の中で非常に独特なものであったといえよう。しかも、ジェイムズは征服による王権確立をスコットランドのみならず、隣国イングランドに対しても同様に主張していた。イングランドでは、征服による王権確立をめぐって様々な見解が表明されており、国外の作品でもイングランドの征服論が注目されていた。というのは、征服、あるいは武力による王権確立が、王国拡大、あるいはその存続を正当化する根拠となっていたからである。

しかしながら、ここで興味深いことは、王権の神授的起源を説き、国王の霊的権力を主張したフランスの王党派は、征服によって王国を得た国王を簒奪者として捉え、簒奪者に対する抵抗権を認めており、征服に対して否定的であったという点である。他方、当時のイングランドでは、簒奪者が不幸な結末を終える内容を記した文学作品が流行していた。このような背景のもと、ジェイムズが征服論を明確に主張したということは、非常に特徴的であったといえよう。彼が征服による王権の確立を説く理由は、第2章で取り上げた理由と同様であった。スコットランドでは、神聖な王権の起源ではなく、人民による王権の確立という世俗的な起源が伝統的な知の潮流であったため、ジェイムズには、異なる世俗的根拠に基づいた王権の確立を正当化する必要があった。そして、ジェイムズは、この征服論から立法権および土地と臣民に対する国王権力を導いた。ボダンや後にはフィルマーが聖書に依拠して、立法権などの絶対的国王権力を正当化したのとは異なり、ジェイムズは世俗的根拠に基づいて国王権力を正当化し、征服により権威を得た領主としての君主像を描いており、その点でジェイムズの征服論は非常に独特であるといえよう。

このように、ジェイムズは、神聖な王権の起源と世俗的な王権の起源という、一見、相容れない二つの起源を主張した。これら二つの主張には、フッカーのような整合性は見られないが、おそらくジェイムズにとっては、作品の中で整合性をもたせることよりも、敵対する理論を掲げている論者たちに対して、たとえ矛盾した根拠を用いたとしても反論を行うことが重要であったと考えられる。

そして、特筆すべきは、作品内に理論的矛盾が見られても、少なくとジェイムズは、二つの起源から導かれる王権の属性については峻別して論じており、それぞれの王権の起源の中での議論は一貫していたのである。ジェイムズにとって、当時の伝統的な思考の型である王権神授論だけでは、自らの政治的路線を確固たるものにするには不十分であった。ジェイムズは、スコットランドの世俗的な王権の起源に反論するだけでなく、自らの主張する世俗的な王権の起源論を根拠に血筋に重きを置いた世襲制を正当化し、制定法により定められていたイングランド王位の継承問題に関して、自らのイングランドの次期王位継承権を揺るぎないものにしようとした。このように、ジェイムズは自らの主張を正当化するために、矛盾する二つの王権の起源を提示し、「神聖な王」と「領主としての王」という霊・俗二つの理想の君主像を追求したのである。

第4章と第5章では、統治において求められる国王の資質について考察した。第4章では、ジェイムズが主張した国王に必要な内面的資質に着目した。一五世紀のイタリア人文主義、それに影響を受けて発展した北方人文主義に見られた「君主の鑑」作品では、古典古代のモラリストが挙げた「枢要徳」、そして一六世紀の人文主義に顕著に見られた「君主の徳」は、概して道徳的価値観を伴っていた。ジェイムズも同様に、「枢要徳」の一覧では「正義」と「節制」という徳目、「君主の徳」の一覧では「壮大」「謙虚」「恒心」といった徳目について、従来の道徳観に即して定義し、「有徳な王」を理想とした。

しかし、他の徳目に関して、ジェイムズの「君主の鑑」作品では、異なる特徴が示されていた。「枢要徳」では、「勇気」と「思慮」の徳目に新たな解釈が見られた。北方人文主義者は、「枢要徳」の「勇気」に関して、中世の騎士像に見られた暴力と関連して解釈することを批判したが、ジェイムズはあえて「枢要徳」の一覧の中で「勇気」の徳目を取り扱わなかった。さらに、北方人文主義を批判したマキァヴェッリに影響を受け、一六世紀に著しく見られた新たな知の潮流、「政治的リアリズム」により、「思慮」の徳目が「政治的思慮」へと変化したが、「思慮」についてジェイムズは「枢要徳」の箇所で取り上げることはなく、むしろ「君主の徳」の箇所で言及していた。

他方、「君主の徳」の一覧では、「政治的思慮」と関連して「寛大」について新たな解釈が示されていた。ジェイムズも当時の知の潮流の変化と同様に、その道徳観を重視することよりも、世俗化された「思慮」、すなわち「政治的思慮」を用いて国家の統治を成功させるために「寛大」を適用することを擁護した。また、「君主の徳」の箇所では扱われなかったが、ジェイムズは「慈悲」についても同様に、「政治的思慮」を用いることを支持した。この新たな潮流については第5章で詳細に考察したが、ジェイムズが理想とした「有徳な王」の内面的資質は、古典の名著から継承された道徳観やキリスト教的倫理観を重視しつつも、当時の人文主義の変化、すなわち「思慮」から「政治的思慮」への変化に鋭敏に対応して解釈されていたのである。

ルネサンス人文主義では、こうした君主の内面的資質を養うために幼少期の教育が重視された。ジェイムズも人文主義者が理想とした教育カリキュラム、ストゥディア・フーマーニタ―ティスを幼少期に受け、自らも君主の教育カリキュラムを提示した。彼の教育カリキュラムは、聖書、自国の法律、そして歴史から構成されていた。何よりも聖書を重視したジェイムズのカリキュラムは、特にキリスト教の教えに重きを置いた北方人文主義者のそれと類似していた。

さらに、完全に有徳な国王は存在しないため、人文主義者の多くは、国王を補佐する顧問官の役割を重視していた。特に、イングランドの人文主義者は、顧問官になる条件や国王と顧問官との理想的関係について論じた。ジェイムズは、顧問官に限定せずより広く家臣について取り上げた。彼は、家臣の資質を重視する一方、伝統的な家柄も重んじ、後者により重要な価値を見出していた。ジェイムズにとって、国王と家臣の関係は、人文主義者たちが描いたようなキケロ的な友人関係ではなく、国王主体の関係を意味した。ここにもまた、ジェイムズが目指した伝統的な「存在の大連鎖」によって示されている国王を頂点とした秩序観が表されていた。

以上のように、第4章において、ジェイムズが描いた理想の君主像とは、概して、ルネサンス人文主義に特徴的な「有徳な王」であった。同時に、ジェイムズは一六世紀後半に顕著となってきた知的潮流の変化にも対応して、「政治的思慮」を用いた君主像も理想としたのである。

前章とは対照的に、第5章では、現実の政治において必要な国王の資質、すなわち処世術について検討した。ジェイムズは、政治の領域および宗教の領域において具体的な統治術を示し、「統治する王」を理想とした。その統治術では、マキァヴェッリの『君主論』に特徴的な残酷な処罰や狡猾的方法が勧められており、まさに「政治的思慮」の具体例が記されていたのである。政治理論と実践の相違が顕著となってきた一六世紀後半では、むしろ国王の有徳な資質のみに依拠して、統治の成功を求めることは不可能であった。王国の統治に有利になるのであれば、伝統的な道徳観や宗教的倫理観を逸脱する統治術が容認されたのである。この「政治的思慮」の適用は、国家理性という概念によって正当化された。ジェイムズが本章で理想とした君主像とは、この「政治的思慮」を用いて国家を巧みに治める「統治する王」であった。

こうした政治的リアリズムの潮流は、常にマキァヴェッリの思想と連動して取り扱われてきたが、宗教観を欠いていたマキァヴェッリの思想は、当時、ヨーロッパでは批判の対象となっていた。それに替わって、一六世紀後半に人文主義者は、マキァヴェッリの思想を一見緩和したように見えるタキトゥスの作品を盛んに活用した。両者の「政治的思慮」の用い方について相違はほとんどなく、統治術を提示する際に、マキァヴェッリが進言的形式をとるのに対し、タキトゥスは歴史の読み物の中にその術を示した。これまで、ジェイムズはマキァヴェッリの教訓を退けたと解釈されてきたが、ジェイムズの作品とマキァヴェッリの『君主論』には、統治術の類似性が見出されるだけでなく、ジェイムズの作品が書かれた文脈上においても重要なつながりがあり、ジェイムズがマキァヴェッリの思想を受容しなかったと解釈することは適切ではない。他方で、ジェイムズは当時のタキトゥス支持派に対して嫌悪感を抱いており、ジェイムズがタキトゥス支持に傾倒していたと結論づけることも適切ではないことが明らかとなった。

第4章と第5章で考察した「道徳的な王」と、道徳観を逸脱することを容認する「統治する王」の二つの理想像も、一見矛盾しているように見えるが、これはまさに一六世紀の知の潮流の多様性を示しており、それに対してジェイムズが敏感に対応していたことを表していた。このように、多様な知の潮流を自らの思想において取り入れたことが、まさにジェイムズの政治的リアリズムの特徴といえよう。換言すると、ジェイムズにとって、四つの理想の君主像は、統治には欠くことのできない必須のイメージであり、これら四つの理想の君主像を結びつけているのが、政治的リアリズムであった。

2　王権神授論と政治的リアリズム

ジェイムズの思想に見られる政治的リアリズムの特徴において、ここでより重要な点として、ジェイムズが描いた「神聖な王」と「統治する王」のイメージは、非常に関連性が強いことである。

第2章で考察したように、ジェイムズは、王権神授論から国王に対する臣民の服従を強調し、第4章では道徳的模範者としての役割を国王に課した。そして第5章で考察したように、ジェイムズは国家を巧みに統治するために、マキァヴェッリ的な道徳観に縛られない統治術を示した。換言すると、ジェイムズは、神聖且つ道徳的な君主像を用いる一方で、世俗的且つ実践的君主像という一見相容れない二つのタイプの理想像を掲げたのである。この霊・俗という対照は、特に彼の『バシリコン・ドーロン』の第一巻と第二巻の内容の相違にも表れている。ここで重要な点は、ジェイムズの著作に表れているこの一見矛盾する二つの理論的支柱を用いる方法は、マキァヴェッリの思想の支持者たちが、マキァヴェッリの思想が受容されやすいようにと自らの作品の中で再解釈した方法に類似していたのである。(1)

例えば、イングランドの聖職者で大法官となるスティーヴン・ガーディナーは、「ローマ信徒への手紙」第一三章や「テサロニケの信徒への手紙」第四章などを根拠とし、神聖な王権に対する服従が人々の義務であることを説いた。(2) そして彼は神聖な王権にマキァヴェッリ的な政治戦略の統治基盤を与えた。これはまさに、ジェイムズの思想に見出される霊・俗の論理構造であった。ここでマキァヴェッリ的な思想を反映した統治術、すなわち「国家の神秘」と神聖な王権論が結合されたのである。(3)

同様な方法は、一七世紀前半に蔵書目録の整理を職としていたフランスのルイ・マションにも見られた。彼は

『マキァヴェッリのための弁明』[4]において、マキァヴェッリの政治学と神の代理人といった二つの諸原則を結合して説明しようと試みた。その際、マションはジェイムズの『バシリコン・ドーロン』に言及して、当時ヨーロッパで悪評高かったマキァヴェッリの『君主論』の内容を正当化し、宗教の政治的利用も正当化する国家理性を説いた。彼によると、そこには「国王の二つの身体」が象徴するように、国王には自然的および政治的役割を果たすことが記されている。後者は聖なる職であり、それはまさにジェイムズが王権神授論で展開した内容と同じであった。さらに、そこでは宗教の操作さえも中立的媒体として擁護され、それは国王の「神秘」でもって正当化されるのであった。[5]神聖な権力ゆえに、いかなる統治方法も正当化される根拠を提供した。その結果、絶対王政を支持する思想史的潮流が生まれた。[6]かくして王権神授論の副産物が、国家理性となったのである。[7]

ジェイムズが彼ら同様に、マキァヴェッリ的な統治術を正当化するために、戦略的に王権の神授性を用いたという確固たる証拠はないが、ジェイムズの思想には、明らかに彼ら同様に「神聖な王」と「統治する王」という二つの側面が、彼の王権論の骨格となっていたのである。

第5章第2節で考察したように、ジェイムズは宗教を単に霊的なものとして位置づけず、統治にも利用できるという政治的言説に精通していた。これまで、当時の様々な知の潮流の特徴を織り交ぜ理想の君主像を提示したジェイムズが、宗教の影響力を看過していたとは考えにくい。そうした中、ジェイムズは、宗教の利用を公然と認めたマキァヴェッリの思想には、宗教観が欠如していると批判が生じた現実に、慎重な態度を示し、あえて宗教の利用を公言するのを控えたとも考えられる。

例えば、ボテロは『国家理性』の中で、マキァヴェッリの思想には宗教が欠如していると批判し、著作の中で宗教の積極的な役割を重視していた。[8]また彼は、マキァヴェッリが主張した国家の統治方法も神の法に反する統治術として批判した。しかし、既に指摘したように、敬虔な側面を見せるボテロの作品には、実際にはマキァヴェッリの作品と共通する内容が多く含まれていた。(9) ボテロには「マキァヴェッリのように、人に擦り傷を負わせるような角や縁がなかったので、マキァヴェッリの犬儒主義や反教会性に対する温和な解毒剤として、反対宗教改革期的、すなわち盲信的な宮廷のお気に入りとなった(10)」のである。

スペインのリバデネイラも『キリスト教君主の宗教と徳に関する論文』の中で、ボテロ同様に、宗教を第一に重視し、それによってのみコモンウェルスや王国が維持されると考えたが、マキァヴェッリやポリティーク派が宗教を利用して王国を維持しようとしていると痛烈に批判した。(11) しかしながら、リバデネイラも宗教が人々に多大な影響力をもつことを理解していたため、宗教が統治にある一定の効力をもたらすと認識していたことになる。

このように、当時の作品は、マキァヴェッリの思想に特徴的な宗教を排除した思考を批判しながらも、宗教の影響力が大きいことを理解していた。これまで、当時の様々な知の潮流の特徴に影響を受け理想の君主像を提示した「最も賢明な王」ジェイムズも、宗教の影響力について十分認識していたと考えられる。おそらくジェイムズも、宗教が人々の精神や政治領域を支配していた現実を受け止め、むしろそれを利用することにより、統治の安定および王権の強化を目指したと解釈して妥当であろう。王権の神授的起源から、王権に対する人々の服従を導き出し、人々に聖書に記されている服従を植えつけることが可能となる。古代の道徳観や宗教的倫理観を重視し、有徳な王としての理想像を掲げ、国王に対する人々からの服従や尊敬を確固たるものにする。他方、理論的な理想像だけでなく、君主にとって即戦力となる現実的な統治術も示される。こうした当時の精神世界の影響力を視野に入れた、まさに現実主義的に「統治する王」をジェイムズは理想として描いたのである。従って、ジェイムズにとっては、神聖な王権の起源も実践的な統治術も、政治的リアリズムの思想から生じたものであった。

3　一六〇三年――イングランド王ジェイムズ一世の誕生

一六〇三年、イングランド女王エリザベス一世の死去により、イングランド王ヘンリ七世を曾祖父にもちイングランド王家の血をひくジェイムズは、ジェイムズ一世としてイングランド王となった。これにより長年戦争を繰り広げていたスコットランドとイングランドの両国が、一人の王のもと統治される「同君連合」が生じた。それ以降、ジェイムズはイングランド内では、宗教問題、財政問題、それと関連してイングランドの伝統と見なされてきた議会とコモン・ローの問題、スコットランドとの合同問題[12]、国際関係問題などに直面した。他方、ヨーロッパ内では、三十年戦争が勃発し、ジェイムズは平和的な外交政策をとるものの、ヨーロッパ大陸はしばらくの間戦禍を被った。

一六〇三年以降、ジェイムズはスコットランドの統治を有能な顧問官や貴族に任せ、ウェストミンスターからペンで統治を行った。イングランドに移ってから、ジェイムズは一度のみスコットランドを訪問する機会を得たが、スコットランドの統治を担っていたスコットランド枢密院との直接的な接点は薄れ、ジェイムズがスコットランドの統治に以前ほど干渉することはなく、それによりかえってスコットランドの統治が比較的上手く行われたと解釈されている[13]。

イングランドに居を構えてからもジェイムズの執筆活動は衰えることがなく、『タバコへの大抗議』『忠誠の宣誓に関する弁明』『スポーツの書』など多様な作品が生まれていったが、イングランド議会における演説などに見られる彼の発言の多くは、イングランドの文脈で表明されていった。イングランド王に即位してからのジェイムズの発言を検討すると、これまで考察してきたスコットランドで育まれたジェイムズの思想は、イングランドの知の潮流に即して展開されていき、彼の思想に変化が見られたことが読み取れる。例えば、スコットランドで記された

図終－1　ジェイムズとアンの戴冠式
（1603年7月25日ウェストミンスター）

出所：Antonia Fraser, *King James VI of Scotland and I of England*, London, 1974, p. 95.

ジェイムズの著作では、王権の神授的起源から国王の神秘的な力は演繹されることはなかったが、一六一〇年のイングランド議会におけるジェイムズの演説では、イングランドの王権神授論者やフランスの王党派たちが主張したように、「国王は世俗における神聖な権力のあり方、あるいは類似により、正当に神と呼ばれている」[14]と主張し、国王には神のような権力が与えられていると表明した。同演説ではこれ以降、国王は立法権を有し、神と同様な権力をもつことが繰り返し示されていく。但し、立法に際し、「議会と共にある国王が絶対的である」[15]ことも明示しており、ジェイムズはイングランドの伝統にも言及していた。

同様に、一六一六年の星室庁におけるジェイムズの演説の中でも、神と同様な権力を有する国王権力について強調された。ジェイムズによると、国家の神秘が「国王大権」となり、それは「国王権力の神秘」を意味した[16]。このように神の権力と国王権力とを類比する言説は、既にイングランドで存在していた点は、本書の第2章で考察したとおりである。また、ジェイムズは、スコットランドで国王大権について議論することはなかったが、イングランドではその伝統として国王大権について初めて言及した。

このように、ジェイムズは、一六〇三年以降、イングランドにおいて王権論についてより詳細に表明するようになった。本書はジェイムズの思想が一六〇三年を境にどの程度変容していったかについて詳細に検討することが目的ではない。とはいえ、序章の研究史で述べたように、国王権力と神の権力を類比させたジェイムズではあるが、一六一〇年のイングランド議会におけるジェイムズの言説から、ジェイムズがイングランドの伝統的なコモン・ロー精神に譲歩したとみなされた点を再度指摘しておく。ジェイムズが、イングランドにおいてイングランドの伝統に理解を示して譲歩していったのは、イングランド国という新たな状況に対応する中で生じたジェイムズの思想の変化であったといえよう。すなわち、それはジェイムズの思想の根底にある「政治的リアリズム」の結果生じたものであり、ここにも統治をする彼の柔軟な姿勢が見出されるのである。(17)

ジェイムズの死去後、スコットランドおよびイングランドの王位を継承した息子チャールズ一世は、イギリス内戦により一六四九年に斬首刑に処せられ、それ以降、ブリテンの知的世界では共和主義的観念がより一層支配的となっていった。しかし、ロックの『統治二論』やホッブズの『リヴァイアサン』の作品の中で言及されているように、ジェイムズの博学さや統治能力に優れていた点は知識層の間で忘れ去られることはなかった。(18)

図終－2　ジェイムズ六世

出所：James I, *The Workes of the Most High and Mighty Prince James*, London, 1616.

これまで見てきたように、ジェイムズの王権論は、近代国家形成に向けた思想の系譜の中で重要な通過点を示している。本書では、イングランド王ジェイムズ一世ではなく、スコットランド王ジェイムズ六世の思想を、スコットランドおよびヨーロッパの思想と照らし合わせながら検討してきた。これまで既存の研究では、ジェイムズは王権神授論の熱心な信奉者としてのみ評価される傾向があったが、そうした評価は彼の思想を一枚岩的に捉えたものである。おそらくその原因はイギリス内戦と一七世紀イングランド政治史を念頭に置き、イングランド議会と対立したジェイムズの思想の一部に注目したために生じた解釈にあるといえよう。しかし、本書では、一六世紀のスコットランドおよびイングランドを含むヨーロッパ全体の中にジェイムズの思想を位置づけ、彼の思想には、ルネサンス期の様々な知の潮流の影響があることを考察した。それにより、近代国家形成の過程における思想史的系譜において従来理解されてきたジェイムズの思想の特徴や位置づけに対して新たな解釈が明るみに出たといえよう。

注

(1) ここで取り上げるガーディナーからマションを含めて以下を参照。Donaldson 1988.
(2) *Ibid.*: 77.
(3) Orgel 1975: 42-43.
(4) Butler 1940.
(5) Donaldson 1988: 186-222.
(6) *Ibid.*: 140.
(7) Church 1972: 64.
(8) Botero 1956: 80. ここではフランスを例に挙げている。
(9) Burke 1991: 483.
(10) マイネッケ 1960: 90.
(11) Ribadeneyra 1949: 255-257; Viroli 1992: 252-253; Truman 1999: 280. リバデネイラがボテロの作品に影響を多いに受けているという解釈がある一方、その影響は限定的であったとする研究もある。Truman 1999: 311.
(12) 小林 2007; 林田 2010.
(13) Croft 2003: 136-143; Lynch 1992: 239-244.
(14) James VI and I 1994: 181. 'Speech to parliament 21 March 1610'
(15) *Ibid.*: 186. 'Speech to Parliament 21 March 1610'
(16) *Ibid.*: 212-213. 'Speech in Star Chamber 20 June 1616'
(17) 但し、メイスンは、イングランドではスコットランドの長老派教会やブキャナンからの脅威がなくなったため、ジェイムズの絶対主義に関する見解が緩和していったと指摘する。Mason 1998a: 238-241.
(18) ロックは、『統治二論』の中で「あの博学な国王は、事柄の思念をよく理解し」とジェイムズについて言及し、ホッブズは『リヴァイアサン』の中で「われわれの最も賢明な王であるジェイムズ王が……」とジェイムズについて言及している。Locke 1988: 400 (1997: 296); Hobbes 1996: 127 (1992: 2巻, 67).

あとがき

本書は、筆者が二〇〇五年度に一橋大学大学院社会学研究科へ提出した博士学位請求論文「スコットランド国王ジェイムズ六世の政治思想　一五六六‐一六〇三――ルネサンス期における理想の君主像」をもとに加筆・訂正をしたものである。本書の一部は、以下のとおりにすでに論文として公開されているが、論文の刊行後、表記などを書き替え、内容を大幅に修正・加筆した。

第1章第1節
「ヘンリ八世とスコットランド」指昭博編『ヘンリ八世の迷宮――イギリスのルネサンス君主』昭和堂、二〇一二年、一六九～一八〇頁。
第1章第3節
「一六世紀スコットランドにおける君主への助言」日本カレドニア学会編『スコットランドの歴史と文化』明石書店、二〇〇八年、五三～六九頁。
第2章第1節・第2節
「ジョージ・ブキャナンの抵抗権論」『一橋論叢』第一二七巻第二号、二〇〇二年、一九八～二一五頁。

第3章第1節
「一六世紀スコットランドにおける歴史観——王権の起源をめぐる二つの解釈」『西洋史学』第二三七号、二〇一〇年、二〇〜三七頁。
第4章第4節
「ルネサンス期イングランドとトマス・エリオット——顧問官の概念」『一橋研究』第二九巻第四号、二〇〇五年、五三〜六三頁。

また、本書の特定の章には対応していないが、本書の一部となっている論文は以下のとおりである。

「ジェイムズ六世の『バシリコン・ドロン』——「君主の鑑」の視点からの再読」『CALEDONIA』第二九号、二〇〇一年、三九〜四六頁。

「ジェイムズ六世の政治思想——思想的コンテクストと特徴」『イギリス哲学研究』第二五号、二〇〇二年、二三〜三八頁。

「ルネサンス君主」指昭博編『ヘンリ八世の迷宮——イギリスのルネサンス君主』昭和堂、二〇一二年、七一〜八四頁。


筆者がスコットランドの一六世紀に興味をもったのは、グラスゴウ大学に正規留学し、スコットランド史を学んでいた時である。大学四年生の時に、当時、Special subject といって、日本でいえばゼミに相当する少人数のディスカッションを中心とした授業を履修していた。これは週三回授業があり、毎回発表者が決まっており、その発表について意見交換し、関連のある一次史料を読んでいくという授業形式だった。スコットランド王ジェイムズ六世に対する研究者の評価と、イングランド王ジェイムズ一世に対する評価が著しく異なる点に、そしてジェイムズの執筆した作品が多いことに興味をもったのが始まりであった。筆者は大学三年次に Joint Honours のコースに進み、スコットランド史とケルト研究を専攻しており、大学の規則上、卒業論文はケルト研究の分野で執筆しなければならなかった。ちなみに卒業論文のテーマは、アイルランド文学の伝説上の詩人オシアンについてである。スコットランド史のテーマで卒業論文を書きたかったが、それができなかったため、筆者は大学院修士課程に進んでスコットランド史の論文を書こうと考えた。しかし、卒業後、すぐに大学院に進学せず、帰国して日本の企業に勤務することとなった。その後、会社を退職し、大学院に進学し、大学院博士課程を修了した後、論文を書きたい、本を出版したいという気持ちから大学における研究の職を探すようになった。当時、三五歳までにやりたい目標が三つあった。それらは、専任の職を得ること、自分の家を購入すること、そして単著を出すことであった。前の二つは期限までに達成したが、最後の目標についてはかなりの時間がかかってしまった。

本書を執筆するうえで多くの先生方に大変お世話になった。故塚田富治先生には、ご病気で体調がすぐれない中、大変厳しく且つ丁寧にご指導いただき、最初の論文「ジョージ・ブキャナンの抵抗権論」（『一橋論叢』）、そして「ジェイムズ六世の政治思想——思想的コンテクストと特徴」（『イギリス哲学研究』）を完成させることができた。先生の体調がすぐれないときは、先生の赤が入った論文原稿が先生の研究室のドアに置かれ、それを私が取りに伺い、再提出するという作業を繰り返した。本書を書き上げる過程で、迷いが生じたときは、塚田先生の著書を幾度も参考にした。

一橋大学大学院に在籍し博士論文を執筆していく中、指導教員の森村敏己先生からは常に鋭いご指摘や建設的なご批判やご指導をいただき大変感謝している。森村先生からは、研究者としての心構えだけでなく、教育者としてのあるべき姿についても学んだ。博士論文の審査委員を引き受けてくださった先生方からは、口頭試験の折、ご批判やご助言をいただき、大変感謝している。特に、平子友長先生からのご批判は、筆者を再びラテン語、そしてギシリア語の勉強に向かわせることとなった。本書の構成は、博士論文のそれとほぼ同じであるが、審査員の先生方のご批判に応える形で内容を加筆・修正して、本書を書き上げたつもりである。

本書を執筆していく中で、日本カレドニア学会、日本イギリス哲学会、イギリス革命史研究会をはじめとする諸研究会や諸学会では、参加者の方々から貴重なコメントをいただき、大変お世話になった。とりわけ、井内太郎先生、岩井淳先生、大澤麦先生、大西晴樹先生、木村俊道先生、坂本達哉先生、富田理恵先生からは、これまでの論文や研究発表に対して大変貴重なご批判やご助言をいただいた。そして、筆者の研究生活を温かく見守りサポートしてくださった奥山忠信先生、照山顕人先生、友岡賛先生には大変感謝している。

本書を刊行するにあたって、神戸市外国語大学の指昭博先生には大変お世話になった。指先生には、本書の出版について相談にのっていただき常に的確なご助言をいただいた。そして、ミネルヴァ書房編集部の安宅美穂さんは、本書の出版を勧めてくださり、社内で出版企画の合意を得てくださった。本当にありがとうございました。

最後に、夫岩間俊彦と娘の理多に感謝したい。妊娠、出産、育児、そして仕事復帰を経験していく中、自分が計画するようにはなかなか時間がとれない状況ではあったが、夫は率先して家事や育児の分担をするだけでなく、研究者として色々な助言をしてくれた。娘は甘えたい時期であったと思うが、娘なりに協力してくれたと思う。家族の協力なくして本書の出版は困難であっただろう。本書を理多にささげたい。

本書の出版は、独立行政法人日本学術振興会平成二六年度科学研究費補助金（研究成果公開促進費）の交付を受けたものである。

二〇一四年八月

小林麻衣子

人名索引

ア 行

カ 行

サ 行

タ・ナ　行

ハ　行

マ　行

ヤ・ラ　行

事項索引

ア　行

カ　行

サ　行

c．書簡

Correspondence of King James VI of Scotland with Sir Robert Cecil and Others. John Bruce, ed., London, 1861
Letters of John Johnston c. 1565-1611 and Robert Howie 1565-c. 1645. J. K. Cameron, ed., St Andrews, 1963
Letters of King James VI & I. G. P. V. Akrigg, ed., Berkeley, 1984
Letters of Queen Elizabeth and King James VI of Scotland. John Bruce, ed., London, 1849

d．その他の刊行史料

Adamson, Patrick 1585. *A Declaration of the Kings Maiesties Intentioun and Meaning toward the Lait Actis of Parliament*, Edinburgh
——— 1598. *The Recantation of Maister Patrik Adamsone*, Middelburg
——— 1637. 'Genethliacum', in *Delitiae Poetarum Scotorum*, Arthur Johnston, ed., Amsterdam, vol. i : 13-17
Alexander, Sir William 1600. *Short Discovrse of the Good Ends of the Higher Providence, in the Late Attempt against His Maiesties Person*, Edinburgh
——— 1921-1929. *The Poetical Works of Sir William Alexander, Earl of Stirling*, L. E. Kastner & H. B. Charlton, eds, 2 vols, Edinburgh & London
Aquinas, St. Thomas 1967. *On Kingship, To the King of Cyprus*, Gerald B. Phelan, trans., I. Th. Eschmann, rev., Amsterdam［トマス・アクィナス『君主の統治について――謹んでキプロス王に捧げる』（柴田平三郎訳）慶應義塾大学出版会，2005］
Aristotle, 1976. *Ethics*, London［アリストレス『ニコマコス倫理学』上下（高田三郎訳）岩波書店，1971-1973］
Ascham, Roger 1965. *The Whole Works of Roger Ascham*, J. A. Giles, ed., 3 vols, New York
Bacon, Francis 1994. *Essays*, Michael J. Hawkins, ed., London
Baldwin, William 1960. *The Mirror for Magistrates*, Lily B. Campbell, ed., Cambridge［William Baldwin『為政者の鑑』（山岸政行訳）あぽろん社，2000］
Bannatyne, Richard 1836. *Memorials of Transactions in Scotland (1569-1573)*, R. Pitcairn, ed., Edinburgh
Barclay, William 1954. *The Kingdom and the Regal Power* (*De Regno et Regali Potestate*), George Moore, trans., Maryland
de Bèza, Théodore 1970. *Du Droit des Magistrats*, Robert M. Kingdon, ed., Geneva
Bilson, Thomas 1585. *The Trve Difference betweene Christian Svbiection and Vnchristian Rebellion*, Oxford
Bodin, Jean 1955. *The Six Books of the Commonwealth by Richard Knolles*, M. J. Tookey, abrid. & trans., Oxford
——— 1969. *Method for the Easy Comprehension of History*, Beatrice Reynolds, trans., New York
——— 1992. *On Sovereignty*, Julian H. Franklin, ed. & trans., Cambridge
Boece, Hector 1938-1941. *The Chronicles of Scotland Compiled by Hector Boece : Translated into Scots by John Bellenden, 1531*, Walter Seton, R. W. Chambers & Edith C. Batho, eds, 2 vols, Edinburgh
Botero, Giovanni 1956. *The Reason of State*, P. J. & D. P. Waley, intro., Robert Peterson, trans., London
Bower, Walter 1998. *A History Book for Scots : Selections from Scotichronicon*, D. E. R. Watt, ed., Edinburgh
Brutus, Stephanus Junius 1972. *A Defense of Liberty against Tyrants : A Translation of Vindiciae Contra Tyrannos*, H. J. Laski, trans. & intro., London［ステファヌス・ユニウス・ブルトゥス『僭主に対するウィンディキアエ』（城戸由紀子訳）東信堂，1998］
Buchanan, George 1579. *De Jure Regni apud Scotos*, Edinburgh
——— 1680. *De Jure Regni apud Scotos*, Philaethes. ed., London
——— 1827. *The History of Scotland*, J. Aikman, ed., 4 vols, Glasgow
——— 1892. *Vernacular writings*, P. Hume Brown, ed., Edinburgh
——— 1995. *George Buchanan, The Political Poetry*, Paul J. McGinnis & Arthur H. Williamson, eds and trans, Edinburgh
——— 2004. *A Dialogue on the Law of Kingship among the Scots : A Critical Edition and Translation of George Buchanan's De Jure Regni apud Scotos Dialogus*, Roger A. Mason & Martin S. Smith, eds, Aldershot
Budé, Guillaume 1966. *De l'Institution du Prince*, Farnborough
Casa, Giovanni della (Iohn Della Casa) 1576. *Galateo of Maister John Della Casa, A Treatise of the Maners and Behauiours*, London［デッラ・カーサ『ガラテーオ――よいたしなみの本』（池田廉訳）春秋社，1961］,

参考文献

1　一次文献

（1）手稿文書

British Library, London. MS. Royal 12A, lxvi

British Library, London. MS. Royal 18B, xv

National Library of Scotland, Edinburgh. Hawthornden MSS., vol. xi, f. 121 ; vol. xii, ff. 94-97 ; vol. xiii, f. 147

（2）刊行史料

a．公的史料

Acts of the Parliaments of Scotland, 1124-1707. T. Thomson & C. Innes, eds, 12 vols, Edinburgh, 1814-1875

Calendar of the State Papers relating to Scotland and Mary, Queen of Scots, 1547-1603. J. Bain *et al.*, eds, 12 vols, Edinburgh, 1898-1969

The Register of the Privy Council of Scotland. John Hill Burton, ed. & abrid., 14 vols, Edinburgh, 1877-1898

b．史料集

Ancient Scottish Poems. J. Pinkerton, ed., 2 vols, London, 1786

Constitutionalism and Resistance in the Sixteenth Century : Three Treatises by Hotman, Beza, & Mornay. Julian H. Franklin, ed. & trans., New York, 1969

Delitiae Poetarum Scotorum. Arthur Johnston, ed., 2 vols, Amsterdam, 1637

Divine Right and Democracy : An Anthology of Political Writing in Stuart England. David Wotton, ed., London, 1986

Humanist Educational Treatises. Craig W. Kallendorf, ed. & trans., Harvard, 2002

James I by His Contemporaries, An Account of his Career and Character as Seen by Some of his Contemporaries. Robert Ashton, ed., London, 1969

'The Library of James VI 1573-1583, From a Manuscript in the Hand of Peter Young, his Tutor', *Publications of the Scottish History Society.* vol. 15, *Miscellany*, vol. 1. George F. Warner, ed., Edinburgh, 1893 : xi-lxxv

The Maitland Folio Manuscript : Containing Poems by Sir Richard Maitland, Dunbar, Douglas, Henryson, and Others. W. A. Craigie, ed., 2 vols, Edinburgh, 1919-1927

The Maitland Quarto Manuscript : Containing Poems by Sir Richard Maitland, Arbuthnot, and Others. W. A. Craigie, ed., Edinburgh, 1920

Mr Secretary Walsingham and the Policy of Queen Elizabeth. Conyers Read, ed., 3 vols, Oxford, 1925

Papers Relative to the Marriage of King James the Sixth of Scotland with the Princess Anna of Denmark. J. T. Gibson Craig, ed., Edinburgh, 1828

Satirical Poems of the Time of the Reformation. J. Cranstoun, ed., 3 vols (pt. 1, vol. 1, vol. 2), Edinburgh, 1890-1893

Scottish Diaries and Memoirs, 1550-1746. J. G. Fife, ed., & J. D. Mackie, intro., Stirling, 1928

Scottish Historical Documents. Gordon Donaldson, ed., Glasgow, 1997

Stuart Royal Proclamations, vol. i, Royal Proclamations of King James I, 1603-1625. James F. Larkin & Paul L. Hughess, eds, Oxford, 1973

Three Scottish Reformers : Alexander Cunningham, Fifth Earl of Glencairn, Henry Balnaves of Halhill, and John Davidson, Minister of Prestonpans with Their Poetical Remains and Mr. Davidson's 'Helps for Young Scholars in Christianity'. Charles Rogers, ed., London, 1874

ヤ・ラ　行

タ 行

ナ・ハ・マ 行

［デッラ・カーサ「ガラテーオ」『原典イタリア・ルネサンス人文主義』（池田廉訳，池上俊一監訳）名古屋大学出版会，2010：855-921］

Charles V 1968. 'Advice to his Son', *Renaissance and Reformation 1300-1648*, G. R. Elton, ed., New York : 124-127

Cicero 1991. *On Duties*, M. T. Griffin & E. M. Atkins, eds, Cambridge［キケロー『義務について』（泉井久乃助訳）岩波書店，1961］

Colville, John（Attributed）1825. *The History and Life of King James the Sext being an Account of Affairs of Scotland from the Year 1566 to the Year 1596 with a Short Continuation to the Year 1617*, T. Thomson, ed., Edinburgh

Craig, Thomas 1637. '*Genethliacum*', in *Delitae Poetarum Scotorum*, Arthur Johnston, ed., Amsterdam : vol. i, 221-229

——— 1695. *Scotland's Sovereignty Asserted (1602)*, G. Ridpath, trans., London

——— 1703. *The Right of Succession to the Kingdom of England, in Two Books*, James Gatherer, trans., London

——— 1909. *De Unione Regnorum Britanniae Tractatus (1605)*, C. S. Terry, ed., Edinburgh

Crawfurd, David 1753. *Memoirs of the Affairs of Scotland, Containing, a Full and Impartial Account of the Revolution in that Kingdom in the Year 1567*, Edinburgh

Doleman（Robert Parson）1594. *A Conference about the Next Succession to the Crown of England, Divided into Two Partes*, Antwerp

Elyot, Sir Thomas 1962. *The Book Named the Governor*, S. E. Lehmberg, ed., London

Erasmus, Desiderius 1936. *The Education of a Christian Prince by Desiderius Erasmus*, Lester K. Born, ed., New York

——— 1997. *The Education of a Christian Prince*, Lisa Jardine, ed., Cambridge［デシデリウス・エラスムス「キリスト者の君主の教育（1516年）」『宗教改革著作集 2』（片山英男訳）教文館，1989：263-376］

Filmer, Sir Robert 1991. *Patriarcha and Other Writings*, J. P. Sommerville, ed., Cambridge

Fordun, John 1872. *John of Fordun's Chronicle of the Scottish Nation*, F. J. H. Skene, trans. & William F. Skene, ed., Edinburgh

Fortescue, Sir John 1949. *De Laudibus Legum Anglie*, S. B. Chrimes, ed. & trans., Cambridge

——— 1997. *On the Laws and Governance of England*, Shelley Lockwood, ed., Cambridge

Fowler, William 1914-1940. *The Works of William Fowler, Secretary to Queen Anne, Wife of James VI*, H. W. Meikle, James Craigie & John Purves, eds, 3 vols, Edinburgh

Goodman, Christopher 1558. *How Superior Powers Ought to be Obeyed of their Subiects*, Geneva

de Guevara, Antonio 1919, *The Diall of Princes : By Don Anthony of Guevara translated by Sir Thomas North*, K. N. Colvile, into., London

Hayward, Sir John 1603. *An Answer to a Conference concerning Succession*, London

Hobbes, Thomas 1996. *Leviathan*, Richard Tuck, ed., Cambridge［トマス・ホッブズ『リヴァイアサン』全 4 巻（水田洋訳）岩波文庫，1992］

Hooker, Rihcard 1989. *Of the Laws of Ecclesiastical Polity*, Arthur Stephen McGrade, ed., Cambridge

Hotman, Francois 1972. *Francogallia by Francois Hotman*, R. E. Giesey & J. H. M. Salmon, eds and trans, Cambridge

Hume of Godscroft, David 1639. '*De Iacobo Sexto Scotorum Rege adhuc Puero, Expectatio*', in *Davidis Humii, Poemata Omnia*, Paris

——— 2002. *The British Union, A Critical Edition and Translation of David Hume of Godscroft's "De Unione Insulae Britannicae"*, Paul J. McGinnis & Arthur H. Williamson, eds & trans, Aldershot

Ireland, John 1926-1990. *The Meroure of Wyssdome Composed for the Use of James IV., King of Scots A. D. 1490 by Johannes de Irelandia*, 3 vols, Edinburgh（i, C. Macpherson, ed., 1926 ; ii, F. Quinn, ed., 1965 ; iii, C. McDonald, ed., 1990）

Irving, David 1817. *Memoirs of the Life and Writings of George Buchanan*, Edinburgh

James VI 1588. *A Fruitefull Meditation Containing a Plaine and Easie Exposition, or Laying Open of the 7, 8, 9, and 10 Verses of the 20 Chap. of the Reuelatioun in Forme and maner of a Sermon*, Edinburgh

——— 1589. *A Meditation upon the xxv., xxvi., xxvii., xxviii. and xxix. Verses of the xv. Chapter of the First Booke*

of the Chronicles of the Kinges, Edinburgh
——— 1600. *The Earle of Gowries Conspiracie against the Kings Maiestie of Scotland*, London
——— 1944-1950. *The Basilicon Doron of King James VI*, James Craigie, ed., 2 vols, Edinburgh
——— 1955-1958. *The Poems of King James VI of Scotland*, James Craigie, ed., 2 vols, Edinburgh
James I 1616. *The Workes of the Most High and Mighty Prince James*, London
——— 1965. *The Political Works of James I*, C. H. McIlwain, ed., New York
——— 1996. *True Law of Free Monarchies and Basilikon Doron*, Daniel Fischlin & Mark Fortier, eds, Toronto
James VI and I 1982. *Minor Prose Works of King James VI and I*, James Craigie, ed., Edinburgh
——— 1994. *King James VI and I, Political Writings*, J. P. Sommerville, ed., Cambridge
——— 2003. *King James VI and I, Selected Writings*, Neil Rhodes, Jennifer Richards & Joseph Marshall, eds, Aldershot
Jonstonus, Joannes 1602. *Inscriptiones Historiae Regum Scotorum by Johnston John*, Amsterdam
Knox, John 1994. *On Rebellion*, Roger A. Mason, ed., Cambridge［ジョン・ノックス「女たちの奇怪な統治に反対するラッパの最初の高鳴り（1558年）」『宗教改革著作集４』（飯島啓二訳）教文館，1993：149-202］
Lauder, William 1869. *Ane Compendious and Breue Tractate Concerning the Office and Dewtie of Kyngis, Spiritual Pastoris, and Temporall, Ugis*, Fitzelward Hall, ed., London
——— 1870. *The Minor Poems of William Lauder, Playwright, Poet and Minister of the Word of God*, F. J. Furnivall, ed., London
Leslie, John 1571. *A Treatise Concerning the Defence of the Honour of the Right High, Mightie and Noble Princesse, Marie Queene of Scotland, and Dowager of France*, Leodii
——— 1584. *A Treatise tovvching the Right, Title, and Interest of the Most Excellent Princess Mary, Queen of Scotland*, Rheims
——— 1888-1895. *The Historie of Scotland (1596)*, E. G. Cody & W. Murison, eds, 2 vols, Edinburgh
Lindsay of Pitscottie, Robert 1899-1911. *The Historie and Cronicles of Scotland*, AE. J. G. Mackay, ed., 3 vols, Edinburgh
Lipsius, Justus 1594. *Sixe Bookes of Politickes or Civil Doctrine*, William Jones, trans., London.
——— 1939. *Two Bookes of Constancie*, Sir John Stradling, trans., Rudolf Kirk, ed. & intro., New Brunswick
Locke, John 1988. *Two Treatises of Government*, Peter Laslett, ed., Cambridge［ジョン・ロック『全訳統治論』（伊藤宏之訳）柏書房，1997］
Machiavelli, Niccolo 1988. *The Prince*, Quentin Skinner & Russell Price, eds, Cambridge［ニッコロ・マキアヴェリ『君主論』（池田廉訳）中央公論新社，2002］
——— 1996. *Discourses on Livy*, Harvey C. Mansfield & Nathan Tarcov, trans, Chicago［ニッコロ・マキァヴェッリ『マキァヴェッリ全集２　ディスコルシ』（永井三明訳）筑摩書房，1991］
Maitland, Sir Richard 1830. *The Poems of Sir Richard Maitland*, J. Bain, ed., Glasgow
Major, John 1892. *A History of Greater Britain as well England as Scotland Compiled from the Ancient Authorities by John Major*, A. Constable, trans. & ed., Edinburgh
Mariana, Juan de 1948. *The King and the Education of the King (Toledo, 1559)*, George Albert Moore, trans., Maryland［ファン・デ・マリアナ『王と王の教育について』（秋山学・宮崎和夫訳）上智大学中世思想研究所編『中世思想原典集成20　近世のスコラ学』平凡社，2000：604-643］
Melville, Andrew 1594. *Principis Scoti-Britannorum Natalia*, Edinburgh
——— 1828. *Stephaniskion ad Scotiae Regem Habitum in Coronatione Reginae*, in *Papers Relative to the Marriage of King James the Sixth of Scotland with the Princess Anna of Denmark*, J. T. Gibson Crag, ed., Edinburgh
Melville, James 1829. *The Diary of Mr. James Melvill, 1556-1601*, G. R. Kinloch, ed., Edinburgh
——— 1842. *The Autobiography and Diary of Mr. James Melville*, R. Pitcairn, ed., Edinburgh
Melville of Halhill, Sir James, 1827. *Memoirs of his Own Life* by Sir James Melville of Halhill, T. Thomson, ed., Edinburgh
Merbury, Charles 1581. *A Briefe Disovrse of Royall Monarchie*, London
Montaigne, Michel de 1958. *The Essays*, J. M. Cohen, trans. & intro., London［ミシェル・エケム・ド・モンテー

ニュ『エセー』Ⅰ，Ⅱ（荒木昭太郎訳）中央公論新社，2002；Ⅲ（荒木昭太郎訳）中央公論新社，2003]
More, Thomas 1989 *Utopia*, George M. Logand & Robert M. Adams eds, Cambridge［トマス・モア『ユートピア』（平井正穂訳）岩波書店，1957］
Moysie, David 1830. *Memoirs of the Affairs of Scotland, 1577-1603*, J. Dennistoun, ed., Glasgow
Plato, 1995. *The Statesman*, Julia Annas & Robin Waterfield, eds, Robin Waterfield, trans., Cambridge
Plutarch 1936. 'To an Uneducated Ruler', in *Plutarch's Moralia 10*, Harold North Fowler, trans., London : 52-71
Ponet, John 1556. *A Shorte Treatise of Politike Power*, Paris
Ribadeneyra, Pedro 1949. *Religion and the Virtues of the Christian Prince against Machiavelli (Madrid, 1601)*, George Albert Moore, trans. & ed., Maryland, : 247-355
Saravia, Hadrianus 1593. *De Imperandi Authoritate*, London
Seneca 1968. *Thyestes*, in *Seneca IX, Tragedies II*, E. H. Warmington ed., London［セネカ「チュエステス」『セネカ悲劇集２』（岩崎務他訳）京都大学学術出版会，1997：157-228］
——— 1995. *On Mercy* in *Moral and Political Essays*, John M. Cooper & J. F. Procopé, eds, Cambridge
Smith, Sir Thomas 1982. *De Republica Anglorum*, Mary Dewar, ed., Cambridge
Spottiswood, John 1847-1851. *The History of the Church of Scotland*, M. Napier & M. Russell, eds, 3 vols, Edinburgh
Starkey, Thomas 1989. *A Dialogue between Pole and Lupset*, T. F. Mayer, ed., London
Tacitus 1979. *Tacitus III*, John Jackson, trans., London［タキトゥス『年代記――ティベリウス帝からネロ帝へ』上下（国原吉之助訳）岩波書店，1981-1983］
——— 1996. *The Annals of Imperial Rome*, London
Vives, Juan Luis 1913. *Vives on Education*, Foster Watson, trans. & ed., Cambridge
Wedderburn, Robert 1872. *The Complaynt of Scotlande vyth ane Exortatione to the Three Estatis*, J. A. H. Murray, ed., London
——— 1979. *The Complaynt of Scotland (c. 1550)*, A. M. Stewart, intro., Edinburgh
Weldon, Anthony 1650. *The Court and Character of King James*, London
Wentworth, Peter 1598a. *A Pithie Exhortation to her Maiestie for Establishing her Successor to the Crowne*, Edinburgh
——— 1598b. *A Treatise Containing M. Wentworths Ivdgement Concerning the Person of the Trve and Lawfull Successor to These Realmes of England and Ireland*, Edinburgh
Willymat, William 1604. *A Loyal Subjects Looking-Glasse*, London
Wyntoun, Andrew 1903-1914. *The Original Chronicle of Andrew Wyntoun*, Francis J. Amours, ed., 6 vols, Edinburgh
Xenophon 1963. *On Tyranny*, Leo Strauss, ed., New York［レオ・シュトラウス『僭主政治について』上下（石崎嘉彦・飯島昇藏・面一也訳）現代思潮新社，2006-2007］
——— 2001. *The Education of Cyrus*, Wayne Ambler, trans., Ithaca
アリストテレス 1968.『アリストテレス全集14　大道徳学，エウデモス倫理学，徳と悪徳について』（茂手木元蔵訳）岩波書店
——— 1961.『政治学』（山本光雄訳）岩波書店
イソクラテス 1998.『イソクラテス弁論集１』（小池澄夫訳）京都大学学術出版会
カスティリオーネ，バルダッサッレ 1987.『カスティリオーネ　宮廷人』（清水純一・岩倉具忠・天野恵訳）東海大学出版会
キケロー 2004.『友情について』（中務哲郎訳）岩波書店
「規律　第二の書（1578年）」1994.『宗教改革著作集14』（飯島啓二訳）教文館：467-500
グイッチャルディーニ，F．1996.『グイッチャルディーニの「訓戒と意見」（リコルディ）』（末吉孝州訳）太陽出版
——— 1998.『フィレンツェ名門貴族の処世術――リコルディ』（永井三明訳）講談社学術文庫
クセノポン 2000.『クセノポン小品集』（松本仁助訳）京都大学学術出版会
シェイクスピア 1997.『マクベス』（木下順二訳）岩波書店
セネカ 1989.『セネカ道徳論集（全）』（茂手木元蔵訳）東海大学出版会

——— 1992.『道徳書簡集（全）——倫理の手紙集』（茂手木元蔵訳）東海大学出版会
タキトゥス 1979.『ゲルマーニア』（泉井久乃助訳）岩波書店
ノックス，ジョン 1993.「規律の書（1560/61年）」（飯島啓二訳）『宗教改革著作集４』教文館：203-272
プラトン 1979.『国家』上下（藤沢令夫訳）岩波書店

2 レファレンス

A Dictionary of Scottish History. Gordon Donaldson & Robert S. Morpeth, eds, Edinburgh, 1977
Oxford Dictionary of National Biography. 61 vols, Oxford, 2004
The Oxford Companion to Scottish History. Michael Lynch, ed., Oxford, 2001

3 欧文二次文献

Adamson, J. S. A. 1993. 'Chivalry and Political Culture in Caroline England', in Kevin Sharpe & Peter Lake, eds, *Culture and Politics in Early Stuart England*, Stanford : 161-197
Akrigg, G. P. V. 1962. *Jacobean Pageant, or the Court of King James I*, London
Allan, David 1993. *Virtue, Learning and the Scottish Enlightenment : Ideas of Scholarship in Early Modern History*, Edinburgh
——— 2000. *Philosophy and Politics in Later Stuart Scotland : Neo-Stoicism, Culture and Ideology in an Age of Crisis, 1540-1690*, East Linton
Allen, J. W. 1960. *A History of Political Thought in the Sixteenth Century*, London
Anglo, Sydney 1969. *Machiavelli : A Dissection*, London
——— 1977a. 'The Courtier, The Renaissance and Changing Ideals', in A. G. Dickens, ed., *The Courts of Europe : Politics, Patronage and Royalty, 1400-1800*, London : 33-53
——— 1977b. *The Damned Art : Essays in the Literature of Witchcraft*, London
——— ed. 1990. *Chivalry in the Renaissance*, Woodbridge
——— 1992. *Images of Tudor Kingship*, London
——— 2005. *Machiavelli : The First Century : Studies in Enthusiasm, Hostility, and Irrelevance*, Oxford
Arbuckle, W. F. 1957a. 'The Gowrie Conspiracy Part I', *SHR*, 36 : 1-24
——— 1957b. 'The Gowrie Conspiracy Part II', *SHR*, 36 : 89-110
Armstrong, W. A. 1948. 'The Influence of Seneca and Machiavelli on the Elizabethan Tyrant', *Review of English Studies*, 24 : 19-35
Asher, R. E. 1993. *National Myths in Renaissance France : Francus, Samothes and the Druids*, Edinburgh
Barlow, J. J. 1999. 'The Fox and the Lion : Machiavelli Replies to Cicero', *HPT*, 20 : 627-645
Barrow, G. W. S., ed. 1974. *The Scottish Tradition : Essays in Honour of Ronald Gordon Cant*, Edinburgh
Baumer, Franklin Le Van 1937. 'Christopher St. German : The Political Philosophy of a Tudor Lawyer', *AHR*, 42 : 631-651
——— 1966. *The Early Tudor Theory of Kingship*, New York
Bawcutt, Priscilla 2001. 'Jmaes VI's Castalian Band : A Modern Myth', *SHR*, 80 : 251-259
Beame, Edmond M. 1982. 'The Use and Abuse of Machiavelli : The Sixteenth-Century French Adaptation', *JHI*, 43 : 33-54
Bergeron, D. M. 1971. *English Civic Pageantry, 1558-1642*, London
Berlin, Isaiah 1972. 'The Originality of Machiavelli,' in Myron P. Gilmore, ed., *Studies on Machiavelli*, Florence : 147-206
——— 1989. *Against the Current : Essays in the History of Ideas*, Henry Hardy, ed., Roger Hausheer intro., Oxford
Betz, S. A. E. 1937. 'Francis Osborn's "Advice to a Son"', in Robert Shafer, ed., *Seventeenth Century Studies*, 2nd ser., Princeton : 50-67
Bingham, Caroline 1968. *The Making of a King : the Early Years of James VI and I*, London
Bjørn, Claus, *et al.*, eds 1994. *Nations, Nationalism and Patriotism in the European Past*, Copenhagen
Boardman, Steve 2002. 'Late Medieval Scotland and the Matter of Britain', in Edward J. Cowan & Richard J.

Finlay, eds, *Scottish History : The Power of the Past*, Edinburgh : 47-72
Born, Lester K. 1928a. 'Erasmus on Political Ethics : The *Institutio Principis Christiani'*, *PSQ*, 43 : 520-543
——— 1928b. 'The Perfect Prince : A Study in Thirteenth and Fourteenth-Century Ideals', *Speculum*, 3 : 470-540
——— 1933. 'The *Specula Principis* of the Carolingian', *RBPH*, 12 : 583-612
Bradford, Alan T. 1983. 'Stuart Absolutism and the "Utility" of Tacitus', *HLQ*, 46 : 127-155
Bradshaw, Brendan 1982. 'The Christian Humanism of Erasmus', *JTS*, 33 : 411-447
——— 1991. 'Transalpine Humanism', in J. H. Burns, ed., Mark Goldie, assis., *The Cambridge History of Political Thought, 1450-1700*, Cambridge : 95-131
Brandi, Karl 1965. *The Emperor Charles V : The Growth and Destiny of a Man and of a Word-Empire*, C. V. Wedgwood, trans., London
Broadie, A. 1990. *The Tradition of Scottish Philosophy : A New Perspective on the Enlightenment*, Edinburgh
Broun, Dauvit 1994. 'The Origin of Scottish Identity', in Claus Bjørn *et al.*, eds, *Nations, Nationalism and Patriotism in the European Past*, Copenhagen : 35-55
——— 1997. 'The Birth of Scottish History', *SHR*, 76 : 4-22
——— 1999. *The Irish Identity of the Kingdom of the Scots in the Twelfth and Thirteenth Centuries*, Woodbridge
Brown, P. Hume 1890. *George Buchanan : Humanist and Reformer, a Biography*, Edinburgh
Brown, Keith M. 1986. *Bloodfeud in Scotland, 1573-1625 : Violence, Justice, and Politics in an Early Modern Society*, Edinburgh
——— 1993. 'The Scottish Aristocracy, Anglicization and the Court, 1603-38', *HJ*, 36 : 543-576
——— 2000. *Noble Society in Scotland : Wealth, Family and Culture, from Reformation to Revolution*, Edinburgh
Bryson, Anna 1998. *From Courtesy to Civility : Changing Codes of Conduct in Early Modern England*, Oxford
Burckhardt, Jacob 1960. *The Civilization of the Renaissance in Italy : An Essay*, London ［ヤーコプ・ブルクハルト『イタリア・ルネサンスの文化』上下（柴田治三郎訳）中央公論社，1974］
Burgess, Glenn 1990. 'On Revisionism : An Analysis of Early Stuart Historiography in the 1970s and 1980s', *HJ*, 33 : 609-627
——— 1992a. *The Politics of the Ancient Constitution : An Introduction to English Political Thought 1603-1642*, London
——— 1992b. 'The Divine Right of Kings Reconsidered', *EHR*, 107 : 837-861
——— 1996. *Absolute Monarchy and the Stuart Constitution*, New Haven
——— 1998a. 'Scottish or British ? Politics and Political Thought in Scotland, c. 1500-1707', *HJ*, 41 : 579-590
——— 1998b. 'Common Law and Political Theory in Early Stuart England', *Political Science*, 40 : 5-17
——— *et al.*, eds 2006. *The Accession of James I : Historical and Cultural Consequences*, Basingstoke
——— & Cesare Cuttica, eds 2012. *Monarchism and Absolutism in Early Modern Europe*, London
Burke, H. R. 1984. 'Audience and Intention in Machiavelli's *Prince* and Erasmus' *Education of a Christian Prince*', *Erasmus of Rotterdam Society Yearbook*, 4 : 84-93
Burke, Peter 1966. 'A Survey of the Popularity of Ancient Historians, 1450-1700', *History and Theory*, 5 : 135-152
——— 1991. 'Tacitism, Scepticism, and Reason of State', in J. H. Burns ed., Mark Goldie, assis., *The Cambridge History of Political Thought, 1450-1700*, Cambridge : 479-498
——— 1995. *The Fortunes of the Courtier : The European Reception of Castiglione's Cortegiano*, Cambridge
Burns, J. H. 1950. 'Three Scots Catholic Critics of George Buchanan', *IR*, 1 : 92-109
——— 1955-1956. 'The Political Ideas of the Scottish Reformation', *Aberdeen University Review*, 36 : 251-268
——— 1958. 'John Knox and Revolution 1558', *HT*, 8 : 565-573
——— 1990. 'The Idea of Absolutism', in John Miller ed., *Absolutism in Seventeenth-Century Europe*, Basingstoke : 21-42
——— ed., Mark Goldie assis., 1991. *The Cambridge History of Political Thought, 1450-1700*, Cambridge
——— 1993. 'George Buchanan and the Anti-Monarchomachs', in Nicholas Phillipson & Quentin Skinner, eds,

Political Discourse in Early Modern Britain, Cambridge : 3-22
——— 1996. *The True Law of Kingship : Concepts of Monarchy in Early Modern Scotland*, Oxford
Bushnell, Rebecca W. 1994. 'George Buchanan, James VI and Neo-classicism', in Roger A. Mason, ed., *Scots and Britons : Scottish Political Thought and the Union of 1603*, Cambridge : 91-111
Butler, K. T. 1940. 'Louis Machon's "*Apologie Pour Machiavelle*" -1643 and 1668', *Journal of the Warburg and Courtauld Institutes*, 3 : 208-227
Campbell, Lily B. 1972. *Divine Poetry and Drama in Sixteenth-Century England*, New York
Cannadine, David & Simon Price, eds 1987. *Rituals of Royalty : Power and Ceremonial Traditional Societies*, Cambridge
Carré, Jacques, ed. 1994. *The Crisis of Courtesy : Studies in the Conduct Book in Britain, 1600-1900*, Leiden
Carrier, Irene 1998. *James VI and I, King of Great Britain*, Cambridge
Caspari, Fritz 1954. *Humanism and the Social Order in Tudor England*, Chicago
Cathcart, Alison 2006. *Kingship and Clientage : Highland Clanship, 1451 to 1609*, Leiden
——— 2010. 'The Statutes of Iona : The Archipelagic Context', *JBS*, 49 : 4-27
Chabod, Federico 1958. *Machiavelli and the Renaissance*, David Moore, trans., A. P. Déntrèves, intro., London
Charlton, Kenneth 1965. *Education in Renaissance England*, London
Cherry, Alastair 1987. *Princes, Poets & Patrons : The Stuarts and Scotland*, Edinburgh
Chibnall, Marjorie 1999. *The Debate on the Norman Conquest*, Manchester
Christianson, Paul 1991. 'Royal and Parliamentary Voices on the Ancient Constitution, c. 1604-1621', in Linda Levy Peck, ed., *The Mental World of the Jacobean Court*, Cambridge : 71-95
——— 1996. *Discourse on History, Law, and Governance in the Public Career of John Selden, 1610-1635*, Toronto
Church, William F. 1941. *Constitutional Thought in Sixteenth Century France : A Study in the Evolution of Ideas*, Cambridge
——— 1972. *Richelieu and Reason of State*, Princeton
Clarke, M. L. 1978. 'The Education of a Prince in the 16th Century : Edward VI and James VI and I', *History of Education*, 7 : 7-19
Clewett, Richard M. 1973. 'James VI of Scotland and his Literary Circle', *Aevum*, 47 : 441-454
Colish, Marcia L. 1978. 'Cicero's *De Officiis* and Machiavelli's *Prince*', *SCJ*, 9 : 81-93
Collier, Susanne 1993. 'Recent Studies in James VI and I', *English Literary Renaissance*, 23 : 509-519
Collins, Stephen L. 1989. *From Divine Cosmos to Sovereign State : An Intellectual History of Consciousness and the Idea of Order in Renaissance England*, New York
Collinson, Patrick, ed. 2002. *The Sixteenth Century 1485-1603*, Oxford［パトリック・コリンソン編『オックスフォード　ブリテン諸島の歴史 6　16世紀——1485-1603』（井内太郎監訳）慶應義塾大学出版会，2010］
Conrad, F. W. 1992. 'The Problem of Counsel Reconsidered : The Case of Thomas Elyot', in Paul A. Fideler & T. F. Mayer, eds, *Political Thought and the Tudor Commonwealth : Deep Structure, Discourse and Disguise*, London : 75-107
Cowan, Edward J. 1984. 'Myth and Identity in Early Medieval Scotland', *SHR*, 63 : 111-135
——— & Richard J. Finlay, eds 2002. *Scottish History : The Power of the Past*, Edinburgh
Cowan, Ian B. 1967. 'The Five Articles of Perth', in D. Shaw ed., *Reformation and Revolution*, Edinburgh : 160-177
——— & Duncan Shaw, eds 1983. *The Renaissance and Reformation in Scotland : Essays in Honour of Gordon Donaldson*, Edinburgh
Crawford, Raymond 1977. *The King's Evil*, New York
Croft, Pauline 2003. *King James*, Basingstoke
Cuddy, N. 1987. 'The Revival of the Entourage : the Bedchamber of James I, 1603-1625', in David Starkey, ed., *The English Court : From the Wars of the Roses to the Civil War*, London : 173-225
Cust, Richard 1987. *The Forced Loan and English Politics 1626-1628*, Oxford
——— & Ann Hughes, eds 1989. *Conflict in Early Stuart England : Studies in Religion and Politics 1603-1642*, London

Daiches, David 1982. *Literature and Gentility in Scotland : The Alexander Lectures at the University of Toronto*, Edinburgh
Daly, James 1978. 'The Idea of Absolute Monarchy in Seventeenth-Century England', *HJ*, 21 : 227–250
——— 1979. 'Cosmic Harmony and Political Thinking in Early Stuart England', *TAPS*, 69 : 1–41
Davies, J. D. 2011. *Blood of Kings : The Stuarts, the Ruthvens and the Gowrie Conspiracy*, Shepperton
Davis, Herbert & Helen Louise Gardner, eds 1959. *Elizabethan and Jacobean Studies*, Oxford
Dawson, Jane E. A. 1991. 'The Two John Knoxes : England, Scotland and the 1558 Tracts', *JEH*, 42 : 555–576
——— 1998. 'Trumpeting Resistance : Christopher Goodman and John Knox', in Roger A. Mason ed., *John Knox and the British Reformations*, Aldershot : 131–153
——— 2007. *Scotland Re-Formed 1488–1587*, Edinburgh
De Pol, Roberto, ed. 2010. *The First Translations of Machiavelli's Prince : From the Sixteenth to the First Half of the Nineteenth Century*, Amsterdam
Desan, Philippe, ed. 1991. *Humanism in Crisis : The Decline of the French Renaissance*, Ann Arbor
Dickens, A. G., ed. 1977. *The Courts of Europe : Politics, Patronage and Royalty, 1400–1800*, London
Doelman, James 1994. "A King of Thine Own Heart' : The English Reception of King James VI and I's *Basilikon Doron', Seventeenth Century*, 9 : 1–9
Donaldson, Gordon 1960. *The Scottish Reformation*, Cambridge
——— 1965. *Scotland : James V-James VII*, Edinburgh［G. ドナルドスン『スコットランド絶対王政の展開——16・7世紀スコットランド政治社会史』（飯島啓二訳）未来社，1978］
——— 1983. *All the Queen's Men : Power and Politics in Mary Stewart's Scotland*, London
Donaldson, Peter S. 1988. *Machiavelli and Mystery of State*, Cambridge
Doran, Susan 2006. 'James VI and the English Succession', in Ralph Houlbrooke, ed., *James VI and I, Ideas, Authority, and Government*, Aldershot : 25–42
Drexler, M. 1987. 'Fluid Prejudice : Scottish Origin Myths in the Later Middle Ages', in Joel Rosenthal & Colin Richmond, eds, *People, Politics and Community in the Later Middle Ages*, Gloucester : 60–76
Duncan, A. A. M. 1972. 'Hector Boece and the Medieval Tradition', in Doig, R. P. ed., *Scots Antiquaries and Historians*, Dundee : 1–11
Durkan, John 1950. 'John Major : After 400 years', *IR*, 1 : 131–157
——— 1951. 'Scots College, Paris', *IR*, 2 : 112–113
——— 1953. 'The Beginnings of Humanism in Scotland', *IR*, 4 : 5–24
——— 1986. 'The French Connection in the Sixteenth and Early Seventeenth Centuries', in T. C. Smout, ed., *Scotland and Europe, 1200–1850*, Edinburgh : 19–44
Dwyer, John, *et al.*, eds 1982. *New Perspectives on the Politics and Culture of Early Modern Scotland*, Edinburgh
Eccelshall, Robert 1978. *Order and Reason in Politics : Theories of Absolute and Limited Monarchy in Early Modern England*, Oxford
Edington, Carol 1995. *Court and Culture in Renaissance Scotland : Sir David Lindsay of the Mount (1486–1555)*, East Linton
Elton, G. R. 1974–1992. *Studies in Tudor and Stuart Politics and Government*, 4 vols, Cambridge
Engster, Daniel 2001. *Divine Sovereignty : The Origins of Modern State Power*, Dekalb
Farrow, Kenneth D. 2004. *John Knox : Reformation rhetoric and the Traditions of Scots Prose 1490–1570*, Oxford
Ferguson, Arthur B. 1986. *The Chivalric Tradition in Renaissance England*, Washington
Ferguson, William 1998. *The Identity of the Scottish Nation : A Historic Quest*, Edinburgh
Fernández-Santamaria, J. A. 1983. *Reason of State and Statecraft in Spanish Political Thought, 1595–1640*, Lanham
Figgis, J. N. 1994. *The Divine Right of Kings*, Bristol
Fischlin, Daniel & Mark Fortier, eds 2002. *Royal Subjects : Essays on the Writings of James VI and I*, Detroit
Ford, Alan 1999. 'James Ussher and the Godly Prince in Early Seventeenth-Century Ireland', in Hiram Morgan, ed., *Political Ideology in Ireland, 1541–1641*, Dublin : 203–228
Fowler, Alastair 2003. *Renaissance Realism : Narrative Images in Literature and Art*, Oxford

Fradenburg, Louise Olga 1991. *City, Marriage, Tournament : Arts of Rule in Late Medieval Scotland*, Madison
Franklin, Julian 1963. *Jean Bodin and the Sixteenth-Century Revolution : The Methodology of Law and History*, Westport
Fraser, Antonia 1994. *King James VI of Scotland and I of England*, London.
Fujita, Minoru 1982. *Pageantry and Spectacle in Shakespeare*, Tokyo
de La Garanderie, Marie-Madeleine 1988. 'Guillaume Budé, A Philosopher of Culture', *SCJ*, 19 : 379–387
Gardiner, S. R. 1965. *History of England : 1603–1642*, 10 vols, New York
Geertz, Clifford 1983. *Local Knowledge : Further Essays in Interpretive Anthology*, New York［クリフォード・ギアーツ『ローカル・ノレッジ――解釈人類学論集』（梶原景昭他訳）岩波書店，1991］
Giesey, R. E. 1987. 'The King Imagined', in K. M. Baker, ed., *The Political Culture of the Old Regime, The French Revolution and the Creation of Modern Political Culture*, Oxford : vol. i, 41–59
Gilbert, Allan H. 1968. *Machiavelli's Prince and its Forerunners, The Prince as a Typical Book de Regimine Principum*, New York
Gilbert, Felix 1939. 'The Humanist Concept of the Prince and *The Prince* of Machiavelli', *Journal of Modern History*, 11 : 449–483
Goldberg, Jonathan 1989. *James I and the Politics of Literature : Johnson, Shakespeare, Donne, and their Contemporaries*, Stanford
Goodare, Julian 1988. 'The Statute of Iona in Context', *SHR*, 77 : 31–57
——— 1996. 'The Estates in the Scottish Parliament, 1286–1707', *PH*, 15 : 11–32
——— 1999. *State and Society in Early Modern Scotland*, Oxford
——— 2000. 'Scottish Politics in the Reign of James VI', in Julian Goodare & Michael Lynch, eds, *The Reign of James VI*, East Linton : 32–54
——— 2001. 'The Admission of Lairds to the Scottish Parliament', *EHR*, 116 : 1103–1133
——— ed. 2002. *The Scottish Witch-hunt in Context*, Manchester
——— 2004. *The Government of Scotland 1560–1625*, Oxford
——— 2009. 'The Debts of James VI of Scotland', *Economic History Review*, 62 : 926–952
Gosman, Martin *et al*., eds 2003–2005. *Princes and Princely Culture 1450–1650*, 2 vols, Leiden
Gray, Douglas 1998. 'The Royal Entry in Sixteenth-Century Scotland', in Sally Mapstone & Juliette Wood, eds, *The Rose and the Thistle*, East Linton : 10–37
Greenleaf, W. H. 1957. 'James I and the Divine Right of Kings', *PS*, 5 : 36–48
——— 1964. *Order, Empiricism, and Politics : Two Traditions of English Political Thought 1500–1700*, London
Guy, John 1995. 'The Rhetoric of Counsel in Early Modern England', in Dale Hoak, ed., *Tudor Political Culture*, Cambridge : 292–310
——— 2002. 'Monarchy and Counsel : Models of the State', in Patick Collinson, ed., *The Sixteenth Century 1485–1603*, Oxford : 113–142
——— 2004. *My Heart is My Own : The Life of Mary Queen of Scots*, London
Hale, J. R. 2000. *Renaissance Europe, 1480–1520*, Oxford
Hallowell, Robert E. 1974. '"Prince Humaniste ou Prince Chevaleresque" : A French Renaissance Debate', in Frieda S. Brown, ed., *French Renaissance Studies in Honour of Isidore Silver*, Lexington : 173–183
Hampton, Timothy 1989. 'Guillaume Budé Dedicates his *Institution of the Prince* to Francis I', in Denis Hollier, ed., *A New History of French Literature*, Cambridge : 136–139
Hannay, R. K. 1990. *The College of Justice : Essays by R. K. Hannay*, Hector L. MacQueen, intro., Edinburgh
Hay, Denys 1983. 'Scotland and the Italian Renaissance', in Ian B. Cowan & Duncan Shaw, eds, *The Renaissance and Reformation in Scotland, Essays in Honour of Gordon Donaldson*, Edinburgh : 114–124
Heath, Michael 1996. '*The Education of a Christian Prince* : Erasmus, Bude, Rabelais and Ogier le Danois', in Philip Ford & Gillian Jondorf, eds, *Humanism and Letters in the Age of François Ier*, Cambridge : 41–54
Herman, Peter C. 2002. 'Best of Poets, Best of Kings : King James Vl and I and the Scene of Monarchic Verse', in Daniel Fischlin & Mark Fortier, eds, *Royal Subjects, Essays on the Writings of James VI and I*, Detroit : 61–103

——— 2010. *Royal Poetrie : Monarchic Verse and the Political Imaginary of Early Modern England*, Ithaca
Hewitt, George R. 1982. *Scotland under Morton 1572-80*, Edinburgh
Hill, Christopher, ed. 1940. *The English Revolution, 1640 : Three Essays*, London［クリストファー・ヒル編『イギリス革命――1640年』(田村秀夫訳) 創文社, 1956］
——— 1967. *Reformation to Industrial Revolution, A Social and Economic History of Britain, 1530-1780*, London［クリストファー・ヒル『宗教改革から産業革命へ――イギリス近代社会経済史1530-1780年』(浜林正夫訳) 未来社, 1970］
Hill, W. Speed 1971. 'Hooker's Polity : The Problem of the "Three Last Books"', *HLQ*, 34 : 317-336
Hinton, R. W. K. 1960. 'English Constitutional Doctrines from the Fifteenth Century to the Seventeenth, I. English Constitutional Theories from Sir John Fortescue to Sir John Eliot', *EHR*, 75 : 410-425
——— 1967. 'Husbands, Fathers and Conquerors', *PS*, 15 : 291-300
Holloway III, Earnest R. 2011. *Andrew Melville and Humanism in Renaissance Scotland 1545-1622*, Leiden
Holmes, Peter. 1980. 'The Authorship and Early Reception of *a Conference about the Next Succession to the Crown of England*', *HJ*, 23 : 415-429
Höpfl, Harro 2004. *Jesuit Political Thought : the Society of Jesus and the State, c. 1540-1630*, Cambridge
Houlbrooke, Ralph, ed. 2006. *James VI and I : Ideas, Authority, and Government*, Aldershot
Hughes, Anne 1991. *The Causes of the English Civil War*, New York
Hull, Suzanne W. 1996. *Women According to Men : The World of Tudor-Stuart Women*, Walnut Creek［スーザン・W・ハル『女は男に従うもの?――近世イギリス女性の日常生活』(佐藤清隆他訳) 刀水書房, 2003］
Inuzuka, Hajime 2007. 'Absolutism in the History of Political Thought : The Case for King James VI and I',『群馬大学社会情報学部研究論叢』第14巻：205-220
Jack, R. D. S. 1967. 'James VI and Renaissance Poetic Theory', *English*, 16 : 208-211
——— 1970. 'William Fowler and Italian Literature', *Modern Language Review*, 65 : 481-492
——— 1972. *The Italian Influence on Scottish Literature*, Edinburgh
——— 1989. 'The French Connections : Scottish and French Literature in the Renaissance', *Scotia*, 13 : 1-16
Jackson, William A. 1958. 'Robert Waldegrave and the Books he Printed or Published in 1603', *The Library*, Fifth Series, 13 : 225-233
James, Mervyn 1978. *English Politics and the Concept of Honour 1485-1642, Past and Present Supplement*, 3
Kaeuper, Richard W. 1999. *Chivalry and Violence in Medieval Europe*, Oxford
Kahn, Victoria 1985. *Rhetoric, Prudence, and Skepticism in the Renaissance*, Ithaca
Kamen, Henry 1965. *The Spanish Inquisition*, London
Kantorowicz, Ernst H. 1955. 'Mysteries of State : An Absolutist Concept and its Late Medieval Origins', *Harvard Theological Review*, 48 : 65-91
——— 1957. *The King's Two Bodies : A Study in Mediaeval Political Theology*, Princeton［エルンスト・H. カントーロヴィチ『王の二つの身体――中世政治神学研究』(小林公訳) 平凡社, 1992］
Katz, David S. 1981. 'The Language of Adam in Seventeenth-Century England', in Hugh Lloyd-Jones, Valerie Pearl & Blair Worden, eds, *History and Imagination : Essays in Honour of H. R. Trevor-Roper*, London : 132-145
Kaye, Harvey J. 1984. *The British Marxist Historians : An Introductory Analysis*, Cambridge［ハーヴェイ・J. ケイ『イギリスのマルクス主義歴史家たち――ドッブ, ヒルトン, ヒル, ホブズボーム, トムスン』(桜井清監訳) 白桃書房, 1989］
Kelley, Donald R. 1967. 'Guillaume Budé and the First Historical School of Law', *AHR*, 72 : 807-834
——— 1970a. 'Murd'rous Machiavel in France : A Post Mortem', *PSQ*, 85 : 545-559
——— 1970b. *Foundations of Modern Historical Scholarship : Language, Law, and History in the French Renaissance*, New York
——— 1993. 'Elizabethan Political Thought', in J. G. A. Pocock, ed., *The Varieties of British Political Thought 1500-1800*, Cambridge : 47-79
Kelso, Ruth 1929. *The Doctrine of the English Gentleman in the Sixteenth Century*, Urbana
Kenyon, John 1983. *The History Men : The Historical Profession in England since the Renaissance*, London［ジョン・ケニヨン『近代イギリスの歴史家たち――ルネサンスから現代へ』(今井宏・大久保桂子訳) ミネル

ヴァ書房，1988]
Kidd, Collin 1993. *Subverting Scotland's Past : Scottish Whig Historians and the Creation of an Anglo-British Identity, 1689–c.1830*, Cambridge
——— 1999. *British Identities before Nationalism : Ethnicity and Nationhood in the Atlantic World, 1600–1800*, Cambridge
King, John N. 1995. 'The Royal Image, 1535–1603', in Dale Hoak, ed., *Tudor Political Culture*, Cambridge : 104–132
Kingdon, Robert M. 1991. 'Calvinism and Resistance Theory, 1550–1580', in J. H. Burns, ed., Mark Goldie, assis., *The Cambridge History of Political Thought, 1450–1700*, Cambridge : 193–218
Kirk, James 1989. *Patterns of Reform : Continuity and Change in the Reformation Kirk*, Edinburgh
——— 1994. 'Melvillian Reform in the Scottish Universities', in A. A. MacDonald, *et al.*, eds, *The Renaissance in Scotland : Studies in Literature, Religion, History and Culture Offered to John Durkan*, Leiden : 276–300
Kristeller, Paul Oskar 1961. *Renaissance Thought : The Classic, Scholastic, and Humanistic Strains*, New York [P. O. クリステラー『ルネサンスの思想』（渡辺守道訳）東京大学出版会，1977]
Lake, Peter 2004. 'The King (the Queen) and the Jesuit : James Stuart's *True Law of Free Monarchies* in Context/s', *Transactions of the Royal Historical Society*, 14 : 243–260
Larner, Christina 1981. *Enemies of God : The Witch-hunt in Scotland*, Baltimore
Latham, A. M. C. 1959. 'Sir Walter Raleigh's Instructions to his Son', in Herbert Davis & Helen Louise Gardner, eds, *Elizabethan and Jacobean Studies*, Oxford : 199–218
Lee, Maurice Jr. 1959. *John Maitland of Thirlestane and the Foundation of the Stewart Despotism in Scotland*, Princeton
——— 1974. 'James VI and the Revival of Episcopacy in Scotland : 1596–1600', *Church History*, 43 : 50–64
——— 1980. *Government by Pen : Scotland under James VI and I*, Urbana
——— 1984. 'James I and the Historians : Not a Bad King after all ?', *Albion*, 16 : 151–163
——— 1990. *Great Britain's Solomon : James VI and I in his Three Kingdoms*, Urbana
——— 2003. *The 'Inevitable' Union : And Other Essays on Early Modern Scotland*, East Linton
Lenman, B. P. 1973. 'The Teaching of Scottish History in Scottish Universities', *SHR*, 52 : 165–190
Levi, A. H. T. ed. 1970. *Humanism in France at the End of the Middle Ages and in the Early Renaissance*, Manchester
Levy, F. J. 1967. *Tudor Historical Thought*, San Marino
Loughlin, Mark 1994. "The Dialogue of the Twa Wyfeis' : Maitland, Machiavelli and the Propaganda of the Scottish Civil War', in A. A. MacDonald, *et al.*, eds, *The Renaissance in Scotland : Studies in Literature, Religion, History and Culture Offered to John Durkan*, Leiden : 226–245
Lovejoy, Arthur O. 1936. *The Great Chain of Being : A Study of the History of an Idea*, Cambridge [アーサー・O. ラヴジョイ『存在の大いなる連鎖』（内藤健二訳）晶文社，1975]
Lyall, Roderick J. 1988. 'Vernacular Prose before the Reformation', in R. D. S. Jack, ed., *The History of Scottish Literature*, 4 vols, Aberdeen : vol. i, 163–182
——— 1991. 'The Court as a Cultural Centre', in Jenny Wormald, ed., *Scotland Revisited*, London : 36–48
——— 2000. 'James VI and the Sixteenth-Century Cultural Crisis', in Julian Goodare & Michael Lynch, eds, *The Reign of James VI*, East Linton : 55–70
——— 2002. 'The Marketing of James VI and I : Scotland, England, and the Continental Book trade', *Quaerendo*, 32 : 204–217
Lynch, Michael 1990. 'Queen Mary's Triumph : The Baptismal Celebrations at Stirling in December 1566', *SHR*, 69 : 1–21
——— 1992. *Scotland : A New History*, London
——— 1994. 'National Identity in Ireland and Scotland, 1500–1640', in Claus Bjørn, *et al.*, eds, *Nations, Nationalism and Patriotism in the European Past*, Copenhagen : 109–136
——— 2000a. 'Court Ceremony and Ritual during the Personal Reign of James VI', in Julian Goodare & Michael Lynch, eds, *The Reign of James VI*, East Linton : 71–92
——— 2000b. 'James VI and the 'Highland Problem', Julian Goodare & Michael Lynch, eds, *The Reign of James*

VI, East Linton : 208–227

——— 2003. 'The Reassertion of Princely Power in Scotland : The Reigns of Mary, Queen of Scots and King James VI', in Martin Gosman, *et al.*, eds, *Princes and Princely Culture 1450–1650*, Leiden : vol. i, 199–238

Lytle, Guy Fitch & Stephen Orgel, eds, 1981. *Patronage in the Renaissance*, Princeton ［ガイ・フィッチ・ライトル，スティーブン・オーゲル編『ルネサンスのパトロン制度』（有路雍子・成沢和子・舟木茂子訳）松柏社，2000］

MacDonald, Alasdair A. 1991. 'Mary Stewart's Entry to Edinburgh : An Ambiguous Triumph', *IR*, 42 : 101–110

——— 1998. 'Early Modern Scottish Literature and the Parameters of Culture', in Sally Mapstone & Juliette Wood, eds, *The Rose and the Thistle : Essays on the Culture of Late Medieval and Renaissance Scotland*, East Linton : 77–100

——— 2008. 'Best of Enemies : Andrew Melville and Patrick Adamson, c. 1574–1592', in Julian Goodare & Alasdair A. MacDonald, eds, *Sixteenth-Century Scotland : Essays in Honour of Michael Lynch*, Leiden : 257–276

Macdougall, Norman 1984. 'The Kingship of James IV of Scotland', *HT*, 34 : 30–36

MacQueen, John, ed. 1990. *Humanism in Renaissance Scotland*, Edinburgh

MacQueen, Hector L. 1993. *Common Law and Feudal Society in Medieval Scotland*, Edinburgh

M'Crie, Thomas 1819. *Life of Andrew Melville*, 2 vols, Edinburgh

McElwee, William 1958. *The Wisest Fool in Christendom : The Reign of King James I and VI*, London

McFarlane, I. D. 1970. 'George Buchanan and French Humanism', in A. H. T. Levi, ed., *Humanism in France at the End of the Middle Ages and in the Early Renaissance*, Manchester : 295–319

——— 1981. *Buchanan*, London

McLaren, A. 1999. 'Reading Sir Thomas Smith's *De Republica Anglorum* as Protestant Apologetic', *HJ*, 42 : 911–939

McNeil, David O. 1975. *Guillaume Budé and Humanism in the Reign of Francis I*, Genève

McRoberts, David, ed. 1962. *Essays on the Scottish Reformation, 1513–1625*, Glasgow

Mansfield, Harvey C. 1998. *Machiavelli's Virtue*, Chicago & London

Mapstone, Sally 1989. 'A Mirror for a Divine Prince : John Ireland and the Four Daughters of God', in J. Derrick McClure & Michael R. G. Spiller, eds, *Bryght Lanternis : Essays on the Language and Literature of Medieval and Renaissance Scotland*, Aberdeen : 308–323

——— & Juliette Wood, eds 1998. *The Rose and the Thistle : Essays on the Culture of Late Medieval and Renaissance Scotland*, East Linton

Marshall, Tristan 2000. *Theatre and Empire : Great Britain on the London Stages under James VI and I*, Manchester

Mason, John E. 1935. *Gentlefolk in the Making : Studies in the History of English Courtesy Literature and Related Topics from 1531–1774*, Philadelphia

Mason, Roger A. 1982. 'Rex Stoicus : George Buchanan, James VI and the Scottish Polity', in John Dwyer *et al.*, eds, *New Perspectives on the Politics and Culture of Early Modern Scotland*, Edinburgh : 9–33

——— ed. 1987a. *Scotland and England 1286–1815*, Edinburgh

——— 1987b. 'Scotching the Brut : Politics, History and National Myth in Sixteenth-Century Britain', in Roger A. Mason, ed., *Scotland and England 1286–1815*, Edinburgh : 60–84

——— ed. 1994. *Scots and Britons : Scottish Political Thought and the Union of 1603*, Cambridge

——— 1998a. *Kingship and the Commonweal : Political Thought in Renaissance and Reformation Scotland*, East Linton

——— ed. 1998b. *John Knox and the British Reformations*, Aldershot

——— 1998c. 'Knox, Resistance and the Royal Supremacy', in Roger A. Mason, ed., *John Knox and the British Reformations*, Aldershot : 154–175

——— 2002. 'Civil Society and the Celts : Hector Boece, George Buchanan and the Ancient Scottish Past', in Edward J. Cowan & Richard J. Finlay, eds, *Scottish History : The Power of the Past*, Edinburgh : 95–119

——— & Caroline Erskine, eds 2012. *George Buchanan : Political Thought in Early Modern Britain and Europe*,

Farnham
Maxwell-Stuart, P. G. 2001. *Satan's Conspiracy : Magic and Witchcraft in Sixteenth-Century Scotland*, East Linton
Matthews, W. 1970. 'The Egyptians in Scotland : The Political History of a Myth', *Viator*, 1 : 289–306
Meikle, M. M. 1992. 'The Invisible Divide : The Greater Lairds and the Nobility of Jacobean Scotland', *SHR*, 71 : 70–87
Merriman, Marcus 2000. *The Rough Wooings : Mary Queen of Scots, 1542–1551*, East Linton
Mill, A. J. 1927. *Mediaeval Plays in Scotland*, Edinburgh
Miller, John, ed. 1990. *Absolutism in Seventeenth-Century Europe*, Basingstoke
Mindle, Grant B. 1985. 'Machiavelli's Realism', *The Review of Politics*, 47 : 212–230
Mitchison, Rosalind, ed. 1997. *Why Scottish History Matters*, Edinburgh［ロザリンド・ミチスン編『スコットランド史――その意義と可能性』（富田理恵，家入葉子訳）未来社，1998］
Monod, Paul Kléber 1999. *The Power of Kings : Monarchy and Religion in Europe, 1589–1715*, New Haven
Montandon, Alain dir. 1995. *Bibliographie des Traités de Savoir-Vivre en Europe du Moyen Age à Nos Jours*, 2 vols, Clermont-Ferrand
Morison, William 1899. *Andrew Melville*, London
Morrill, John 1993. *The Nature of the English Revolution*, London
――― 1999. *The Revolt of the Provinces : The People of England and the Tragedies of War, 1630–1648*, New York
Mueller, Janel 2000. '"To My Very Good Brother the King of Scots" : Elizabeth I's Correspondence with James VI and the Question of the Succession', *Modern Language Association of America*, 115 : 1063–1071
Nadon, Christopher 1996. 'From Republic to Empire : Political Revolution and the Common Good in Xenophon's *Education of Cyrus*', *American Political Science Review*, 90 : 361–374
Nauert, Charles G. Jr. 1995. *Humanism and the Culture of Renaissance Europe*, Cambridge
Neilson, George ed. 1907. *George Buchanan : Glasgow Quatercentenary Studies, 1906*, Glasgow
Nenner, Howard 1995. *The Right to be King : The Succession to the Crown of England, 1603–1714*, Basingstoke
Newell, W. R. 1988. 'Machiavelli and Xenophon or Princely Rule : A Double-Edged Encounter', *Journal of Politics*, 50 : 108–130
Nicholson, Ranald 1965. 'Magna Carta and the Declaration of Arbroath', *University of Edinburgh Journal*, 22 : 140–144
Norbrook, David 1994. 'Rhetoric, Ideology and the Elizabethan World Picture', in Peter Mack, ed., *Renaissance Rhetoric*, Basingstoke : 140–164
Normand, Lawrence & Gareth Roberts eds 2000. *Witchcraft in Early Modern Scotland : James VI's Demonology and the North Berwick Witches*, Exeter
Oakley, Francis 1962. 'On the Road from Constance to 1688 : The Political Thought of John Major and George Buchanan', *JBS*, 2 : 1–31
――― 1968. 'Jacobean Political Theology : The Absolute and Ordinary Powers of the King', *JHI*, 29 : 323–346
――― 1984. *Omnipotence, Covenant, and Order : An Excursion in the History of Ideas from Abelard to Leibniz*, Ithaca
――― 1998a. 'The Absolute and Ordained Power of God in Sixteenth- and Seventeenth-Century Theology', *JHI*, 59 : 437–461
――― 1998b. 'The Absolute and Ordained Power of God and King in the Sixteenth and Seventeenth Centuries : Philosophy, Science, Politics, and Law', *JHI*, 59 : 669–690
Oestreich, Gerhard 1982. *Neostoicism and the Early Modern State*, Cambridge
Orgel, Stephen 1975. *The Illusion of Power : Political Theater in the English Renaissance*, Berkely
Parker, David 1983. *The Making of French Absolutism*, London
Peltonen, Markku 1995. *Classical Humanism and Republicanism in English Political Thought 1570–1640*, Cambridge
――― 2006. *The Duel in Early Modern England : Civility, Politteness and Honour*, Cambridge
Pennington, Kenneth 1993. *The Prince and the Law, 1200–1600 : Sovereignty and Rights in the Western Legal*

Tradition, Berkeley
Petrina, Alessandra 2007. 'The Travels of Ideology : Niccolò Machiavelli at the Court of James VI', *Modern Language Review*, 102 : 947-959
——— 2009. *Machiavelli in the British Isles : Two Early Modern Translations of the Prince*, Farnham
Pocock, J. G. A. 1975. *The Machiavellian Moment : Florentine Political Thought and the Atlantic Republican Tradition*, Princeton［J. G. A. ポーコック『マキァヴェリアン・モーメント：フィレンツェの政治思想と大西洋圏の共和主義の伝統』（田中秀夫他訳）名古屋大学出版会，2008］
——— 1987. *The Ancient Constitution and the Feudal Law : A Study of English Historical Thought in the Seventeenth Century*, Cambridge
Pomian, Krzysztof 1997. 'Francs et Gaulois' in Pierre Nora, ed., *Les Lieux de Memoire*, 3 vols, Paris : vol. i, 2245-2300.［クシシトフ・ポミアン「フランク人とガリア人」P. ノラ編，谷川稔監訳『記憶の場 1 ——フランス国民意識の文化＝社会史』全 3 巻（上垣豊訳）岩波書店，2002 : 59-125］
Praz, Mario 1928. *Machiavelli and the Elizabethans*, London
Purves, John 1938. *The First Knowledge of Machiavelli in Scotland*, Firenze
Raab, Felix 1964. *The English Face of Machiavelli : A Changing Interpretation, 1500-1700*, London
Rabb, Theodorek, 1981. 'Revisionism Revised : Two Perspectives on Early Stuart Parliamentary History', *PP*, 92 : 55-99
Rees, Graham & Maria Wakely, 2009. *Publishing, Politics, and Culture : The King's Printers in the Reign of James I and VI*, Oxford
Reid, Steven J. 2011. *Humanism and Calvinism : Andrew Melville and the Universities of Scotland, 1560-1625*, Farnham
Richards, Jennifer 2008. 'Gabriel Harvey, James VI, and the Politics of Reading Early Modern Poetry', *HLQ*, 71 : 303-321
Richardson, Glenn 2002. *Renaissance Monarchy : The Reigns of Henry VIII, Francis I and Charles V*, London
Rickard, Jane 2006. 'The Word of God and the Word of the King : The Scriptural Exegeses of James VI and I and the King James Bible', in Ralph Houlbrooke, ed., *James VI and I : Ideas, Authority, and Government*, Aldershot : 135-149
——— 2007. *Authorship and Authority : The Writings of James VI and I*, Manchester
Robertson, John ed. 1995. *A Union for Empire : Political Thought and the Union of 1707*, Cambridge
——— 2000. *Clan, King, and Covenant*, Edinburgh
Robinson, Jon 2008. *Court Politics, Culture and Literature in Scotland and England, 1500-1540*, Aldershot
Royan, Nicola 1998. 'The Relationship between the *Scotorum Historia* of Hector Boece and John Bellanden's *Chronicles of Scotland*', in Sally Mapstone & Juliette Wood, eds, *The Rose and the Thistle : Essays on the Culture of Late Medieval and Renaissance Scotland*, East Linton : 136-157
Russell, Conrad ed. 1973. *The Origins of the English Civil War*, London
——— 1990a. *Unrevolutionary England*, 1603-1642, London
——— 1990b. *The Causes of the English Civil War : The Ford Lectures Delivered in the University of Oxford, 1987-1988*, Oxford
——— 1993. 'Divine Rights in the Early Seventeenth Century', in John Morrill *et al.*, eds, *Public Duty and Private Conscience in Seventeenth-Century England*, Oxford : 101-120
——— 2011. *King James VI & I and his English Parliaments*, Oxford.
Salmon, J. H. M. 1980. 'Cicero and Tacitus in Sixteenth-Century France', *AHR*, 85 : 307-331
——— 1991a. 'Catholic Resistance Theory, Ultramontanism, and the Royalist Response, 1580-1620', in J. H. Burns, ed., Mark Goldie, assis., *The Cambridge History of Political Thought, 1450-1700*, Cambridge : 219-253
——— 1991b. 'Seneca and Tacitus in Jacobean England', in Linda Levy Peck, ed., *The Mental World of the Jacobean Court*, Cambridge : 169-188
Schellhase, Kenneth C. 1971. 'Tacitus in the Political Thought of Machiavelli', *Il Pensiero Politico*, 4 : 381-391
——— 1976. *Tacitus in Renaissance Political Thought*, Chicago
Schochet, Gordon J. 1969. 'Patriarchalism, Political and Mass Attitudes in Stuart England', *HJ*, 12 : 413-441

——— 1988. *The Authoritarian Family and Political Attitudes in 17th-Century England: Patriarchalism in Political Thought*, New Brunswick
Schwarz, Marc 1974. 'James I and the Historians: Toward a Reconsideration', *JBS*, 13: 114–134
Sharpe, Kevin 1978. *Faction and Parliament: Essays on Early Stuart History*, Oxford
——— 1992. *The Personal Rule of Charles I*, New Haven
——— 1993. 'Private Conscience and Public Duty in the Writings of James VI and I', in John Morrill *et al*., eds, *Public Duty and Private Conscience in Seventeenth-Century England*, Oxford: 77–100
——— 2000a. *Remapping Early Modern England: The Culture of Seventeenth-Century Politics*, Cambridge
——— 2000b. *Reading Revolutions: The Politics of Reading Early Modern England*, New Haven
Shire, Helena Mennie 1969. *Song, Dance and Poetry of the Court of Scotland under King James VI: Musical Illustrations of Court-song*, Cambridge
Simon, Joan 1966. *Education and Society in Tudor England*, Cambridge
Skinner, Quentin 1965. 'History and Ideology in the English Revolution', *HJ*, 8: 151–178
——— 1978. *The Foundations of Modern Political Thought*, 2 vols, Cambridge［クエンティン・スキナー『近代政治思想の基礎――ルネッサンス，宗教改革の時代』（門間都喜郎訳）春風社，2009］
——— 1987. 'Sir Thomas More's *Utopia* and the Language of Renaissance Humanism', in A. Pagden, ed., *The Languages of Political Theory in Early-Modern Europe*, Cambridge: 123–157
——— 2002. *Vision of Politics, Volume 1: Regarding Method*, Cambridge
Smith, David Baird 1915. 'Sir Thomas Craig, Feudalist', *SHR*, 12: 271–302
——— 1917. 'Jean de Villiers Hotman', *SHR*, 14: 147–166
Smith, Pauline M. 1966. *The Anti-Courtier Trend in Sixteenth Century French Literature*, Geneve
Smith, Roland Mitchell 1927. 'The *Speculum Principum* in Early Irish Literature', *Speculum*, 2: 411–445
Smith, T. B. 1962. *Scotland: The Development of its Laws and Constitution*, London
Smout, T. C. 1972. *A History of the Scottish People, 1560–1830*, London［T. C. スマウト『スコットランド国民の歴史』（木村正俊訳）原書房，2010］
——— ed. 1986. *Scotland and Europe 1200–1850*, Edinburgh
Smuts, R. Malcom 1989. 'Public Ceremony and Royal Charisma: The English Royal Entry in London, 1485–1642', in A. L. Beier *et al*., eds, *The First Modern Society*, Cambridge: 65–93
——— 1993. 'Court-Centred Politics and the Use of Roman Historians, c. 1590–1630', in Kevin Sharpe & Peter Lake, eds, *Culture and Politics in Early Stuart England*, Stanford: 21–43
Sommerville, J. P. 1983. 'Richard Hooker, Hadrian Saravia, and the Advent of the Divine Right of Kings', *HPT*, 4: 229–245
——— 1986a. *Politics and Ideology in England, 1603–1640*, Basingstoke
——— 1986b. 'History and Theory: The Norman Conquest in Early Stuart Political Thought', *PS*, 34: 249–261
——— 1991. 'James I and the Divine Right of Kings: English Politics and Continental Theory', in Linda Levy Peck, ed., *The Mental World of the Jacobean Court*, Cambridge: 55–70
——— 1996. 'English and European Political Ideas in the Early Seventeenth-Century: Revisionism and the Case of Absolutism', *JBS*, 35: 168–194
——— 1999. *Royalists and Patriots: Politics and Ideology in England 1603–1640*, New York.
Spellman, W. M. 1998. *European Political Thought, 1600–1700*, London
Starkey, David 1982. 'The Court: Castiglione's Ideal and Tudor Reality, Being Discussion of Sir Thomas Wyatt's Satire Addressed to Sir Francis Bryan', *Journal of the Warburg and Courtauld Institutes*, 45: 232–239
——— 1987. 'Court History in Perspective', in David Starkey, ed., *The English Court: from The Wars of the Roses to the Civil War*, London: 1–24
Stewart, Alasdair M. 1984. 'Emanuel Thomson, Stade, 'Trunche-Man' of *Basilicon Doron*', *Aberdeen University Review*, 50: 391–397
Stevenson, David 1997a. 'The English Devil of Keeping State: Elite Manners and the Downfall of Charles I', in David Stevenson, ed., *Union, Revolution and Religion in 17th-Century Scotland*, Aldershot: 126–144
——— 1997b. *Scotland's Last Royal Wedding: The Marriage of James VI and Anne of Denmark*, Edinburgh

Stevenson, Katie 2006. *Chivalry and Knighthood in Scotland 1424–1513*, Woodbridge

Stilma, Astrid 2013. *A King Translated : The Writings of King James VI and I and their Interpretation in the Low Countries, 1593–1603*, Farnham

Straka, G. 1962. 'The Final Phase of Divine Right Theory in England, 1688–1702', *EHR*, 77 : 638–658

Strauss, Leo 1970. 'Machiavelli and Classical Literature', *Review of National Literatures*, 1 : 7–37

Strong, Roy 1995–1998. *The Tudor and Stuart Monarchy : Pageantry, Painting, Iconography*, 3 vols, Woodbridge

Struever, Nancy S. 1970. *The Language of History in the Renaissance : Rhetoric and Historical Consciousness in Florentine*, Princeton

Supple, James J. 1984. *Arms versus Letters : The Military and Literary Ideals in the "Essais" of Montaigne*, Oxford

——— 1991. 'The Failure of Humanist Education : David de Fleurance-Rivault, Anthoine Mathé de Laval, and Nicolas Faret', in Philippe Desan, ed., *Humanism in Crisis : The Decline of the French Renaissance*, Ann Arbor : 35–53

Tenney, Mary F. 1941. 'Tacitus in the Politics of Early Stuart', *Classical Journal*, 37 : 151–163

Thomas, Keith 1971. *Religion and the Decline of Magic : Studies in Popular Beliefs in Sixteenth and Seventeenth Century England*, London［キース・トマス『宗教と魔術の衰退』上下（荒木正純訳）法政大学出版局, 1993］

Tillyard, E. M. W. 1943. *The Elizabethan World Picture*, London［E. M. W. ティリヤード『エリザベス朝の世界像』（磯田光一他訳）筑摩書房, 1992］

——— 1959. '*A Mirror for Magistrates* Revisited', in Herbert Davis & Helen Louise Gardner, eds, *Elizabethan and Jacobean Studies*, Oxford : 1–16

Todd, Margo 1987. *Christian Humanism and the Puritan Social Order*, Cambridge

Trevor-Roper, H. R. 1966. 'George Buchanan and the Ancient Scottish Constitution', *EHR*, Supplement 3 : 1–53

——— 1968. *The Crisis of the Seventeenth Century : Religion, the Reformation, and Social Change*, New York［トレヴァ・ローパー『十七世紀危機論争』（今井宏編訳）創文社, 1975］

——— 2008. *The Invention of Scotland : Myth and History*, New Haven

Truman, Ronald W. 1999. *Spanish Treatises on Government, Society and Religion in the Time of Phillip II : The 'de Regimine Principum' and Associated Traditions*, Leiden

Tuck, Richard 1990. 'Humanism and Political Thought', in Anthony Goodman & Angus MacKay, eds, *The Impact of Humanism and Western Europe*, London : 43–65

——— 1993. *Philosophy and Government, 1572–1651*, Cambridge

Tully, James ed. 1988, *Meaning and Context : Quentin Skinner and his Critics*, Princeton

Tyacke, Nicholas 1996. 'Anglican Attitudes : Some Recent Writings on English Religious History, from the Reformation to the Civil War', *JBS*, 35 : 139–167

Ullman, Walter 1949. 'The Development of the Medieval Idea of Sovereignty', *EHR*, 64 : 1–33

Ustick, W. Lee 1932a. 'Advice to a Son : A Type of Seventeenth-Century Conduct Book', *Studies in Philology*, 29 : 409–441

——— 1932b. 'Changing Ideals of Aristocratic Character and Conduct in Seventeenth-Century England', *Modern Philology*, 30 : 147–166

Viroli, Maurizio 1992. *From Politics to Reason of State : The Acquisition of Transformation of the Language of Politics, 1250–1600*, Cambridge

Warnicke, Retha M. 2006. *Mary Queen of Scots*, London

Watson, Foster, comp. & Robert D. Pepper, intro. 1967. *English Writers on Education, 1480–1603 : A Source Book*, Gainesvile

Weissberger, L. Arnold 1927. 'Machiavelli and Tudor England', *PSQ*, 42 : 589–607

Whelan, Frederick G. 2004. *Hume and Machiavelli : Political Realism and Liberal Thought*, Lanham

Whitfield, J. H. 1971. 'Machiavelli's Use of Livy', in T. A. Dorey, ed., *Livy*, London : 73–96

Wilentz, Sean ed. 1985 *Rites of Power : Symbolism, Ritual, and Politics Since the Middle Ages*, Philadelphia

Williamson, Arthur H. 1979. *Scottish National Consciousness in the Age of James VI : The Apocalypse, the Union and the Shaping of Scotland's Public Culture*, Edinburgh

——— 1995. 'Union with England Traditional, Union with England Radical : Sir James Hope and the Mid Seventeenth-Century British State', *EHR*, 110 : 303–322
——— 1996a. 'George Buchanan, Civic Virtue and Commerce : European Imperialism and its Sixteenth-Century Critics', *SHR*, 75 : 20–37
——— 1996b. 'Scots, Indians and Empire : The Scottish Politics of Civilization, 1519–1609', *PP*, 150 : 46–83
Willson, David Harris 1944–1945. 'James I and His Literary Assistants', *HLQ*, 8 : 35–57
——— 1956. *King James VI and I*, London
Wood, Juliette 1998. 'Folkloric Patterns in Scottish Chronicles', in Sally Mapstone & Juliette Wood, eds, *The Rose and the Thistle : Essays on the Culture of Late Medieval and Renaissance Scotland*, East Linton : 116–135
Wood, Neal 1968. 'Some Common Aspects of the Thought of Seneca and Machiavelli', *RQ*, 21 : 11–23
Woodward, William H. 1906. *Studies in Education during the Age of the Renaissance, 1400–1600*, Cambridge
Woolf, Daniel R. 2005. *Reading History in Early Modern England*, Cambridge
Woodman, A. J. 1998. *Tacitus Reviewed*, Oxford
Wormald, Jenny 1981. *Court, Kirk, and Community, Scotland 1470–1625*, Edinburgh
——— 1985. *Lords and Men in Scotland : Bonds of Manrent, 1442–1603*, Edinburgh
——— 1991a. 'James VI & I, *Basilikon Doron* and the *Trew Law of Free Monarchies* : The Scottish Context and the English Translation', in Linda Levy Peck, ed., *The Mental World of the Jacobean Court*, Cambridge : 36–54
——— ed. 1991b. *Scotland Revisited*, London
——— 2001. *Mary, Queen of Scots : Politics, Passion and a Kingdom Lost*, London
Yamada, Akihiro 1986. 'The Printing of King James's *The True Lawe of Free Monarchies* with Special Reference to the 1603 Editions', *Poetica*, 23 : 74–80
Young, Alan 1987. *Tudor and Jacobean Tournaments*, London
Young, Michael B. 2000. *James VI and I and the History of Homosexuality*, Basingstoke

4　未刊行論文

Beckett, Margaret J. 2002. *The Political Works of John Lesley, Bishop of Ross (1527–96)*, Unpublished PhD thesis, University of St. Andrews
Kobayashi, Maiko, 2003. *William Fowler, James VI, and Machiavelli in Late Sixteenth Century Scotland*, Master of Letters Dissertation, University of St. Andrews
Mapstone, Sally 1986. *The Advice to Princes Tradition in Scottish Literature, 1450–1500*, Unpublished PhD thesis, University of Oxford

5　邦文二次文献

青柳かおり 2007.「リチャード・フッカーと教会統治の可変性——イングランド国教会の時代的継続と空間的拡大」『イギリス哲学研究』30：17–29
厚見恵一郎 2007.『マキァヴェッリの拡大的共和国——近代の必然性と「歴史解釈の政治学」』木鐸社
有路雍子・成沢和子 2005.『宮廷祝宴局——チューダー王朝のエンターテイメント戦略』松柏社
安藤高行 1983.『近代イギリス憲法思想史研究——ベーコンからロックへ』御茶の水書房
——— 1993.『17世紀イギリス憲法思想史——ホッブズの周辺』法律文化社
飯島啓二 1976.『ノックスとスコットランド宗教改革』日本基督教団出版局
イエイツ，フランシス・A．1982.『星の処女神エリザベス女王——16世紀における帝国の主題』（西澤龍生・正木晃訳）東海大学出版会
——— 1983.『星の処女神とガリアのヘラクレス——16世紀における帝国の主題』（西澤龍生・正木晃訳）東海大学出版会
家田義隆 1984.「イギリスにおけるマキァヴェリ思想の受容」『東海女子大学紀要』4：129–146
石井三記 1991.「フランス君主制の儀礼と象徴」『社会思想史研究』15：17–30
——— 2002.「ヨーロッパの王権儀礼——フランス宮廷」網野善彦他編『岩波講座　天皇と王権を考える　第五巻　王権と儀礼』岩波書店：121-151
石坂尚武 1994.『ルネサンス・ヒューマニズムの研究——「市民的人文主義」の歴史理論への疑問と考察』晃

洋書房
井内太郎 1997.「国王の身体・儀礼・象徴——チューダー絶対王政期における国王権力の象徴過程」岡本明編著『支配の文化史——近代ヨーロッパの解読』ミネルヴァ書房：14-40
——— 2006.『16世紀イングランド行財政史研究』広島大学出版会
今村真介 2004.『王権の修辞学——フランス王の演出装置を読む』講談社
岩井淳 1995.『千年王国を夢みた革命——17世紀英米のピューリタン』講談社
———・指昭博編 2000.『イギリス史の新潮流——修正主義の近世史』彩流社
——— 2003.「『ブリテン帝国』の成立——16～17世紀の帝国概念と古代ローマ」『歴史学研究』776：19-30
——— 編2012.『複合国家イギリスの宗教と社会——ブリテン国家の創出』ミネルヴァ書房
岩田靖夫 2006.「理性と法——アリストテレスの政治思想における教育の意味」『思想』981：119-138
植村雅彦 1975.「国王大権と議会特権——ジェイムズ一世治世期の院内『言論の自由』」『西洋史学』97：1-18
ウォーカー，D.P. 2004.『ルネサンスの魔術思想』（田口清一訳）筑摩書房
エストライヒ，ゲルハルト 1993.『近代国家の覚醒——新ストア主義・身分制・ポリツァイ』（阪口修平・千葉徳夫・山内進編訳）創文社
エリアス，ノルベルト 1981.『宮廷社会』（波田節夫・中埜芳之・吉田正勝訳）法政大学出版局
——— 1977-1978.『文明化の過程』上（赤井慧爾・中村元保・吉田正勝訳）下（波田節夫他訳）法政大学出版局
大川洋 2012.「エラスムスの『子どもの教育について』——教育論としての特色とその背景」『東京理科大学紀要，教養篇』44：283-299
大野真弓 1977.『イギリス絶対主義の権力構造』東京大学出版会
岡本明編 1997.『支配の文化史——近代ヨーロッパの解読』ミネルヴァ書房
押村高 1998.「国家理性の系譜学」『青山国際政経論集』44：75-92
狩野良規 2008.「王権を支えた歴史解釈——チューダー朝の正統史観とシェイクスピア史劇」渡辺節夫編『王の表象——文学と歴史・日本と西洋』山川出版社：261-301
川口紘明 1989.「修辞的論証のパラドクス——フィリップ・シドニー『詩の弁護』小論」中央大学人文科学研究所編『イギリス・ルネサンスの諸相——演劇・文化・思想の展開』中央大学出版部：281-314
川出良枝 2000.「内戦の記憶——「国家理性」論再考（内戦をめぐる政治学的考察）」『日本政治学会年報政治学2000』：3-14
菊池英里香 2007.「ジャン・ボダンにおける家と国家——『国家論』から『悪魔的狂気』へ」『中世思想研究』49：129-143
木村俊道 2003.『顧問官の政治学——フランシス・ベイコンとルネサンス期イングランド』木鐸社
——— 2010.『文明の作法——初期近代イングランドにおける政治と社交』ミネルヴァ書房
——— 2014.「君主主義の政治学——初期近代イングランドにおける『文明』と『政治』」犬塚元編『啓蒙・改革・革命』岩波書店：3-25
清末尊大 1990.『ジャン・ボダンの危機の時代のフランス』木鐸社
清瀬卓 1982.「『鑑』——中世百科全書研究ノート」『イタリア学会誌』31：116-127
キレーン，リチャード 2002.『図説スコットランドの歴史』（岩井淳・井藤早織訳）彩流社
クローチェ，ベネデット 1986.『クローチェ政治哲学論集』（上村忠男編訳）法政大学出版局
小泉徹 1979.「17世紀イギリス史研究の再整理」『西洋史学』116：285-299
——— 1996.「『イギリス絶対王政』再考」『武蔵大学人文学会雑誌』27-2：80-106
小林麻衣子 2001.「ジェイムズ6世の『バシリコン・ドロン』——『君主の鑑』の視点からの再読」『CALEDONIA』29：39-46
——— 2002a.「ジョージ・ブキャナンの抵抗権論」『一橋論叢』127-2：198-215
——— 2002b.「ジェイムズ6世の政治思想——思想的コンテクストと特徴」『イギリス哲学研究』25：23-38
——— 2005.「ルネサンス期イングランドとトマス・エリオット——顧問官の概念」『一橋研究』29-4：53-63
——— 2006「近世スコットランド史の研究動向——16・17世紀の思想史を中心に」『イギリス哲学研究』29：119-125
——— 2007.「ジェイムズ一世の『グレイト・ブリテン王国』構想」指昭博編『王はいかに受け入れられた

か――政治文化のイギリス史』刀水書房：78-97
――― 2008.「16世紀スコットランドにおける君主への助言」日本カレドニア学会編『スコットランドの歴史と文化』明石書店：53-69
――― 2010.「16世紀スコットランドにおける歴史観――王権の起源をめぐる二つの解釈」『西洋史学』237：20-37
――― 2012a.「ヘンリ八世とスコットランド」指昭博編『ヘンリ８世の迷宮――イギリスのルネサンス君主』昭和堂：169-180
――― 2012b.「ルネサンス君主」指昭博編『ヘンリ８世の迷宮――イギリスのルネサンス君主』昭和堂：72-84
近藤和彦 2004.「『イギリス革命』の変貌――修正主義の歴史学」『思想』964：42-51
―――編 2010.『イギリス史研究入門』山川出版社
――― 2013.『イギリス史10講』岩波書店
三枝幸雄 1989.「ヘンリー・ピーチャム『完全なるジェントルマン』――イギリス・ルネサンスにおけるコンダクト・ブックの一断面」中央大学人文科学研究所編『イギリス・ルネサンスの諸相――演劇・文化・思想の展開』中央大学出版部：241-280
佐々木毅 1986.「政治的思慮についての一考察――Ｊ．リプシウスを中心にして」有賀弘・佐々木毅編『民主主義思想の源流』東京大学出版会：3-31
指昭博 1999.「ブルータス伝説」指昭博編『「イギリス」であること』刀水書房：82-100
――― 2011.『イギリス宗教改革の光と影――メアリとエリザベスの時代』ミネルヴァ書房
―――編 2012.『ヘンリ８世の迷宮――イギリスのルネサンス君主』昭和堂
佐竹竜照 1971.「シェイクスピアの歴史劇第二・四部作――理想的君主像」『淑徳大学研究紀要』5：81-100
シュミット，チャールズ・B.，ブライアン・P. コーペンヘイヴァー 2003.『ルネサンス哲学』（榎本武文訳）平凡社
将棋面貴巳 2002.『反「暴君」の思想史』平凡社
神寶秀夫 2002.「教会権力と国家権力――神聖ローマ帝国」網野善彦他編『岩波講座　天皇と王権を考える 第四巻　宗教と権威』岩波書店：161-187
菅原未宇 2001.「エリザベス一世の入市式における都市支配層の戦略」『比較都市研究』202：25-38
スキナー，クェンティン 1999.『思想史とはなにか――意味とコンテクスト』（半澤孝麿・加藤節編訳）岩波書店
スタイン，ピーター 2003.『ローマ法とヨーロッパ』（屋敷二郎監訳）ミネルヴァ書房
ステア・ソサエティ編 1991.『スコットランド法史』（戒能通厚・平松紘・角田猛之編訳）名古屋大学出版会
ストロング，ロイ 1987.『ルネサンスの祝祭――王権と芸術』上下（星和彦訳）平凡社
高橋正平 2010.『ジェズイットとアキアヴェリ――16世紀－17世紀初期におけるジェズイット批判とジェズイットのマキアヴェリ批判』三恵社
田口仁久 1993.『イギリス教育史――スコットランドとアイルランド』文化書房博文社
田中浩 1982.『ホッブズ研究序説――近代国家論の生誕』御茶の水書房
塚田富治 1986.「ルネサンス期イングランドにおける『政治』観と『政治』論――『政治』という言葉の分析」『一橋大学社会科学古典資料センター Study Series 10』：1-29
――― 1991.『カメレオン精神の誕生――徳の政治からマキャベリズムへ』平凡社
――― 1997.「近代イギリス政治思想の知的コンテクスト――人文主義と宗教改革の精神」『東京都立大学法学会雑誌』38-1：289-312
土井美徳 2006.『イギリス立憲政治の源流――前期ステュアート時代の統治と「古来の国制」論』木鐸社
富田理恵 1991.「宗教改革時代（1599-1600年）のセント・アンドルーズ――スコットランド改革教会による教会訓練と王権」『早稲田大学大学院文学研究科紀要』別冊第18集哲学・史学編：137-149
――― 1993.「スコットランド宗教改革に関する研究動向――宗教改革と16世紀スコットランド社会」『西洋史学』168：270-282
――― 1995.「スコットランド宗教改革と二つの『規律の書』」『歴史学研究』668：32-47，64
――― 1998.「スコットランド近世社会の成立（1560-1625）――宗教改革，集権化，同君連合の時代」『西洋史学』189：1-24

トロイマン，R. R. 1976.『モナルコマキ――人民主権論の源流』（小林孝輔・佐々木高雄共訳）学陽書房
仲丸英起 2010.「ある下院議員の生涯――エリザベス期『ピューリタン』ピーター・ウェントワースの再検討」『ピューリタニズム研究』4：53-61
――― 2011.『名誉としての議席――近世イングランドの議会と統治構造』慶應義塾大学出版会
ニール，J. E. 1975.『エリザベス女王』全2巻（大野真弓・大野美樹訳）みすず書房
西原廉太 1995.『リチャード・フッカー――その神学と現代的意味』聖公会出版
二宮宏之 1990.「王の儀礼――フランス絶対王政」柴田三千雄他編『シリーズ世界史への問い7．権威と権力』岩波書店：129-158
バーク，ピーター 1992.『イタリア・ルネサンスの文化と社会』（森田義之・柴野均訳）岩波書店
バターフィールド，ハーバート 1967『ウィッグ史観批判――現代歴史学の反省』（越智武臣他訳）未来社
浜林正夫 1971.『イギリス市民革命史　増補版』未来社
――― 1987.『イギリス宗教史』大月書店
林田直樹 2010.「イングランド・スコットランド同君連合体制と国境政治――敵性除去法（1607年）制定を中心に」『西洋史学』237：38-55
原聖 2003.『民族起源の精神史――ブルターニュとフランス近代』岩波書店
半澤孝麿 1988.「政治思想史研究におけるテクストの自律性の問題――Q．スキナーをめぐる方法論論争について（一）」『東京都立大学法学会雑誌』29-1：37-62
ピーパー，J．2007.『四枢要徳について――西洋の伝統に学ぶ』（松尾雄二訳）知泉書館
フィルハウス，J．1992.「トマス・アクィナスにおける枢要徳」（塩川千夏訳）上智大学中世思研究所編『トマス・アクィナスの倫理思想』創文社，中世研究第11号：239-259
藤野奈津子 2002.「*Princeps legibus solutus*：ローマ法源とその解釈の歴史的展開(1)――特にフランス絶対主義との関連を中心に」『早稲田法学』78-1：127-166
――― 2003.「*Princeps legibus solutus*：ローマ法源とその解釈の歴史的展開(2)――特にフランス絶対主義との関連を中心に」『早稲田法学』78-2：321-352
――― 2004.「*Princeps legibus solutus*：ローマ法源とその解釈の歴史的展開(3)――特にフランス絶対主義との関連を中心に」『早稲田法学』79-1：191-226
藤原保信・白石正樹・渋谷浩編 1998.『政治思想史講義』早稲田大学出版部
フリッシュ，A．1972.『叙任権闘争』（野口洋二訳）創文社
ブルンナー，オットー 1974.『ヨーロッパ――その歴史と精神』（石井紫郎他訳）岩波書店
ブロック，マルク 1998『王の奇跡――王権の超自然的性格に関する研究，特にフランスとイギリスの場合』（井上泰男・渡邊昌美共訳）刀水書房
ペック，リンダ・レヴィ 2000.「宮廷のパトロン制度と政治――ジェイムズ朝のジレンマ」ライトル，ガイ・フィッチ，スティーブン・オーゲル編『ルネサンスのパトロン制度』（有路雍子・成沢和子・舟木茂子訳）松柏社：37-66.
ホイジンガ，ヨハン 1990.『ホイジンガ選集4　ルネサンスとリアリズム』（里見元一郎他訳）河出書房新社
――― 2001.『エラスムス――宗教改革の時代』（宮崎信彦訳）筑摩書房
ホカート，A. M. 1986.『王権』（橋本和也訳）人文書院
マイネッケ，フリードリッヒ 1960.『近代史における国家理性の理念』（菊森英夫・生松敬三訳）みすず書房
松浦高嶺 2002.『イギリス近代史を彩る人びと』刀水書房
南充彦 2007.『中世君主制から近代国家理性へ』成文堂
モリル，ジョン 2004a.「17世紀ブリテンの革命再考」『思想』（富田理恵訳）964：52-75
――― 2004b.「ブリテンの複合君主制1500年―1700年」『思想』（後藤はる美訳）964：76-92
山内進 1985.『新ストア主義の国家哲学――ユストゥス・リプシウスと初期近代ヨーロッパ』千倉書房
山崎かおる 2004.「ブリテン史意識――アイデンティティの探求」『史潮』55：47-55
山田勝 1992.『決闘の社会文化史――ヨーロッパ貴族とノブレス・オブリジェ』北星堂書店
ライトル，ガイ・フィッチ他編 2000.『ルネサンスのパトロン制度』（有路雍子・成沢和子・舟木茂子訳）松柏社
横尾元意 2002.「『マクベス』と James I の君主論」*English Language & Literature, Society of Sendai Shirayuri, Bulletin*, 13：1-10

《著者紹介》

小林麻衣子（こばやし・まいこ）

2006年　一橋大学大学院社会学研究科博士課程修了，博士（社会学）。
現　在　立教女学院短期大学現代コミュニケーション学科准教授。
主　著　『王はいかに受け入れられたか』（共著）刀水書房，2007年。
『ヘンリ８世の迷宮』（共著）昭和堂，2012年。
『はじめて学ぶイギリスの歴史と文化』（共著）ミネルヴァ書房，2012年。
「英国人のグランドツアー――その起源と歴史的発展」『文化観光「観光」のリマスタリング』ブックレット18，慶應義塾大学アート・センター，2010年。

MINERVA 西洋史ライブラリー⑩④

近世スコットランドの王権
――ジェイムズ六世と「君主の鑑」――

2014年10月30日　初版第１刷発行　〈検印省略〉

定価はカバーに
表示しています

著　者　小　林　麻衣子
発行者　杉　田　啓　三
印刷者　林　　　初　彦

発行所　株式会社　ミネルヴァ書房
607-8494　京都市山科区日ノ岡堤谷町１
電話代表（075）581-5191
振替口座 01020-0-8076

太洋社・兼文堂

ISBN978-4-623-07109-8
Printed in Japan